Incidentes na vida de uma menina escrava

Linda Brent
(Harriet Ann Jacobs)

Incidentes na vida de uma menina escrava

Escrito por ela mesma

edição original
L. Maria Child

posfácio
Jarid Arraes

tradução
Ana Ban

todavia

As pessoas do Norte não sabem absolutamente nada a respeito da Escravidão. Acham que se trata apenas de cativeiro perpétuo. Elas não têm ideia da profundidade da degradação contida na palavra "Escravidão"; se tivessem, jamais cessariam seus esforços até que esse sistema tão pavoroso fosse derrubado.

Mulher da Carolina do Norte

Vocês, mulheres tão sossegadas, levantem-se e escutem-me!
Isaías 32,9

Prefácio da autora 9
Introdução à primeira edição 11

Incidentes na vida de uma menina escrava,
escondida durante sete anos

I. Infância 15
II. O novo senhor e a nova senhora 20
III. O Ano-Novo dos escravos 27
IV. O escravo que teve a ousadia de se sentir homem 30
V. As dificuldades de ser menina 44
VI. A senhora ciumenta 49
VII. O namorado 57
VIII. O que os escravos aprendem a pensar sobre o Norte 65
IX. Retratos de senhores de escravos das redondezas 69
X. Uma passagem perigosa na vida da menina escrava 79
XI. O novo laço com a vida 86
XII. Medo de rebelião 93
XIII. A Igreja e a escravidão 100
XIV. Outro laço com a vida 111
XV. Perseguições contínuas 115
XVI. Cenas na fazenda 123
XVII. A fuga 135
XVIII. Meses de perigo 139
XIX. As crianças são vendidas 148
XX. Novos perigos 154
XXI. O buraquinho do esconderijo 159

XXII. Festividades natalinas 164
XXIII. Ainda na prisão 167
XXIV. O candidato ao Congresso 172
XXV. Disputa para ver quem é mais ardiloso 176
XXVI. Um período importante na vida do meu irmão 182
XXVII. Novo destino para as crianças 187
XXVIII. Tia Nancy 195
XXIX. Preparativos para a fuga 201
XXX. Rumo ao Norte 212
XXXI. Incidentes na Filadélfia 216
XXXII. Reencontro de mãe e filha 222
XXXIII. Um lar oferecido 227
XXXIV. O velho inimigo, mais uma vez 231
XXXV. Preconceito de cor 236
XXXVI. Escapando por um triz 239
XXXVII. Visita à Inglaterra 245
XXXVIII. Novos convites para ir ao Sul 249
XXXIX. A confissão 252
XL. A Lei do Escravo Fugido 255
XLI. Livre, afinal 262

Apêndice 271

Posfácio
Jarid Arraes 275

Notas 283

Prefácio da autora

Os leitores podem ter certeza de que esta narrativa não é ficção. Estou ciente de que algumas das minhas aventuras podem parecer inacreditáveis, mas são, ainda assim, absolutamente verdadeiras. Não exagerei as injustiças infligidas pela escravidão; ao contrário, minhas descrições não fazem jus aos fatos. Encobri a denominação dos lugares e dei nomes fictícios às pessoas. Não tinha por que manter segredo em relação a mim, mas achei que seria gentil e atencioso assim proceder em relação aos demais.

Gostaria de ser mais competente na tarefa que assumi. Acredito, porém, que os leitores vão perdoar as deficiências, considerando as circunstâncias. Nasci e cresci na escravidão, permaneci em estado de escravatura por 27 anos. Desde que cheguei ao Norte, precisei trabalhar com afinco para me sustentar e dar educação aos meus filhos. Isso não me deixou muito tempo livre para compensar a falta de oportunidade de me aprimorar na juventude, e precisei escrever estas páginas em intervalos irregulares, sempre que podia me afastar por alguns momentos das funções domésticas.

Quando cheguei à Filadélfia, o bispo Paine me aconselhou a publicar um esboço da minha vida; eu disse a ele que não tinha nenhuma competência para tal empreitada. Apesar de ter melhorado um pouco minhas ideias desde aquele tempo, continuo com a mesma opinião, mas acredito que minha motivação vai desculpar aquilo que, de outro modo, poderia parecer pretensão. Não escrevi minhas experiências para chamar a atenção para mim mesma; ao contrário, teria sido mais agradável permanecer em silêncio a respeito da minha própria história. Também não pretendo despertar comiseração pelos meus sofrimentos. Mas, sinceramente, desejo despertar nas mulheres do Norte a consciência da condição de 2 milhões de mulheres no Sul, ainda em cativeiro, sofrendo o que eu sofri — a maior parte delas sofre muito mais. Quero somar meu relato ao de escritores mais capazes para convencer as pessoas dos Estados Livres sobre o que a escravidão de fato é. Apenas por meio da experiência é possível perceber a profundeza, a escuridão e o fedor daquele poço de abominações. Que as bênçãos de Deus recaiam sobre esta iniciativa imperfeita em nome do meu povo perseguido!

Linda Brent*

* Pseudônimo de Harriet Ann Jacobs. [N. E.]

Introdução à primeira edição

Conheço pessoalmente a autora da biografia que segue, e seus modos e sua conversa me inspiram confiança. Durante os últimos dezessete anos ela morou a maior parte do tempo com uma família distinta de Nova York e se comportou de maneira tal que passou a gozar de alta estima. Esse fato, sem mais credenciais relativas a seu caráter, já é suficiente. Acredito que aqueles que a conhecem não duvidarão da sua veracidade, apesar de alguns incidentes em sua história serem mais românticos do que a ficção.

A pedido dela revisei seu manuscrito; as mudanças que inseri foram sobretudo para condensar e organizar o material. Não acrescentei nada aos incidentes nem mudei o sentido de suas observações muito pertinentes. Com exceções insignificantes, tanto as ideias quanto a linguagem são dela. Aparei um pouco os excessos, mas fora isso não vi razão em modificar sua maneira vívida e dramática de contar a própria história. Nomes de pessoas e lugares me são conhecidos, mas eu os suprimi por bons motivos.

Naturalmente, causará surpresa que uma mulher criada na escravidão seja capaz de escrever tão bem. As circunstâncias explicarão esse fato. Em primeiro lugar, a natureza a dotou de percepções aguçadas. Em segundo, a senhora com quem ela morou até os doze anos foi uma boa amiga, cheia de consideração, que a ensinou a ler e a escrever. Em terceiro, depois de ter vindo para o Norte, surgiram-lhe circunstâncias favoráveis, incluindo interação frequente com pessoas inteligentes que sentiram um interesse simpático em seu bem-estar e estiveram dispostas a lhe dar oportunidades de aprimorar seus conhecimentos.

Tenho plena consciência de que muitos vão me acusar de falta de decoro por apresentar estas páginas ao público; afinal, as experiências desta mulher inteligente e tão machucada pertencem a uma classe que alguns podem chamar de assuntos delicados e, outros, indelicados. Essa fase peculiar da escravidão vem sendo, de maneira geral, mantida velada, mas o público precisa começar a conhecer suas características monstruosas, e eu assumo de bom grado a responsabilidade de levantar o véu. Faço isso em nome das minhas irmãs em cativeiro, que sofrem injustiças tão pavorosas que nossos ouvidos são sensíveis demais para escutar. Faço isso com a esperança de despertar a consciência e a reflexão nas mulheres do Norte em relação a seu dever de exercer influência moral sobre a questão da escravidão em todas as oportunidades possíveis. Faço isso com a esperança de que todos os homens que lerem esta narrativa jurem perante Deus que, nos limites de suas capacidades, impedirão que qualquer fugitivo da escravidão seja mandado de volta para sofrer naquele antro desprezível de corrupção e crueldade.

L. Maria Child

Incidentes na vida de uma menina escrava

Escondida durante sete anos

I.
Infância

Eu nasci escrava, mas nunca soube disso até que seis anos de uma infância feliz tivessem se passado. Meu pai era carpinteiro, considerado tão inteligente e habilidoso no seu trabalho que, quando era preciso erguer construções fora do comum, ele era enviado a longas distâncias para atuar como capataz. Sob a condição de pagar duzentos dólares por ano à sua senhora e sustentar a si mesmo, ele tinha permissão de trabalhar em seu ofício e administrar seus próprios negócios. Seu maior desejo era comprar os filhos, mas, embora tenha oferecido várias vezes seus vencimentos conquistados com tanta dificuldade para esse fim, ele jamais conseguiu. Em relação à tez, meus pais eram de um tom claro de marrom-amarelado, eram chamados de mulatos. Viviam juntos numa casa confortável, e, apesar de sermos todos escravos, fui protegida de maneira tão afetuosa que nunca sonhei ser uma mercadoria; confiava neles para cuidar de mim e estava disponível para o que precisassem a qualquer momento. Eu tinha um irmão, William, dois anos mais novo do que eu — uma criança esperta e afetuosa. Também contava com o enorme tesouro da minha avó materna, uma mulher notável em vários aspectos. Ela era filha de um fazendeiro da Carolina do Sul que, ao morrer, deixou livres minha avó e seus três filhos, com dinheiro para viajar a St. Augustine, onde tinham parentes. Isso aconteceu durante a Guerra Revolucionária, e eles foram capturados no caminho, levados de volta e vendidos a diferentes compradores. Essa era a história que minha avó contava, mas não lembro de todos os detalhes. Ela era uma menininha quando foi capturada e vendida ao proprietário de um grande hotel. Muitas vezes escutei histórias sobre sua infância, como foi difícil. Mas, já crescida, minha avó passou a demonstrar tanta inteligência e era tão leal que seu senhor e sua senhora acabaram por perceber que era do interesse deles cuidar bem de propriedade tão valiosa. Ela se tornou personagem indispensável na casa, ocupando todas as posições, de cozinheira e ama de leite a costureira. Era muito elogiada por suas receitas, e seus deliciosos biscoitos salgados ficaram tão famosos nas redondezas que várias pessoas manifestavam interesse em comprá-los. Dadas as numerosas encomendas dessa natureza, ela pediu autorização à sua senhora para assar os biscoitos à noite, depois que tivesse terminado todo o trabalho doméstico, e recebeu licença para tanto, desde que com os lucros comprasse roupas para si e para seus filhos. De acordo com esse trato, depois de trabalhar o dia todo com afinco para a sua senhora, ela começava suas fornadas à meia-noite, com a ajuda dos dois filhos mais velhos. O negócio se mostrou lucrativo e, ano após ano, ela guardava um pouquinho de dinheiro, que juntava num fundo para comprar os filhos. Seu senhor morreu e a propriedade foi dividida entre os herdeiros. A viúva herdou o hotel, que manteve aberto. Minha avó permaneceu sob seu serviço como escrava, mas os filhos dela foram repartidos entre os filhos do senhor. Como eram cinco, Benjamin, o mais novo, foi vendido para que cada herdeiro recebesse a mesma porção em dólares e centavos. Tínhamos uma diferença de idade tão pouca que ele parecia mais meu irmão do que meu tio. Era um rapaz esperto e bonito, quase branco, pois tinha herdado a tez dos ancestrais anglo-saxões da minha avó. Apesar de Benjamin ter apenas dez anos, pagaram 720 dólares por ele. Sua venda foi um golpe terrível para a minha avó, mas ela era esperançosa por natureza e se pôs a trabalhar com energia renovada, confiante de que, com o tempo, seria capaz de comprar alguns de seus filhos. Ela havia guardado trezentos dólares, que sua senhora um dia pediu emprestados, prometendo pagar em breve. Os leitores provavelmente sabem que nenhuma promessa ou declaração por escrito feita a um escravo tem valor legal porque, de acordo com as leis sulistas, um escravo, por *ser* propriedade, não pode *deter* propriedade. Quando minha avó emprestou seu dinheiro suado à senhora, confiou apenas na honra dela. A honra de uma senhora de escravos para com uma escrava!

Devo muitos confortos a essa boa avó. Meu irmão Willie e eu sempre recebíamos porções de biscoitos, bolos e conservas que ela fazia para vender, e depois que deixamos de ser crianças, ficamos em dívida com ela por vários outros serviços muito mais importantes.

Essas foram as circunstâncias extraordinariamente felizes do início da minha infância. Quando eu tinha seis anos, minha mãe morreu, e então, pela primeira vez, soube, pelas conversas a meu redor, que eu era escrava. A senhora da minha mãe era a filha da senhora da minha avó. Ela era irmã adotiva da minha mãe: as duas tinham sido alimentadas no peito da minha avó. Na verdade, minha mãe tinha sido desmamada aos três meses para que a criança da senhora pudesse obter alimento suficiente. Elas brincavam juntas quando pequenas e, ao se tornarem mulheres, minha mãe foi a serva mais fiel à sua irmã adotiva mais branca. Em seu leito de morte, minha mãe ouviu da senhora a promessa de que seus filhos jamais iriam sofrer por nada, e a senhora manteve sua palavra durante toda a vida. Todos tinham palavras gentis para falar da minha mãe morta, que havia sido escrava apenas no nome, pois tinha natureza nobre e feminina. Eu me enlutei por ela, e minha jovem mente se preocupou com a ideia de quem, dali em diante, iria cuidar de mim e do meu irmãozinho. Me disseram que meu lar agora seria com a senhora da minha mãe, e encontrei ali um lar feliz. Não me impuseram nenhuma tarefa árdua ou desagradável. Minha senhora era tão boa comigo que eu sempre ficava contente de fazer o que ela pedia e me sentia orgulhosa de trabalhar para ela tanto quanto meus poucos anos permitiam. Passava horas sentada a seu lado, costurando com diligência, com o coração tão livre de preocupações quanto o de uma criança branca nascida em liberdade. Quando ela achava que eu estava cansada, me mandava sair de casa para correr e pular, e lá ia eu colher frutinhas silvestres ou flores para decorar seu quarto. Aqueles eram dias felizes — felizes demais para durar. A criança escrava não pensava no amanhã, mas logo chegou a má sorte que com toda a certeza está à espera de todos os seres humanos que nascem para ser uma mercadoria.

Quando eu estava com quase doze anos, minha boa senhora ficou doente e morreu. À medida que eu via suas faces ficarem cada vez mais pálidas, e seus olhos cada vez mais vidrados, como rezei com ardor do fundo do coração para que ela sobrevivesse! Eu a amava porque ela havia sido quase uma mãe para mim. Minhas orações não foram atendidas. Ela morreu e foi enterrada no pequeno pátio da igreja onde, dia após dia, minhas lágrimas escorriam sobre seu túmulo.

Me enviaram para passar uma semana com minha avó. Agora eu já tinha idade suficiente para começar a pensar no futuro, e sempre me perguntava o que iriam fazer comigo. Tinha certeza de que jamais acharia uma senhora tão bondosa quanto aquela que partira. Ela havia prometido à minha mãe moribunda que os filhos dela jamais sofreriam por conta de nada, e quando me lembrei disso e de todas as tantas provas do apego que ela demonstrara por mim, não pude deixar de nutrir algumas esperanças de que ela teria me libertado. Meus amigos tinham quase certeza de que seria assim. Acharam que ela, com toda a certeza, teria feito isso devido ao amor e ao serviço fiel da minha mãe. Mas, que pena! Todos sabemos que a lembrança de uma escrava fiel não tem muito valor para poupar seus filhos do leilão.

Depois de um breve período de suspense, o testamento da minha senhora foi lido e ficamos sabendo que ela havia me deixado para a filha da irmã dela, uma criança de cinco anos. Assim, nossas esperanças se desfizeram. Minha senhora me ensinara os preceitos da Palavra de Deus: "Ame seu próximo como a si mesmo"; "faça aos outros o que você quer que façam a você". Mas eu era sua escrava e suponho que ela não me reconhecia como próxima. Eu daria tanto para apagar da minha memória essa grande injustiça... Quando criança, eu adorava minha senhora, e lembrando o tempo feliz que passei com ela, tento pensar com menos amargor sobre esse ato de injustiça. Enquanto estava com ela, minha senhora me ensinou a ler e a escrever e, por esse privilégio, tão raramente concedido a um escravo, eu abençoo sua lembrança.

Minha senhora só possuía uns poucos escravos, e com sua morte todos foram distribuídos entre seus parentes. Cinco eram filhos da minha avó e tinham compartilhado do mesmo leite que alimentou os irmãos dela. Apesar do extenso e fiel serviço da minha avó a seus proprietários, nenhum de seus filhos escapou do leilão. Essas máquinas possuidoras do sopro de Deus, aos olhos de seus senhores, não são nada mais do que o algodão que plantam ou os cavalos que criam.

II.
O novo senhor e a nova senhora

O dr. Flint, médico das redondezas, havia se casado com a irmã da minha senhora, e agora eu era propriedade da filha pequena deles. A preparação para meu novo lar transcorreu com lamentos e, para piorar minha tristeza, meu irmão William foi comprado pela mesma família. Meu pai, além do costume de negociar como trabalhador habilidoso, tinha, por sua natureza, sentimentos mais de homem livre do que de escravo. Meu irmão era um menino espirituoso e, por ter sido criado sob tais influências, sempre detestara as denominações de "senhor" e "senhora". Um dia, quando aconteceu de meu pai e a senhora o chamarem ao mesmo tempo, ele hesitou entre os dois — perplexo, não sabia qual deles tinha mais direito à sua obediência. Finalmente concluiu que devia atender à senhora. Quando meu pai o repreendeu por isso, ele respondeu: "Vocês dois me chamaram, e eu não sabia a quem atender primeiro".

"Você é *meu* filho", nosso pai respondeu. "Quando eu o chamo, deve me atender imediatamente, mesmo que precise atravessar fogo e água."

Coitado do Willie! Ele iria aprender assim sua primeira lição de obediência a um senhor. Nossa avó tentava nos animar com palavras de esperança que encontravam eco no coração crédulo da juventude.

Quando entramos em nosso novo lar, deparamos com olhares frios, palavras frias e tratamento frio. Ficamos contentes quando a noite chegou. Na minha cama estreita, resmunguei e chorei; me sentia tão desolada e sozinha!

Já estava lá fazia quase um ano quando uma amiguinha querida foi enterrada. Ouvi a mãe dela chorando enquanto a terra caía sobre o caixão de sua única filha e dei as costas para a cova, sentindo-me agradecida por ainda ter me sobrado algo para amar. Encontrei minha avó, que disse: "Venha comigo, Linda", e pelo tom dela percebi que alguma coisa havia acontecido. Ela me levou para longe das outras pessoas e disse: "Minha criança, seu pai morreu". Morto! Como é que eu podia acreditar? Ele havia morrido tão de repente que eu nem tinha ficado sabendo que ele estava doente. Voltei para casa com minha avó. Meu coração se rebelou contra Deus, que tinha me tirado a mãe, o pai, a senhora e a amiga. Minha avó, tão boa, tentou me reconfortar. "Quem entende os caminhos de Deus?", ela disse. "Talvez, com toda a bondade, eles tenham sido levados para não enfrentar o tempo ruim que está por vir."

Anos depois, eu sempre pensava nisso. Ela prometeu ser uma mãe para os netos até onde lhe fosse permitido; e, fortalecida pelo amor dela, retornei à casa do meu senhor. Pensei que me dariam permissão para ir à casa do meu pai na manhã seguinte, mas recebi a ordem de colher flores a fim de que o lar da minha senhora pudesse ser decorado para uma festa à noite. Passei o dia colhendo flores e tecendo grinaldas enquanto o cadáver do meu pai estava a menos de dois quilômetros de distância. O que meus senhores tinham com isso? Ele não passava de uma propriedade qualquer. Além do mais, achavam que meu pai tinha estragado os filhos ao lhes explicar que eram seres humanos. Essa era uma doutrina blasfema quando ensinada por um escravo, uma presunção dele e um perigo para os senhores.

No dia seguinte, acompanhei o corpo até um túmulo humilde ao lado do da minha querida mãe. Havia quem conhecesse o valor do meu pai e respeitasse sua memória.

Minha casa agora parecia mais triste do que nunca. As risadas das crianças escravas pequenas soavam rudes e cruéis. Era egoísmo me sentir assim com a felicidade dos outros. Meu irmão andava de um lado para outro com uma expressão muito séria. Tentei reconfortá-lo, dizendo: "Tenha coragem, Willie, dias melhores virão".

"Você não sabe nada a respeito disso, Linda", ele respondeu. "Vamos ter que ficar aqui até o fim dos nossos dias; nunca seremos livres."

Argumentei que estávamos ficando mais velhos e mais fortes e talvez em pouco tempo pudéssemos ter permissão para trabalhar por conta própria; assim poderíamos ganhar dinheiro para comprar nossa liberdade. William disse que isso era muito mais fácil dizer do que fazer; além do mais, ele não tinha intenção de *comprar* sua liberdade. Tínhamos discussões diárias a respeito desse assunto.

Na casa do dr. Flint não se dava muita atenção às refeições dos escravos. Se eles pudessem arrumar um pouco de comida aqui e ali, estava muito bem. Eu não me preocupava com isso porque, para completar meus vários afazeres, eu costumava passar pela casa da minha avó, onde sempre havia algo para mim. Com frequência ameaçavam me castigar se eu parasse lá; minha avó, para evitar que eu me demorasse, sempre me esperava no portão com algo para o meu desjejum ou almoço. Eu tinha uma dívida para com *ela* por todos os meus confortos, espirituais ou temporais. Era o trabalho *dela* que fornecia meu parco guarda-roupa. Tenho uma lembrança vívida do vestido de serguilha que a sra. Flint me dava a cada inverno. Como eu detestava aquilo! Era uma das insígnias da escravidão.

Enquanto minha avó ajudava a me sustentar com seu dinheiro suado, os trezentos dólares que ela emprestara à sua senhora nunca foram pagos. Quando a senhora morreu, o genro dela, dr. Flint, foi indicado testamenteiro. Minha avó foi procurá-lo para pedir o pagamento e ele disse que o espólio estava insolvente e que a lei proibia o pagamento. Mas isso não o proibiu de ficar com os candelabros de prata que haviam sido comprados com o dinheiro da minha avó. Suponho que vão continuar na família, passados de geração a geração.

A senhora da minha avó sempre lhe prometera que, quando morresse, ela seria libertada; e disseram que ela cumpriu a promessa em seu testamento. Mas no momento em que o espólio foi partilhado, o dr. Flint disse à velha e fiel serva que, sob as circunstâncias existentes, ela deveria ser vendida.

No dia marcado, o anúncio contumaz foi exibido, proclamando que haveria uma "venda pública de negros, cavalos etc.". O dr. Flint foi até a casa da minha avó para dizer que não estava disposto a ferir seus sentimentos ao levá-la a leilão e que preferiria negociá-la numa venda privada. Minha avó enxergou através da hipocrisia dele; ela sabia muito bem que o dr. Flint estava envergonhado da situação. Era uma mulher muito determinada, e se ele era vil a ponto de vendê-la quando a intenção da sua senhora era que fosse libertada, ela queria ter certeza de que as pessoas soubessem. Como fornecia biscoitos e conservas a muitas famílias havia muito tempo, "tia Marthy", como a chamavam, era conhecida em toda parte, e todo mundo que a conhecia respeitava sua inteligência e boa índole. O serviço longo e fiel à família também era do conhecimento de todos, assim como a intenção de sua senhora de libertá-la. Quando o dia da venda chegou, ela tomou seu lugar entre os cativos e, à primeira chamada, subiu ao estrado do leilão de um pulo. Muitas vozes gritaram: "Vergonha! Vergonha! Quem vai vender *você*, tia Marthy? Não fique aí! Isso não é lugar para *você*". Sem dizer nenhuma palavra, ela esperou seu destino calmamente. Ninguém deu nenhum lance por ela. Por fim, ouviu-se uma voz fraca: "Cinquenta dólares". Veio de uma senhora solteira, de setenta anos, irmã da falecida senhora da minha avó. Ela vivera quarenta anos sob o mesmo teto que minha avó; sabia como ela havia sido leal em seu serviço aos donos e como seus direitos lhe tinham sido tirados de maneira fraudulenta; assim, resolveu protegê-la. O leiloeiro esperou uma oferta mais alta, mas o desejo dela foi respeitado, ninguém cobriu seu lance. Esta senhora não sabia ler nem escrever, e quando a nota da venda foi feita, ela assinou com um x. Mas quem se importava com isso, se seu coração era grande e transbordava de bondade humana? Ela deu à velha serva sua liberdade.

Naquela época, minha avó tinha apenas cinquenta anos. Anos de muito trabalho haviam se passado desde então, e agora meu irmão e eu éramos escravos do homem que tinha enganado minha avó, ficara com o dinheiro dela e tentara trapaceá-la para roubar sua liberdade. Uma das irmãs da minha mãe, tia Nancy, também era escrava da família dele. Era uma tia gentil e bondosa comigo e ocupava o posto de arrumadeira e aia para a sua senhora. Ela estava, na verdade, no começo e no fim de tudo.

A sra. Flint, assim como tantas mulheres do Sul, era totalmente deficiente no que diz respeito a vigor. Ela não tinha força para administrar as questões da sua casa, mas seus nervos eram fortes o bastante para ela poder ficar sentada em sua espreguiçadeira vendo uma mulher ser açoitada até o sangue escorrer a cada golpe. A sra. Flint frequentava a igreja, mas compartilhar da ceia do Senhor não imbuía nela uma mentalidade cristã. Se o almoço não fosse servido no horário exato num domingo qualquer, ela se postava na cozinha e esperava até que a comida fosse disposta nas travessas de servir, então cuspia em todas as chaleiras e panelas que tinham sido usadas para cozinhar. Fazia isso para impedir que a cozinheira e seus filhos raspassem sua parca porção dos restos de molho e outros pratos. Os escravos não podiam comer nada além do que ela escolhia para eles. As provisões eram pesadas em libras e onças, três vezes por dia. Posso garantir que ela não lhes dava oportunidade de comer pão de trigo do seu barril de farinha. Ela sabia quantos pãezinhos rendiam dois quartilhos de farinha, e exatamente o tamanho que deviam ter.

O dr. Flint era um epicurista. Nunca a cozinheira servia uma refeição sem medo ou tremor; se fosse um prato de que ele não gostasse, ou ele mandava que ela fosse açoitada ou a obrigava a comer cada bocado na sua presença. A pobre criatura faminta talvez não fizesse objeção a comer aquilo, mas fazia objeção, sim, ao fato de que o senhor enfiava a comida em sua garganta até ela sufocar.

Eles tinham um cachorro de estimação que era um incômodo na casa. Mandaram a cozinheira fazer um pouco de mingau de fubá para ele. O cão se recusou a comer, e quando seguraram a cabeça dele por cima da comida, a baba voou da sua boca para dentro da tigela. Ele morreu alguns minutos depois. Quando o dr. Flint chegou, disse que o mingau não tinha sido bem-feito, e era por isso que o animal se recusara a comer. Mandou chamar a cozinheira e a obrigou a comer. Ele achou que o estômago da mulher fosse mais forte do que o do cachorro, mas o sofrimento dela depois provou que estava errado. Essa pobre mulher suportou muitas crueldades do seu senhor e da sua senhora; às vezes a trancavam, afastada de seu bebê de peito, durante um dia e uma noite inteira.

Quando eu estava com a família havia algumas semanas, um dos escravos da fazenda foi trazido para a cidade por ordem de seu senhor. Era quase noite quando ele chegou, e o dr. Flint ordenou que ele fosse levado para a casa de correção e amarrado na trave de modo que seus pés não chegassem a tocar o chão. Ele teve de ficar esperando nessa situação até que o médico tivesse terminado de tomar seu chá. Nunca vou me esquecer daquela noite. Nunca antes, na vida, eu ouvira centenas de golpes sucessivos recaírem sobre um ser humano. Seus gemidos de dor e as exclamações de "Ai, rogo, não, sinhô" ecoaram no meu ouvido durante meses. Houve muita conjectura a respeito do motivo desse castigo terrível. Alguns disseram que o senhor o acusou de roubar milho, outros que o escravo havia brigado com a mulher na presença de uma testemunha, acusando o senhor de ser o pai do filho dela. Ambos eram negros, e a criança era muito clara.

Fui até a casa de correção no dia seguinte e vi o chicote ainda úmido de sangue e as tábuas cobertas de coágulos. O infeliz sobreviveu e continuou a brigar com a mulher. Alguns meses depois, o dr. Flint entregou os dois a um mercador de escravos. O culpado enfiou o valor deles no bolso e ficou satisfeito em saber que eles não estavam mais ao alcance de seus olhos e ouvidos. Quando a mãe foi entregue nas mãos do mercador, ela disse: "O senhor *prometeu* me tratar bem". Ao que ele respondeu: "Você deixou sua língua correr longe demais, maldita seja!". Ela havia esquecido que era crime uma escrava dizer quem era o pai do seu filho.

Em tais casos, a perseguição não vem apenas do senhor. Certa vez vi uma menina escrava morrer logo depois do nascimento de uma criança quase branca. Em sua agonia, ela exclamou: "Ó Senhor, venha e me leve!". Sua senhora ficou lá olhando e desdenhou dela como se fosse um demônio encarnado. "Está sofrendo, é?", ela exclamou. "Fico contente. Você merece tudo isso e ainda mais."

A mãe da menina disse: "O bebê está morto, graças a Deus, e espero que minha pobre filha logo esteja no céu também".

"Céu!", retrucou a senhora. "Não existe um lugar assim para pessoas da laia dela e do seu bastardo."

A pobre mãe virou as costas, soluçando. A filha moribunda a chamou com a voz fraca, e quando a mãe se debruçou por cima dela, eu a ouvi dizer: "Não se aflija, mãe; Deus sabe de tudo, e ELE terá misericórdia de mim".

Seu sofrimento, depois, tornou-se tão intenso que a senhora não conseguiu mais permanecer ali. Mas, quando saiu do quarto, o sorrisinho de desdém ainda estava em seus lábios. Sete filhos a chamavam de mãe. A pobre mulher negra só tinha aquela filha, cujos olhos viu se fecharem na morte, enquanto ela agradecia a Deus por poupar a menina do maior amargor da vida.

III.
O Ano-Novo dos escravos

O dr. Flint tinha uma bela residência na cidade, várias fazendas e cerca de cinquenta escravos, além de muitos outros que ele retinha sob contratos anuais.

A contratação no Sul acontece todo 1º de janeiro. No dia seguinte, espera-se que os escravos se apresentem a seus novos senhores. Na fazenda, eles trabalham até que o algodão e o milho sejam semeados. Depois têm dois dias de folga. Alguns senhores oferecem a eles uma boa refeição embaixo das árvores. Quando tudo termina, trabalham até a véspera de Natal. Se nesse ínterim não sofrerem nenhuma acusação grave, eles então recebem quatro ou cinco dias de folga, de acordo com o que o senhor ou o feitor considere conveniente. Então na véspera do Ano-Novo reúnem todo o pouco que têm ou, para falar de maneira mais apropriada, o quase nada que têm, e esperam ansiosos pelo amanhecer. No horário marcado, o terreno se enche de homens, mulheres e crianças que, feito condenados, esperam para ouvir o anúncio de suas sinas. O escravo sabe direitinho quem é o senhor mais benevolente ou mais cruel num raio de sessenta quilômetros.

É fácil descobrir, naquele dia, quem é o senhor que veste e alimenta bem seus escravos, porque ele é rodeado por uma multidão que implora: "Por favor, sinhô, vou trabalhar *muito* pesado, sinhô".

Se um escravo não se dispõe a acompanhar o novo senhor, ele é açoitado ou trancado na prisão até aceitar segui-lo e prometer que não vai fugir ao longo daquele ano. Se se atrever a mudar de ideia, achando que tem justificativas para romper uma promessa assumida, que desgraça se for capturado! O açoite zumbe até que o sangue escorra a seus pés e suas pernas fortes sejam acorrentadas para seu corpo ser arrastado pelos campos por dias e dias!

Se ele sobreviver até o ano seguinte, talvez o mesmo homem volte a contratá-lo sem nem lhe dar a oportunidade de se dirigir ao local de contratação. Depois de alocados os escravos disponíveis para contratação, chamam-se os que estão à venda.

Ah, vocês, mulheres livres e felizes, comparem o *seu* Ano-Novo com o das mulheres cativas infelizes! Para vocês é uma época agradável, e o nascer do dia é abençoado. Votos afáveis vêm a seu encontro de todo lugar e vocês são inundadas de presentes. Até os corações que haviam se distanciado amolecem nessa época, e os lábios que estiveram silenciados voltam a responder: "Desejo-lhe um feliz Ano-Novo". As crianças trazem suas pequenas oferendas e erguem seus lábios rosados para receber um carinho. Elas são suas, e apenas a mão da morte pode tirá-las de vocês.

Para a mãe escrava, no entanto, o Ano-Novo vem carregado de mágoas peculiares. Ela senta no chão frio da sua casinha e observa as crianças que podem lhe ser arrancadas na manhã seguinte, com frequência desejando que talvez ela e seus filhos possam morrer antes do amanhecer. Ela pode ser uma criatura ignorante, degradada pelo sistema que a brutalizou desde a infância, mas tem instinto de mãe e é capaz de sentir as agonias de uma mãe.

Num desses dias de venda, vi uma mulher levar sete filhos para o leilão. Ela sabia que *alguns* lhe seriam tirados, mas levaram *todos*. As crianças foram vendidas para um mercador de escravos e a mãe foi comprada por um homem da mesma cidade que ela. Antes do anoitecer, seus filhos tinham partido para longe, todos. Ela implorou que o mercador dissesse para onde tinha intenção de levá-los, mas o homem se recusou a responder. Como é que ele *poderia* responder se sabia que iria vendê-los, um por um, onde conseguisse o melhor preço? Encontrei essa mãe na rua e até hoje seu rosto tresloucado e abatido está vívido em minha mente. Ela torcia as mãos em agonia e exclamava: "Eles se foram! Todos se foram! Por que Deus *não* me mata?". Não soube como reconfortá-la. Episódios desse tipo ocorrem todos os dias, quiçá todas as horas.

Os senhores de escravos têm um método, próprio da instituição, de se livrar de escravos *velhos*, cuja vida foi desgastada pelo serviço. Conheci uma mulher velha que serviu a seu senhor com fidelidade durante setenta anos. Ela se tornara quase inútil devido ao trabalho pesado e à doença. Seus proprietários se mudaram para o Alabama e a velha mulher negra ficou para trás, a fim de ser vendida a qualquer um que desse vinte dólares por ela.

IV.
O escravo que teve a ousadia de se sentir homem

Dois anos haviam se passado desde que eu entrara na família do dr. Flint, e esses anos tinham me proporcionado muito do conhecimento que a experiência propicia, apesar de terem oferecido pouca oportunidade para qualquer outro tipo de conhecimento.

Minha avó havia sido, tanto quanto possível, mãe para seus netos órfãos. Com perseverança e criatividade incansáveis, ela agora era senhora de uma casinha confortável, rodeada por tudo que é necessário à vida. Ficaria feliz se seus filhos pudessem dividir aquilo com ela. Só haviam lhe sobrado três filhos e dois netos, todos escravos. Com toda a convicção, ela se esforçava para fazer com que sentíssemos que esta era a vontade de Deus: que Ele achara apropriado nos deixar sob tais circunstâncias e, apesar de parecer difícil, deveríamos rezar de contentamento.

Era uma fé bonita, que vinha de uma mãe que não podia chamar seus filhos de seus. Mas Benjamin, seu menino mais novo, e eu não concordávamos com isso. Deduzimos que a vontade de Deus era muito mais que minha avó estivesse na posição que estava. Ansiávamos por uma casa como a dela. Ali sempre encontrávamos um doce bálsamo para nossos problemas. Ela era tão amável, tão solidária! Sempre nos recebia com um sorriso e escutava com paciência todos os nossos amargores. Falava com tanta esperança que, inconscientemente, as nuvens davam lugar ao brilho do sol. Lá também havia um forno grande e majestoso que assava pão e outras gostosuras para a cidade, e sabíamos que sempre nos aguardava um bocado especial.

Mas, que lástima! Nem os encantos do velho forno conseguiam fazer com que aceitássemos nossa sina tão difícil. Benjamin agora era um rapaz alto e bonito, de constituição forte e graciosa, com espírito corajoso e ousado demais para um escravo. Meu irmão William, então com doze anos, tinha a mesma aversão à palavra "senhor" de quando era um moleque de sete anos. Eu era sua confidente. Ele me procurava para falar de todos os seus problemas. Me lembro de uma vez em particular. Era uma linda manhã de primavera e, quando observei o sol dançando aqui e ali, a beleza daquilo parecia caçoar da minha tristeza. Acontece que meu senhor, cuja natureza inquieta, desejosa e maldosa vagava dia e noite, buscando a quem devorar, havia acabado de sair e me dirigira palavras ferinas, cáusticas; palavras que golpeavam o ouvido e o cérebro como fogo. Ah, como eu o desprezava! Pensava em como ficaria feliz se algum dia, quando ele estivesse caminhando pela terra, ela se abrisse e o engolisse, livrando o mundo daquela praga.

Quando ele me disse que fui feita para o seu uso, que fui feita para obedecer às suas ordens em relação a *tudo*, que eu não passava de uma escrava cuja vontade deveria e iria sempre se render a ele, meu braço franzino nunca se sentiu tão forte quanto naquele momento.

Depois, fiquei tão absorta em reflexões dolorosas que não vi nem ouvi ninguém entrando, até que a voz de William soou bem perto de mim. "Linda", ele disse, "por que esse ar tão triste? Eu te amo. Ah, Linda, não acha que este mundo é ruim? Todos parecem tão mal-humorados e infelizes. Eu queria ter morrido quando nosso pobre pai morreu."

Eu disse que *nem todo mundo* era mal-humorado ou infeliz; que as pessoas que tinham uma casa agradável e bons amigos, aos quais não tinham medo de amar, eram felizes. Mas nós, que éramos crianças escravas, sem pai nem mãe, não poderíamos ter a expectativa da felicidade. Tínhamos de ser bonzinhos; talvez isso nos trouxesse contentamento.

William respondeu: "É, eu tento ser bom, mas de que adianta? Eles ficam me incomodando o tempo todo". Então ele prosseguiu, relatando suas dificuldades naquela tarde com seu jovem senhor Nicholas. O irmão do sr. Nicholas parece ter se divertido inventando histórias a respeito de William. O sr. Nicholas disse que ele seria açoitado e que ele mesmo se encarregaria disso. Assim, ele pôs mãos à obra, mas William resistiu com coragem, e então o jovem senhor, acreditando que William estava levando vantagem, amarrou suas mãos às costas. Também não conseguiu. Chutando e dando socos, William saiu do entrevero apenas com alguns arranhões.

Ele continuou a discorrer sobre a *maldade* do seu jovem senhor, sobre como ele açoitava os meninos *pequenos*, mas era um covarde perfeito quando se metia em alguma confusão entre meninos brancos do mesmo tamanho dele. Nessas ocasiões, ele sempre saía correndo. William tinha outras acusações contra ele. Uma delas era de que ele esfregava mercúrio em moedas de um centavo e as passava adiante como se fossem moedas de 25 centavos de dólar a um homem de idade que tinha uma barraquinha de frutas. Sempre mandavam William comprar frutas, e ele me perguntou, com toda a sinceridade, o que devia fazer sob tais circunstâncias. Era errado, eu disse, com toda a certeza, enganar o homem de idade, e que era sua obrigação contar sobre as práticas impostas por seu jovem senhor. Garanti que o homem de idade logo iria compreender tudo e que a questão terminaria ali. William achou que poderia ser assim com o homem de idade, mas não com *ele*. Disse que não se incomodava com o golpe do açoite, mas ele não gostava da *ideia* de ser açoitado.

Enquanto eu o aconselhava a ser dócil e a perdoar, estava bem consciente do brilho em meus próprios olhos. Era exatamente a ciência dos meus limites que fazia com que eu mantivesse, se possível, algumas fagulhas da natureza que Deus concedeu a meu irmão. Eu não tinha vivido catorze anos como escrava por nada. Havia sentido, visto e escutado o suficiente para interpretar o caráter e questionar os motivos das pessoas a meu redor. A guerra da minha vida começara e, apesar de eu ser uma das criaturas mais impotentes de Deus, decidi que nunca seria vencida. Ai de mim!

Se existia um lugar que eu considerava puro e ensolarado, era o coração de Benjamin e de um outro que eu amava com o ardor da primeira paixão de menina. Meu proprietário sabia disso e buscava por todos os meios fazer com que eu me sentisse tristíssima. Ele não recorria a castigos corporais, mas a todas as maneiras mesquinhas e tirânicas que a criatividade humana era capaz de imaginar.

Lembro da primeira vez que fui castigada. Era o mês de fevereiro. Minha avó substituíra meus sapatos velhos por um par novo. Eu precisava deles, afinal, vários centímetros de neve tinham caído e continuavam a cair. Quando caminhei pelo quarto da sra. Flint, o rangido do assoalho irritou demais seus nervos refinados. Ela me chamou e perguntou o que causava aquele barulho tão horrível. Meus sapatos novos, eu disse. "Pode tirar", ela ordenou. "E, se voltar a calçá-los, vou jogar no fogo."

Tirei os sapatos e também as meias. Ela me mandou cumprir uma tarefa muito longe. Ao caminhar pela neve, meus pés formigavam. Naquela noite, eu estava muito rouca e fui para a cama achando que acordaria doente no dia seguinte, quem sabe morta. Como fiquei pesarosa de levantar e perceber que eu estava muito bem!

Imaginei que, se morresse ou ficasse de cama por um tempo, minha senhora sentiria uma pontada de remorso por odiar tanto "a pequena travessa", como ela me apelidou. Foi minha ignorância em relação àquela senhora que motivou essas ideias assim extravagantes.

De vez em quando o dr. Flint recebia altas propostas por mim, mas ele sempre dizia: "Ela não me pertence. É propriedade da minha filha, não tenho o direito de vendê-la". Que homem bom e honesto! Minha jovem senhora ainda era criança, e eu não podia buscar proteção junto a ela. Eu a amava, e ela retribuía minha afeição. Uma vez, ouvi seu pai mencionar o apego que a filha tinha a mim, e sua esposa no mesmo instante respondeu que o sentimento era derivado do medo. Isso pôs dúvidas desagradáveis na minha cabeça. Será que a criança fingia algo que não sentia? Ou será que sua mãe tinha apenas inveja da migalha de amor que ela dedicava a mim? Devia ser a segunda opção, concluí. "Tenho certeza de que crianças pequenas são sinceras", disse a mim mesma.

Certa tarde eu estava com minhas costuras, sentindo uma depressão de espírito fora do comum. Minha senhora andava me acusando de uma ofensa da qual garanti ser inocente, mas pela curvatura de desprezo de seus lábios percebi que ela achava que eu mentia.

Fiquei imaginando qual seria o motivo sábio de Deus para me fazer passar por caminhos tão espinhosos, e se dias ainda mais obscuros estavam à minha espera. Estava lá pensando nessas coisas quando a porta se abriu devagar e William entrou. "Muito bem, irmão", eu disse. "Qual é o problema dessa vez?"

"Ah, Linda, Ben e o senhor dele passaram por uma situação terrível!", ele disse.

Meu primeiro pensamento foi de que Benjamin tivesse sido morto. "Não se assuste, Linda", William disse. "Vou te contar tudo o que aconteceu."

Parecia que o senhor de Benjamin mandara chamá-lo e ele não atendeu à convocação de imediato. Quando ele chegou, o senhor estava irritado e começou a açoitá-lo. Ele resistiu. Senhor e escravo brigaram, e o senhor no fim caiu. Benjamin tinha motivos para temer, pois havia lançado seu senhor — um dos homens mais ricos da cidade — ao chão. Fiquei esperando o desfecho com ansiedade.

Naquela noite, fui às escondidas até a casa da minha avó, e Benjamin também foi, sem que ninguém na casa do senhor dele visse. Minha avó tinha ido passar um ou dois dias com uma amiga que morava no interior.

"Vim até aqui para me despedir de você", Benjamim disse. "Vou embora."

Perguntei-lhe para onde iria.

"Para o Norte", ele respondeu.

Olhei para ele para saber se estava falando sério. Enxerguei tudo em seus lábios firmes e rígidos. Implorei que não fosse, mas ele não deu atenção às minhas palavras. Disse que não era mais menino, e que sua sina ficava mais amarga a cada dia que passava. Ele erguera a mão contra seu senhor e seria açoitado em público pela ofensa. Lembrei-lhe da pobreza e das dificuldades com que ele certamente iria se deparar entre desconhecidos. Ele poderia ser capturado e trazido de volta, acrescentei, era terrível pensar numa coisa dessas.

Ele ficou irritado; pobreza e dificuldades em liberdade não seriam preferíveis ao nosso tratamento na escravidão?, ele perguntou. "Linda", prosseguiu, "aqui nós somos cachorros, estorvos, tudo que é ruim. Não, não vou ficar aqui. Eles que me tragam de volta. A gente só morre uma vez."

Benjamin tinha razão, mas era difícil abrir mão dele. "Vá", eu disse, "e deixe sua mãe de coração partido."

Me arrependi daquelas palavras no momento em que as pronunciei.

"Linda, como *pode* dizer uma coisa dessas?", ele perguntou, falando como se eu não tivesse escutado suas palavras naquela noite. "Pobre da minha mãe! Seja boa para ela, Linda; e o mesmo vale para você, prima Fanny."

35

A prima Fanny era uma amiga que morou alguns anos conosco.

Trocamos despedidas, e o garoto inteligente e gentil, querido por nós pelos seus tantos atos de amor, desapareceu das nossas vistas.

Não é necessário descrever como ele executou sua fuga. Basta dizer que estava a caminho de Nova York quando uma tempestade violenta acometeu a embarcação. O capitão disse que precisaria ancorar no porto mais próximo. Benjamin se alarmou, pois sabia que haveria anúncios a seu respeito em todo porto próximo à sua cidade de origem. O capitão notou seu embaraço. E foram para o porto. Lá, o capitão avistou o anúncio. Benjamin atendia à descrição de modo tão exato que o homem o atacou e o acorrentou. A tempestade havia passado e eles seguiram para Nova York. Antes de chegar ao porto, Benjamin conseguiu se libertar das correntes e as jogou na água. Ele fugiu da embarcação, mas foi perseguido, capturado e levado de volta a seu senhor.

Quando minha avó voltou para casa e ficou sabendo que seu filho mais novo tinha fugido, seu pesar foi imenso, mas, com piedade característica, ela disse: "A vontade de Deus será cumprida". Toda manhã ela perguntava se havia alguma notícia sobre seu garoto. Sim, uma notícia *tinha* chegado. O senhor estava felicíssimo com uma carta anunciando a captura da sua propriedade humana.

Aquele dia parece ter sido ontem, tão bem me lembro dele. Vi Benjamin sendo conduzido pelas ruas, acorrentado, até a cadeia. Seu rosto era de uma palidez tenebrosa, mas, ainda assim, cheio de determinação. Ele tinha implorado a um dos marinheiros que fosse à casa da sua mãe e pedisse a ela que não fosse vê-lo. Disse que a visão dela, aflita, iria fazê-lo perder o autocontrole. Ela estava ansiosa para vê-lo, e assim o fez; mas se camuflou no meio da multidão para que a previsão do seu filho não se concretizasse.

Não tínhamos permissão para visitá-lo, mas conhecíamos o carcereiro havia anos, e ele era um homem de bom coração. À meia-noite, ele abriu a porta da cadeia e minha avó e eu entramos disfarçadas. Quando chegamos à cela, nenhum som rompeu o silêncio. "Benjamin, Benjamin!", minha avó sussurrou. Nenhuma resposta. "Benjamin!", ela disse mais uma vez, com a voz falha. Correntes tilintaram. A lua acabava de se erguer e lançava sua luz incerta através das barras da janela. Nós nos ajoelhamos e tomamos as mãos frias de Benjamin nas nossas. Não falamos nada. Escutaram-se soluços, e os lábios dele se entreabriram; sua mãe chorava no seu pescoço. Como minha memória carrega viva a lembrança daquela noite triste! Mãe e filho conversaram. Ele pediu perdão pelo sofrimento que causara. Não tinha nada a perdoar, ela disse, não podia culpar o desejo de Benjamin por liberdade. Ele disse que, quando foi capturado, escapou e estava pronto para se jogar no rio quando lembrou *dela* e desistiu. Ela perguntou se ele também não tinha pensado em Deus. Achei que vi seu rosto se retesar à luz da lua. Ben respondeu: "Não, eu não pensei nele. Quando um homem é caçado feito um animal selvagem, ele se esquece de que Deus, o céu, existe. Ele se esquece de tudo na sua luta para ir além do alcance dos cães de caça".

"Não fale assim, Benjamin", ela disse. "Ponha sua fé em Deus. Seja humilde, meu filho, e o seu senhor vai perdoá-lo."

"Vai me perdoar *por quê*, mãe? Por não permitir que ele me tratasse feito um cão? Não! Eu nunca vou me humilhar para ele. Trabalhei a vida toda para ele por nada, e sou recompensado com vergões e prisão. Aqui vou ficar até morrer, ou até ele me vender."

A pobre mãe estremeceu com essas palavras. Acho que ele sentiu, pois, quando voltou a falar, sua voz estava mais calma. "Não se aflija por minha causa, mãe. Não valho a pena", ele disse. "Gostaria de ter um pouco da sua bondade. Você aguenta tudo com paciência, como se achasse que está tudo bem. Gostaria de poder fazer o mesmo."

Nem sempre tinha sido assim, ela disse; já fora como ele no passado; mas quando surgiram problemas amargos e ela se viu sem nenhum braço que a apoiasse, aprendeu a clamar por Deus e Ele tornou seus fardos mais leves. E suplicou que o filho fizesse o mesmo.

Ficamos lá mais tempo do que devíamos e fomos obrigadas a sair apressadas da cadeia.

Benjamin estava preso havia três semanas quando minha avó foi interceder por ele junto a seu senhor. Ele se mostrou irredutível. Disse que Benjamin deveria servir de exemplo ao resto de seus escravos, que ficaria na cadeia até que se subjugasse ou até que ele conseguisse vendê-lo, nem que fosse por um dólar. No entanto, depois ele afrouxou um pouco. Retiraram as correntes e recebemos permissão para visitá-lo.

Como a comida de Benjamin era péssima, levávamos, sempre que possível, uma refeição quente, acompanhada de algum pequeno luxo para o carcereiro.

Três meses se passaram e não havia perspectiva de Benjamin ser solto nem de aparecer um comprador. Um dia, ouviram-no cantar e dar risada. Essa amostra de descaramento foi relatada a seu senhor, e o feitor recebeu ordens de acorrentá-lo de novo. Ele então foi confinado a um compartimento com outros prisioneiros, todos vestidos com farrapos imundos. Foi acorrentado perto deles e logo ficou coberto de vermes. Remexeu nas correntes até conseguir se livrar delas. Passou-as pelas barras da janela pedindo que a levassem a seu senhor e que o informassem de que ele estava coberto de vermes.

Essa audácia foi castigada com correntes mais pesadas e a proibição das nossas visitas.

Minha avó continuou a enviar mudas de roupas limpas. As velhas foram queimadas. Na última noite que o vimos na cadeia, sua mãe continuou implorando para que ele chamasse seu senhor e implorasse perdão. Nem persuasão nem argumento eram capazes de desviá-lo da sua intenção. Ele respondeu com calma: "Estou esperando a hora dele".

Doía escutar aquelas correntes.

Mais três meses se passaram, e Benjamin deixou as paredes da prisão. Nós que o amávamos esperamos para lhe oferecer um longo e último adeus. Um mercador de escravos o comprara. Se vocês se lembram, mencionei o preço que ele tinha alcançado aos dez anos de idade. Agora estava com mais de vinte e foi vendido por trezentos dólares. O senhor havia ficado cego a seu próprio interesse. O longo confinamento deixou seu rosto pálido e o corpo magro demais; além disso, o mercador tinha ouvido falar algo a respeito do seu caráter, que não lhe pareceu adequado a um escravo. Disse que daria qualquer preço se o belo rapaz fosse uma moça. Agradecemos a Deus por ele ser um rapaz.

Se vocês pudessem ver aquela mãe agarrada a seu filho quando fecharam os ferros sobre seus pulsos, se pudessem ter escutado seus gemidos de rasgar o coração e visto seus olhos vermelhos passando enlouquecidos de rosto em rosto, rogando misericórdia em vão, se tivessem podido testemunhar aquela cena como eu testemunhei, vocês exclamariam: *A escravidão é uma maldição!*

Benjamin, seu filho mais novo, seu queridinho, iria embora para sempre! Ela não se conformava. Tinha conversado com o mercador para assuntar se ele podia ser comprado. Era impossível, ele disse, já que havia garantido que não o venderia até sair do estado. Prometera que não iria vendê-lo até chegar a New Orleans.

Com braço forte e sua confiança inabalável, minha avó iniciou seu trabalho de amor. Benjamin precisava ser libertado. Se ela conseguisse, sabia que eles continuariam separados, mas o sacrifício não era grande demais. Ela trabalhava dia e noite. O preço do mercador seria três vezes o que ele havia pagado, mas ela não desanimou.

Contratou um advogado para escrever a um cavalheiro que ela conhecia em New Orleans. Implorou-lhe que se interessasse por Benjamin, e ele acatou o pedido de bom grado. Quando o cavalheiro viu Benjamin e disse-lhe a que vinha, ele agradeceu, respondendo que preferia esperar um pouco antes que se fizesse uma oferta ao mercador. Ben sabia que o homem tinha tentado obter um alto preço por ele, mas sem dúvida falhara. Isso o encorajou a fazer outra investida na liberdade. Então, certa madrugada, muito antes do amanhecer, Benjamin sumiu. Ele navegava por sobre os vagalhões azuis em direção a Baltimore.

Pelo menos naquela ocasião, sua tez branca lhe prestara um bom serviço. Não desconfiaram que ela pertencia a um escravo, caso contrário a lei teria sido seguida à risca e a *coisa* seria devolvida à escravidão. Os céus mais claros com frequência são ofuscados pelas nuvens mais escuras. Benjamin caiu doente e foi obrigado a permanecer em Baltimore por três semanas. Sua força custou a voltar e seu desejo de prosseguir a jornada parecia retardar sua recuperação. Como é que ele poderia recuperar a força sem tomar ar nem fazer exercício? Decidiu se aventurar a uma curta caminhada. Escolheu uma viela onde achou que estaria seguro e não encontraria ninguém que o conhecesse, mas uma voz chamou: "Olá, Ben, meu garoto! O que está fazendo *aqui*?".

Seu primeiro impulso foi sair correndo, mas suas pernas tremeram e ele não conseguiu se mexer. Ele se virou para confrontar seu antagonista, e eis que ali estava o vizinho de porta do seu antigo senhor! Agora tudo estaria terminado para ele, Benjamin pensou, mas aconteceu o contrário. Aquele homem foi um milagre. Ele possuía um número considerável de escravos, mas, ainda assim, não estava tão surdo ao relógio místico cujo tique-taque raramente é escutado no peito do senhor de escravos.

"Ben, você está doente", ele disse. "Nossa, está parecendo um fantasma. Acho que vou lhe dar uma chance. Não se preocupe, Ben, não vou lhe encostar um dedo. Você passou por muitas dificuldades e, no que me diz respeito, pode seguir seu caminho sem se preocupar. Mas eu aconselharia que você abandonasse este lugar rápido como a peste, pois há vários cavalheiros da nossa cidade por aqui." Ele descreveu a rota mais próxima e mais segura até Nova York, e completou: "Vou ficar contente de dizer à sua mãe que estive com você. Adeus, Ben".

Benjamin lhe deu as costas cheio de gratidão e surpreso com o fato de que a cidade que ele tanto detestava abrigava tal joia rara — uma pedra preciosa que merecia um suporte dos mais puros.

Esse cavalheiro era nortista de nascimento e se casara com uma dama sulista. Ao retornar, ele disse à minha avó que tinha visto o filho dela e contou sobre a ajuda que havia lhe dado.

Benjamin chegou a Nova York a salvo e resolveu ficar por lá até ter forças suficientes para prosseguir. Acontece que o único filho que restara à minha avó tinha navegado até a mesma cidade a trabalho para a sua senhora. Por meio da providência divina, os irmãos se encontraram. Foi um encontro feliz, acreditem. "Ah, Phil", exclamou Benjamin. "Finalmente, cheguei." Então contou como esteve perto da morte, e quase avistando a terra da liberdade, e como rezou para que pudesse viver para respirar o ar da liberdade pelo menos uma vez. A vida agora valia alguma coisa, ele disse, seria difícil morrer. Na antiga cadeia ele não a valorizara; certa vez, fora tentado a destruí-la, mas algo, ele não sabia o quê, o havia impedido; talvez tivesse sido o medo. Ele ouvira aqueles que se professam religiosos declararem que não havia céu para quem tira a própria vida, e como a vida dele tinha sido bem difícil por aqui, ele não desejava a continuação da mesma coisa em outro mundo. "Se eu morrer agora, graças a Deus, devo morrer um homem livre!", exclamou.

Ele implorou ao meu tio Phillip que não retornasse ao Sul, que ficasse por lá e trabalhasse com ele até ganharem dinheiro suficiente para comprar aqueles que tinham ficado em casa. O irmão lhe disse que a mãe morreria se ele a abandonasse com seus problemas. Ela havia penhorado a casa e, com dificuldade, levantara dinheiro para comprá-lo. Será que ele seria comprado?

"Não, nunca!", ele respondeu. "Você acha, Phil, que depois de eu me afastar tanto das garras deles, vou lhes dar um centavo que seja? Não! E acha que vou fazer minha mãe sair da sua casa em idade avançada? Que vou permitir que ela pague todos aqueles dólares suados por mim, para nunca me ver? Porque você sabe que ela vai ficar no Sul enquanto os outros filhos dela forem escravos. Que mãe boa! Diga-lhe que compre *você*, Phil. Você tem sido um conforto para ela, e eu só arrumei confusão. E Linda, pobre Linda; o que será dela? Phil, você não sabe a vida que a obrigam a viver. Ela me contou um pouco a respeito disso, e eu queria que o velho Flint estivesse morto, ou que fosse um homem melhor. Quando eu estava na cadeia, o dr. Flint perguntou a Linda se não queria que *ele* pedisse a meu senhor que me perdoasse e me levasse para casa mais uma vez. Ela disse que não, que eu não queria voltar. Ele se irritou e disse que éramos todos iguais. Nunca desprezei meu próprio senhor nem a metade do que desprezo aquele homem. Existem muitos senhores de escravos piores do que o meu, mas mesmo assim não quero ser escravo dele."

Enquanto Benjamin estava doente, ele se desfez da maior parte das suas roupas para pagar as despesas necessárias. Mas não se desfez do pequeno alfinete que prendi a seu peito quando nos despedimos. Aquela era a coisa mais valiosa que eu tinha, e achei que ninguém era mais digno de usá-lo do que ele. Ele ainda o possuía.

Seu irmão lhe forneceu roupas e lhe deu todo o dinheiro que tinha.

Eles se despediram com os olhos úmidos, e quando Benjamin se virou para ir embora, disse: "Phil, estou me despedindo de todos os meus parentes". E assim foi. Nunca mais tivemos notícias dele.

Tio Phillip voltou para casa e suas primeiras palavras ao entrar foram: "Mãe, Ben está livre! Estive com ele em Nova York". Ela ficou parada, olhando para ele com um ar estupefato. "Mãe, não acredita?", ele perguntou e pousou a mão de leve no ombro dela. Ela ergueu as mãos e exclamou: "Deus seja louvado! Vamos agradecê-lo". Ela caiu de joelhos e fez a prece com todo o seu coração. Então Phillip precisou se sentar e repetir a ela cada palavra que Benjamin dissera. Ele contou tudo, apenas deixou de mencionar como seu querido filho parecia doente e pálido. Por que iria preocupá-la se isso não ajudaria em nada?

A mulher idosa continuou trabalhando com afinco, na esperança de resgatar alguns de seus outros filhos. Depois de um tempo, ela conseguiu comprar Phillip. Pagou oitocentos dólares e voltou para casa com o documento precioso que garantia a liberdade dele. A mãe feliz e o filho se sentaram juntos à velha lareira naquela noite, dizendo como se orgulhavam um do outro e como provariam ao mundo que eram capazes de tomar conta de si mesmos, já que havia muito tempo vinham tomando conta dos outros. E todos concluímos: "Aquele que *deseja* ser escravo, que seja escravo".

V.
As dificuldades de ser menina

Durante meus primeiros anos de serviço para a família do dr. Flint, eu me acostumei a compartilhar de alguns agrados com os filhos da minha senhora. Apesar de aquilo me parecer mais do que certo, eu me sentia agradecida e tentei merecer a gentileza com o cumprimento fiel das minhas obrigações. Mas agora eu iria completar quinze anos — uma época triste na vida de uma menina escrava. Meu senhor começou a sussurrar palavras obscenas no meu ouvido. Jovem como era, eu não podia permanecer ignorante a respeito do peso que elas tinham. Tentei tratá-las com indiferença ou desprezo. A idade do senhor, minha juventude extrema e o medo de que sua conduta fosse relatada à minha avó me fizeram aguentar esse tratamento durante muitos meses. Ele era um homem ardiloso e recorria a vários meios para atingir seus objetivos. Às vezes agia de maneira tempestuosa e aterrorizante, a ponto de suas vítimas tremerem; às vezes demonstrava uma gentileza que, em sua cabeça, com certeza serviria para fazer a vítima ceder. Entre os dois, preferia seu humor tempestuoso, apesar de me fazer tremer. Ele tentou de tudo para corromper os princípios puros que minha avó havia imbuído em mim. Ele encheu minha jovem mente com imagens sujas, do tipo que só poderia sair da cabeça de um monstro vil. Eu lhe dava as costas com nojo e ódio. Mas ele era meu senhor. Eu era obrigada a viver sob o mesmo teto que ele — onde eu via um homem quarenta anos mais velho do que eu todos os dias desrespeitando os mandamentos mais sagrados da natureza. Ele disse que eu era propriedade dele, que tinha de me submeter à sua vontade em todas as coisas. Minha alma se rebelava contra aquela tirania mesquinha. Mas aonde eu podia ir para me proteger? Não fazia diferença se a menina escrava fosse tão negra quanto o ébano ou tão clara quanto sua senhora. Em qualquer situação, não há sombra de lei para protegê-la de insultos, violência ou até mesmo da morte; tudo isso é infligido pelos inimigos que tomam a forma de homens. A senhora, que deveria proteger a vítima indefesa, não tem nenhum sentimento em relação a ela que não seja ciúme ou raiva. A degradação, as injustiças e os vícios que advêm da escravidão são mais do que eu sou capaz de descrever. São maiores do que vocês estariam dispostos a acreditar. Com certeza, se metade das verdades contadas a respeito dos milhões de pessoas indefesas que sofrem desse cativeiro cruel fosse levada em consideração, vocês no Norte não iriam ajudar a engrossar o caldo. Decerto se recusariam a prestar ao senhor, em seu próprio solo, o trabalho mesquinho e cruel que cães de caça treinados e a classe mais baixa de brancos prestam a ele no Sul.

Em todo lugar, os anos trazem a todos bastante pecado e arrependimento, mas na escravidão já o próprio despertar da vida é obscurecido por essas sombras. Até mesmo uma criança pequena, acostumada a servir à sua senhora e aos seus filhos, vai aprender, antes de chegar aos doze anos, por que a senhora dela odeia esta e aquela entre as escravas. Talvez a própria mãe da criança esteja entre as escravas odiadas. Ela assiste a ataques violentos de ciúme passional e não tem como não entender qual é a causa. Ela se tornará prematuramente ciente das coisas malignas. Logo vai aprender a tremer quando escutar os passos de seu senhor. Será compelida a se dar conta de que não é mais criança. Se Deus a dotou de beleza, isso vai se revelar como sua pior maldição. Aquilo que desperta admiração nas mulheres brancas só serve para aumentar a degradação de uma escrava. Sei que algumas são tão brutalizadas pela escravidão que não são capazes de sentir a humilhação da sua posição, mas muitas escravas a sentem de maneira aguda e se encolhem só com a lembrança. Nem posso dizer o quanto sofri na presença dessas injustiças, nem quanto ainda me dói pensar em retrospecto. Meu senhor vinha ao meu encontro a cada passo, me fazendo lembrar que eu lhe pertencia e jurando pelo céu e pela terra que iria me convencer a me submeter a ele. Se saísse para tomar um pouco de ar fresco depois de um dia de labuta incansável, os passos dele me seguiam. Se me ajoelhasse ao lado do túmulo da minha mãe, a sombra escura dele caía sobre mim até mesmo ali. O coração leve que me tinha sido concedido pela natureza ficou pesado com presságios tristes. As outras escravas da casa repararam na mudança. Muitas ficaram com pena de mim, mas nenhuma ousou perguntar o motivo. Não precisavam indagar. Elas conheciam muito bem as práticas deploráveis sob aquele teto e sabiam que falar delas era uma ofensa que nunca passava sem ser castigada.

Como desejava ter alguém a quem fazer confidências. Teria dado o mundo para deitar a cabeça no peito fiel da minha avó e contar todos os meus problemas. Mas o dr. Flint jurou que iria me matar se eu não ficasse muda como uma tumba. Então, apesar de minha avó ser tudo para mim, eu a temia e a amava ao mesmo tempo. Me acostumara a olhar para ela com um respeito que beirava a reverência. Eu era muito nova e tinha vergonha de lhe contar coisas tão impuras, sobretudo porque sabia de sua severidade em relação a tais assuntos. Além do mais, minha avó era uma mulher de espírito elevado. Ela quase sempre era muito tranquila em seu comportamento, mas se sua indignação fosse atiçada, não era fácil apaziguá-la. Tinham me contado que certa vez ela havia corrido atrás de um cavalheiro com um revólver carregado porque ele insultara uma de suas filhas. Eu morria de medo das consequências de um ataque violento, e tanto o orgulho quanto o medo me mantinham em silêncio. Mas, apesar de não me abrir para a minha avó e até evitar sua vigilância precavida e suas perguntas, a presença dela nas redondezas representava alguma proteção para mim. Apesar de ela ter sido escrava, o dr. Flint tinha medo dela. Temia seus sermões ferinos. Além do mais, ela era conhecida e apoiada por muita gente, e ele não queria que sua própria sordidez se tornasse pública. Minha sorte era não viver em alguma fazenda distante, mas numa cidadezinha não tão grande a ponto de os moradores ignorarem as questões uns dos outros. Por mais que as leis e os costumes de uma comunidade escravagista fossem ruins, o médico, como homem profissional, achava prudente manter certa aparência externa de decência.

Ah, quantos dias e noites de medo e angústia aquele homem me causou! Não é para suscitar solidariedade que conto a verdade sobre o que sofri na escravidão. Faço isso para acender uma chama de compaixão nos leitores pelas minhas irmãs que continuam cativas, sofrendo como eu sofri no passado.

Certa vez, vi duas crianças lindas brincando juntas. Uma era branca bem clara, a outra era escrava dela e também sua irmã. Quando vi as duas se abraçando e ouvi sua risada alegre, virei as costas com tristeza para aquela visão adorável. Previ a desdita que iria recair sobre o coração da pequena escrava. Sabia que em breve sua risada se transformaria em suspiros. A criança clara cresceu e se tornou uma mulher ainda mais clara. Da infância à vida adulta, seu caminho estava forrado de flores e iluminado por um céu ensolarado. Quando o sol se ergueu na manhã feliz de suas núpcias, um dia da sua vida, se tanto, tinha sido anuviado.

Como todos aqueles anos tinham tratado a sua pequena irmã escrava, a companheira de brincadeiras da sua infância? Ela também era muito bonita, mas as flores e o sol do amor não eram para ela. A escrava bebeu do copo do pecado, da vergonha e da tristeza — aquele de que sua raça perseguida é obrigada a beber.

Tendo em vista essas coisas, por que vocês, homens e mulheres livres do Norte, estão em silêncio? Por que suas línguas falham para assegurar o que é correto? Eu gostaria tanto de ter mais capacidade! Mas meu coração está tão carregado, e minha palavra é tão fraca! Existem homens e mulheres nobres que nos defendem, lutando para ajudar aqueles que não podem ajudar a si mesmos. Que Deus os abençoe! Que Deus lhes dê força e coragem para seguir em frente! Que Deus abençoe aqueles, em todos os lugares, que trabalham em prol do avanço da causa da humanidade!

VI.
A senhora ciumenta

Eu preferia dez mil vezes que minha infância tivesse sido a dos miseráveis famintos da Irlanda e não a de um escravo dos mais bem tratados na América. A viver com um senhor sem princípios e com uma senhora ciumenta, preferia que minha vida tivesse se arrastado numa fazenda de algodão até que a cova se abrisse para me dar descanso. O lar do criminoso numa cadeia é preferível. Ele pode se arrepender, redimir-se do erro de seus modos e assim encontrar a paz; mas não acontece o mesmo com uma escrava preferida. Ela não tem permissão para ter qualquer orgulho ou caráter. É considerado crime desejar ser virtuosa.

A sra. Flint já possuía a chave do caráter do seu marido antes de eu nascer. Ela poderia ter usado esse conhecimento para aconselhar e proteger as jovens e inocentes escravas suas, mas minha senhora não se solidarizava com elas. Eram objeto constante de suas desconfianças e maldades. Sua vigilância sobre o marido era incessante, mas ele tinha bastante prática em descobrir como fugir dela. Quando não podia encontrar oportunidade para se expressar em palavras, ele se manifestava por meio de sinais. Inventava mais sinais do que jamais foram imaginados num sanatório de surdos e mudos. Eu os ignorava, como se não entendesse o que ele queria dizer, e muitos eram os xingamentos e ameaças lançados sobre mim devido à minha estupidez. Um dia ele me pegou aprendendo a escrever sozinha. Franziu o rosto como se não estivesse nada satisfeito, mas suponho que chegou à conclusão de que tal conquista pudesse ajudá-lo a seguir em frente com seu plano preferido. Em pouco tempo, bilhetes passaram a ser enfiados na minha mão com frequência. Eu devolvia e dizia: "Não sou capaz de ler, senhor". "Não é?", ele respondia. "Então vou eu ler para você." Ele sempre terminava a leitura perguntando: "Entendeu?". Às vezes ele reclamava do calor na sala de chá e ordenava que seu jantar fosse servido numa mesinha na varanda. Sentava-se lá com um sorriso cheio de satisfação e me dizia para ficar em pé a seu lado espantando as moscas. Ele comia bem devagar, fazendo pausas entre as garfadas. Nesses intervalos descrevia a felicidade que eu jogava fora de maneira tão tola e me ameaçava com o castigo que me esperava no fim da minha desobediência teimosa. Ele se gabava muito da benevolência que me dedicara e me lembrava que havia um limite para sua paciência. Quando conseguia evitar que ele falasse comigo em casa, recebia ordens de ir até seu consultório para alguma tarefa. Ao chegar lá, era obrigada a ficar escutando quaisquer linguagens que ele achasse adequadas dirigir a mim. Às vezes eu expressava meu desprezo de maneira tão aberta que ele se enraivecia com violência, e eu ficava me perguntando por que ele não me batia. Cerimonioso como era, provavelmente achava que a melhor política era ser paciente. Mas a situação só fazia piorar dia após dia. Desesperada, disse que iria recorrer à minha avó para pedir proteção. Ele me ameaçou com a morte e coisa pior do que a morte se eu fizesse qualquer reclamação a ela. É estranho dizer, mas não me desesperei. Minha disposição era naturalmente alegre e eu tinha esperança de escapar das garras dele de algum modo. Assim como muitas escravas simples e infelizes antes de mim, tinha certeza de que alguns fios de alegria ainda seriam tecidos ao meu destino obscuro.

 Eu acabara de completar dezesseis anos, e a cada dia ficava mais óbvio que a sra. Flint não tolerava minha presença. Ela e o marido com frequência trocavam palavras raivosas. Ele próprio nunca tinha me castigado e não permitia que ninguém me castigasse. Com relação a isso, ela nunca se conformou, mas, quando estava com seu humor raivoso, nenhum termo era vil demais para ela lançar sobre mim. No entanto, eu, que ela detestava com tanto amargor, sentia muito mais pena dela do que ele, e a obrigação dele era fazer a vida dela feliz. Nunca a prejudiquei nem lhe desejei mal, e uma palavra gentil dela teria feito com que eu me jogasse a seus pés.

Depois de várias brigas entre o médico e a mulher, ele anunciou sua intenção de levar a filha mais nova, com quatro anos à época, para dormir em seus aposentos. Uma criada deveria dormir no mesmo quarto, para estar à disposição caso a criança se agitasse. Fui selecionada para a função e me informaram por que essa providência tinha sido tomada. Até então, para dar um jeito de ficar à vista dos outros o máximo possível durante o dia, eu havia conseguido escapar do meu senhor, apesar de estar sempre com uma navalha no pescoço para me forçar a mudar essa linha de comportamento. À noite eu dormia ao lado da minha tia maravilhosa, onde me sentia segura. Ele era precavido demais para entrar em seu quarto. Ela era uma mulher de idade e estava com a família dele havia muitos anos. Além do mais, como homem casado e profissional, o dr. Flint desejava preservar as aparências pelo menos até certo ponto. Mas com aquele plano ele resolveu remover o obstáculo, e achou que tinha planejado tudo de modo a evitar suspeitas. Ele tinha plena consciência de como eu valorizava meu refúgio ao lado da minha velha tia e decidiu me privar dele. Na primeira noite, o médico ficou sozinho com a criança pequena no quarto. Na manhã seguinte, recebi a ordem de ocupar minha posição de ama-seca naquela noite. Uma Providência benfazeja se interpôs a meu favor. Durante o dia, a sra. Flint ficou sabendo desse novo arranjo, e uma tempestade se seguiu. Fiquei exultante de assistir à confusão.

Depois de um tempo, minha senhora mandou me chamar para que eu fosse até os seus aposentos. Sua primeira pergunta foi: "Você sabia que ia dormir no quarto do doutor?".

"Sabia sim, senhora."

"Quem disse?"

"Meu senhor."

"Vai responder com sinceridade a todas as perguntas que eu fizer?"

"Vou sim, senhora."

"Diga, então, já que espera ser perdoada, se é inocente do que eu a acusei."

"Sou, sim."

Ela me entregou a Bíblia e disse: "Ponha a mão no coração, dê um beijo neste livro sagrado e jure perante Deus que está me dizendo a verdade".

Eu fiz o juramento que ela exigiu, e o fiz com a consciência limpa.

"Você tomou a palavra de Deus para testemunhar sua inocência", ela disse. "Se me enganou, tome cuidado! Agora, pegue esta banqueta, sente-se, olhe bem nos meus olhos e conte tudo que aconteceu entre seu senhor e você."

Eu fiz o que ela ordenou. À medida que prosseguia com meu relato, sua cor mudava com frequência, ela chorava e às vezes gemia. Ela falava num tom tão triste que fiquei comovida com seu pesar. Meus olhos se encheram de lágrimas, mas logo me convenci de que as emoções dela derivavam da raiva e do orgulho ferido. Para a sra. Flint, suas juras de matrimônio tinham sido profanadas; sua dignidade, insultada; mas ela tão tinha compaixão pela pobre vítima da perfídia do marido. Sentia pena de si mesma como mártir, mas era incapaz de ter qualquer sentimento pela situação de vergonha e miséria em que se encontrava sua escrava desgraçada e indefesa.

No entanto, talvez a senhora nutrisse um pouquinho de sentimento por mim, pois quando a conversa terminou ela falou com gentileza e prometeu me proteger. Eu deveria ter me reconfortado com essa garantia caso pudesse confiar nela, mas minha experiência como escrava havia me enchido de desconfiança. Ela não era uma mulher muito refinada e não tinha muito controle sobre seus arroubos. Eu era objeto de seu ciúme e, por consequência, de seu ódio; e eu sabia que não podia esperar bondade ou confiança da parte dela sob as circunstâncias em que me encontrava. Não podia culpá-la. A esposa de um senhor de escravos se sente como qualquer outra mulher se sentiria sob circunstâncias semelhantes. O fogo do seu temperamento se acendia com pequenas fagulhas, e agora a chama tinha se tornado tão intensa que até o médico foi obrigado a abrir mão da sua intenção.

Eu sabia que havia acendido a tocha e esperava sofrer as consequências mais tarde, mas me sentia agradecida demais à minha senhora pela ajuda que ela me prestara bem na hora certa, e não me incomodava muito com isso. Ela agora ordenava que eu dormisse num quarto contíguo ao dela. Ali eu estava sujeita a seus cuidados especiais, mas não a seu conforto especial, porque ela passava muitas noites em claro para me vigiar. Às vezes eu acordava e a via debruçada por cima de mim. Outras vezes, ela sussurrava em meu ouvido, como se fosse o marido dela falando comigo, e ficava prestando atenção para escutar o que eu diria. Nessas ocasiões em que me sobressaltava, ela saía de fininho e, na manhã seguinte, dizia que eu estava falando enquanto dormia e perguntava com quem eu estava falando. No final, comecei a temer pela minha vida. Ela sempre tinha sido ameaçada, e vocês podem imaginar, melhor do que sou capaz de descrever, a sensação desagradável que deve ser acordar no meio da calada da noite e encontrar uma mulher ciumenta debruçada em cima de vocês. Por mais terrível que essa experiência tenha sido, eu temia que fosse dar lugar a outra ainda mais terrível.

Minha senhora cansou das suas vigílias, pois elas não se comprovaram satisfatórias. E mudou sua tática. Tentou o truque de acusar meu senhor de crime, na minha presença, e deu meu nome como autora da acusação. Para minha total surpresa, ele respondeu: "Eu não acredito, mas se ela deu essa declaração, você a torturou para que me expusesse". Torturada para que o expusesse! De verdade, Satanás não teria dificuldade de distinguir a cor da alma dele! Compreendi seu objetivo ao representar aquela cena. Foi para me mostrar que eu não ganhava nada em buscar a proteção da minha senhora, que o poder continuava nas suas mãos. Eu tinha pena da sra. Flint. Ela era a segunda esposa dele, muitos anos mais nova, e aquele patife de cabeça grisalha poderia pôr à prova até a paciência de uma mulher mais sábia e melhor do que ela. Minha senhora estava completamente frustrada e não sabia o que fazer. Ela teria mandado me açoitar de bom grado por meu suposto falso juramento, mas, como eu já afirmei, o médico nunca permitia que ninguém batesse em mim. O velho pecador era político. A aplicação da chibata poderia ter levado a observações que poderiam expô-lo aos olhos dos filhos e netos. Quantas vezes eu me regozijei de viver numa cidade onde todos os moradores se conheciam! Se estivesse numa fazenda remota ou perdida no meio da multidão de uma cidade populosa, talvez não estivesse mais viva.

Os segredos da escravidão são tão ocultos quanto os da Inquisição. Meu senhor era, que eu soubesse, pai de onze escravos. Mas será que as mães ousavam dizer quem era o pai de seus filhos? Será que os outros escravos tinham coragem de tocar no assunto, a não ser em sussurros entre si? Não, é claro! Todos sabiam muito bem quais seriam as terríveis consequências.

Minha avó não podia deixar de ver as coisas que despertavam suas desconfianças. Ela estava preocupada comigo e tentou me comprar de várias maneiras, mas sempre ouvia a resposta invariável: "Linda não pertence a *mim*. Ela é propriedade da minha filha, e não tenho direito legal de vendê-la". Que homem conscienciosa! Era escrupuloso demais para me *vender*, mas não tinha nenhum escrúpulo para cometer um erro muito maior contra a menina indefesa que fora posta sob sua guarda, como propriedade da sua filha. Às vezes meu algoz me perguntava se eu gostaria de ser vendida. Eu dizia que preferia ser vendida a qualquer pessoa a viver a vida que levava. Nessas ocasiões ele assumia o ar de um indivíduo muito magoado e reprovava minha ingratidão. "Por acaso não recebi você dentro de casa e a tornei companheira dos meus próprios filhos?", ele dizia. "*Eu* alguma vez tratei você feito uma negra? Nunca permiti que fosse castigada, nem mesmo para agradar à sua senhora. E essa é a recompensa que eu recebo, sua mal-agradecida!" Respondi que ele tinha razões próprias para me poupar de castigos, e que o caminho que ele tomou fez com que minha senhora me detestasse e me perseguisse. Se eu chorasse, ele dizia: "Pobre menina! Não chore! Não chore! Vou fazer as pazes entre você e sua senhora. Apenas permita que eu tome as providências à minha própria maneira. Pobre menina tola! Não sabe o que é melhor para você. Eu iria tratá-la com carinho. Iria fazer de você uma dama. Agora, vá e pense em tudo que te prometi".

Eu pensei, sim.

Não apresento imagens fantasiosas de lares do Sul. Estou dizendo a pura verdade. No entanto, quando as vítimas conseguem fugir da fera selvagem da escravidão, os nortistas consentem em fazer as vezes de cães de caça e perseguem o pobre fugitivo de volta à sua toca, "cheia de ossos humanos e tanta sujeira". Não, mais ainda, além de estarem dispostos a isso, também se orgulham de entregar as filhas em casamento a senhores de escravos. As pobres moças têm ideias românticas sobre o clima ensolarado e as trepadeiras floridas que sombreiam o lar feliz o ano todo. A que decepções estão destinadas! A jovem esposa logo aprende que o marido a cujas mãos foi entregue não dá a menor atenção a suas juras de matrimônio. Crianças com a pele de todos os tons brincam com seus outros bebês claros, e ela sabe muito bem que nasceram daquele que está no seu próprio lar. Ciúme e ódio penetram na casa florida e tudo que nela é adorável é destruído.

As mulheres do Sul com frequência se casam com um homem sabendo que ele é pai de vários pequenos escravos. Elas não se preocupam com isso. Consideram tais crianças como propriedade, tão vendáveis quanto os porcos da fazenda; e é raro que não as façam saber disso ao entregá-las nas mãos dos mercadores de escravos o mais cedo possível, tirando-as assim de vista. Fico contente de dizer que há exceções louváveis.

Eu mesma conheço duas esposas do Sul que insistiram para que o marido libertasse os escravos com os quais haviam tido "relação paternal", e seu pedido foi atendido. Esses maridos coraram perante a nobreza superior da natureza da esposa. Apesar de elas só terem aconselhado os maridos que assim fizessem, algo que era sua obrigação, isso lhes garantiu respeito e fez de sua conduta ainda mais exemplar. A dissimulação se encerrava, e a confiança tomava o lugar da desconfiança.

Apesar de essa péssima instituição entorpecer a noção moral em medida temível, até mesmo nas mulheres brancas, ela não está totalmente extinta. Ouvi senhoras do Sul dizerem a respeito de um senhor qualquer: "Além de ele achar que não é desgraça nenhuma ser pai desses negrinhos, também não tem vergonha de se denominar seu senhor. Declaro que tais coisas não devem ser toleradas em qualquer sociedade decente!".

VII.
O namorado

Por que o escravo um dia ama? Por que permitir que os ramos do coração se enrosquem em objetos que a qualquer momento podem ser arrancados pela mão da violência? Quando separações vêm pela mão da morte, a alma piedosa pode se curvar resignada e dizer: "Não é meu desejo, mas que seja, ó Senhor!". Mas quando é a crueldade do homem que desfere o golpe, independentemente da tristeza que causa, é difícil ser submisso. Eu não raciocinava assim quando menina. A juventude sempre será a juventude. Amava e alimentava a esperança de que as nuvens escuras a meu redor se transformassem num véu brilhante. Esqueci que, na terra do meu nascimento, as nuvens são densas demais para que a luz penetre. Uma terra

Where laughter is not mirth; nor thought the mind;
Nor words a language; nor e'en men mankind.
Where cries reply to curses, shrieks to blows,
And each is tortured in his separate hell. *

Havia nas redondezas um jovem carpinteiro negro; um homem nascido livre. Tínhamos nos conhecido bem na infância

---

* Do poema "The Lament of Tasso" [O lamento de Tasso], de Lord Byron (1788-1824). Tradução livre: "Onde o riso não é alegria; nem o pensamento, a mente;/ Nem palavras, linguagem; nem mesmo homem, humanidade./ Onde gritos respondem a xingamentos, berros, a golpes,/ E cada um é torturado em seu inferno particular". [Esta e as demais notas de rodapé são da tradutora.]

e, depois disso, nos encontrávamos com frequência. Desenvolvemos uma atração mútua, e ele pediu minha mão em casamento. Eu o amava com todo o ardor do primeiro amor de uma menina. Mas quando refleti que era escrava, e que as leis não sancionavam o casamento como tal, meu coração se apertou dentro de mim. Meu namorado queria me comprar, mas sabia que o dr. Flint era um homem teimoso e arbitrário demais para consentir esse arranjo. Eu tinha certeza de que experimentaria todo tipo de oposição dele e não tinha nenhuma esperança em relação à minha senhora. Ela teria ficado deliciada em se livrar de mim, mas não assim. Sua mente teria se aliviado de um peso se ela pudesse me ver vendida a algum estado distante, mas se me casasse perto de casa estaria sob o poder do seu marido tanto quanto antes — porque o marido de uma escrava não tem poder para protegê-la. Além do mais, minha senhora, assim como muitas outras, parecia achar que os escravos não tinham direito a laços de família próprios, que eram criados apenas para servir à sua família. Certa vez eu a ouvi destratar uma jovem escrava que lhe disse que um jovem homem negro queria torná-la sua esposa. "Vou mandar pelá-la e pôr no vinagre, mocinha", ela disse, "se algum dia escutá-la mencionando esse assunto mais uma vez. Acha que vou aceitar que você cuide dos *meus* filhos com os filhos daquele preto?" A moça a quem ela disse isso tinha um filho mulato que obviamente não era reconhecido pelo pai. O pobre negro que a amava teria orgulho em reconhecer seus filhos indefesos.

Os pensamentos que se agitavam na minha mente eram muitos e ansiosos. Eu não sabia o que fazer. Acima de tudo, desejava poupar meu namorado dos insultos que haviam cortado tão fundo a minha alma. Conversei com minha avó sobre o assunto e contei a ela, em parte, meus medos. Não tive coragem de lhe contar meus piores temores. Já fazia tempo que ela desconfiava que nada ia bem, e confirmei sua desconfiança;

eu sabia que uma tempestade iria se erguer para provar a destruição de todas as minhas esperanças.

Esse sonho de amor tinha sido meu porto em meio a muitas provações, e eu não poderia me dar ao luxo de correr o risco de vê-lo de repente se dissipar. Havia uma senhora nas redondezas, uma certa amiga do dr. Flint, que visitava a casa com frequência. Eu tinha grande respeito por ela, que sempre manifestava um interesse amigável por mim. Minha avó achava que ela teria muita influência sobre o médico. Fui procurar essa senhora e lhe contei minha história. Disse que estava ciente de que o fato de meu namorado ser um homem nascido livre seria uma grande objeção, mas ele queria me comprar e, se o dr. Flint consentisse nesse arranjo, tinha certeza de que ele estaria disposto a pagar um preço razoável. Ela sabia que a sra. Flint não gostava de mim, portanto, arrisquei sugerir que talvez minha senhora aprovasse minha venda, já que assim ela se livraria de mim. A senhora me escutou com bondade e compreensão, e prometeu dar o melhor de si para atender à minha vontade. Ela teve uma conversa com o médico, e acredito que tenha defendido minha causa com convicção, mas foi tudo em vão.

Como eu temia meu senhor agora! A cada minuto esperava ser chamada à sua presença, mas o dia passava e eu não recebia notícia alguma. Na manhã seguinte, uma mensagem foi trazida até mim: "O senhor quer vê-la em seu consultório". Encontrei a porta aberta e fiquei lá parada um momento, espiando o homem odioso que alegava ter direito de mandar em mim, de corpo e alma. Entrei e tentei parecer calma. Não queria que ele soubesse que meu coração sangrava. Ele me olhava fixo, com uma expressão que parecia dizer: "Eu queria matar você, aqui e agora". Por fim ele rompeu o silêncio, e isso foi um alívio para nós dois.

"Então, você quer se casar, não é mesmo?", ele disse. "E com um preto livre."

"Sim, senhor."

"Bom, eu logo vou convencê-la de que eu sou o seu senhor, não o sujeito preto a quem você tanto honra. Se *precisa* mesmo de um marido, pode se juntar com um dos meus escravos."

Mas em que situação eu iria me enfiar se fosse esposa de um dos escravos *dele*, mesmo que meu coração estivesse interessado!

Respondi: "Não acha, senhor, que uma escrava deve ter alguma preferência em relação à pessoa com quem se casa? Acha que todos os homens são iguais para ela?".

"Você ama esse preto?", perguntou ele, de maneira abrupta.

"Amo sim, senhor."

"Como ousa me dizer isso?", ele exclamou, furioso. Depois de uma breve pausa, completou: "Suponho que você se considere superior, que se sinta acima dos insultos de tais cachorros".

Respondi: "Se ele é cachorro, eu sou cadela, porque somos os dois da raça negra. É correto e honroso para nós dois que nos amemos. O homem que o senhor chama de cachorro nunca me insultou, ele não me amaria se não acreditasse que sou uma mulher virtuosa".

Ele pulou para cima de mim feito um tigre e me deu um golpe de atordoar. Era a primeira vez que me batia, e o medo não me permitiu controlar a raiva. Quando me recuperei um pouco dos efeitos, exclamei: "O senhor me bateu por ter lhe respondido com honestidade. Como eu o desprezo!".

Um silêncio se instalou durante alguns minutos. Talvez ele estivesse decidindo qual devia ser meu castigo, ou talvez quisesse me dar tempo para refletir sobre o que eu dissera, e a quem dissera. Finalmente, perguntou: "Você sabe o que disse?".

"Sei sim, senhor; mas foi seu tratamento que me levou a isso."

"Você sabe que eu tenho direito de fazer o que quiser com você... Que posso matá-la se quiser?"

"O senhor tentou me matar, e gostaria que tivesse matado, mas não tem o direito de fazer o que bem entender comigo."

"Quieta!", ele exclamou, feito um trovão. "Pelos céus, menina, você está esquecida demais! Ficou louca? E se estiver, logo vou fazer com que recobre a noção. Acha que qualquer outro senhor iria aguentar o que aguentei de você hoje de manhã? Muitos senhores teriam te matado na mesma hora. O que acha de ser mandada para a cadeia por sua insolência?"

"Eu sei que fui desrespeitosa, senhor", respondi. "Mas foi o senhor que me levou a isso, eu não pude evitar. Já em relação à cadeia, haveria mais paz para mim lá do que há aqui."

"Você merece ir para lá", ele disse, "e ser tratada de maneira tal que iria esquecer o significado da palavra *paz*. Faria bem a você. Serviria para acabar com algumas das suas ideias elevadas. Mas ainda não estou pronto para mandá-la para lá, apesar de toda sua ingratidão pela minha bondade e paciência. Você é a praga da minha vida. Eu sempre quis fazê-la feliz e fui recompensado com a ingratidão mais desprezível; mas, apesar de você ter se mostrado incapaz de apreciar minha bondade, eu vou ser tolerante, Linda. Vou te dar mais uma chance de redimir seu caráter. Se você se comportar e fizer o que eu mandar, vou perdoá-la e tratá-la como sempre tratei; mas, se me desobedecer, vou castigá-la como castigaria o mais vil escravo da minha fazenda. Que eu nunca mais escute o nome daquele sujeito. Se ficar sabendo que você falou com ele, vou mandar açoitar os dois; e se eu o pegar espreitando minha propriedade, vou atirar nele como faria a um cachorro. Está escutando o que eu digo? Vou te dar uma lição a respeito de casamento e pretos livres! Agora, saia daqui, e espero que esta seja a última vez que falo com você a respeito desse assunto."

Leitores, vocês já odiaram? Espero que não. Eu só odiei uma vez na vida e acredito que nunca mais vou odiar. Alguém chamou isso de "atmosfera do inferno", e eu acredito que seja assim mesmo.

O médico não me dirigiu a palavra durante uma semana. Achou que isso me deixaria ofendida, que iria fazer com que eu achasse que tinha me desgraçado ao preferir as investidas de um homem negro respeitável às propostas desprezíveis de um homem branco. Mas ainda que seus lábios desdenhassem de se dirigir a mim, os olhos eram muito loquazes. Nenhum animal jamais observou sua presa com tanta atenção. Ele sabia que eu era capaz de escrever, apesar de não ter conseguido me obrigar a ler suas cartas; agora estava preocupado que eu fosse tentar trocar cartas com outro homem. Depois de um tempo, ele cansou do silêncio, e senti muito por isso. Certa manhã, ao passar pelo corredor para sair de casa, ele enfiou disfarçadamente um bilhete na minha mão. Achei que era melhor ler e me poupar do vexame de que ele lesse para mim. O recado expressava arrependimento por ter me batido e me lembrava que eu própria tinha toda a culpa por aquilo. Ele esperava que eu tivesse me convencido do mal que estava fazendo a mim mesma ao despertar sua desaprovação. Escreveu que decidira se mudar para a Louisiana; que levaria vários escravos consigo, e tinha a intenção de me contar entre os escolhidos. Minha senhora iria permanecer onde estava, portanto eu não devia ter nada a temer daquele lado. Se merecesse a bondade dele, garantiu que ela seria profusa. O dr. Flint me implorou para refletir sobre o assunto e dar uma resposta no dia seguinte.

Logo pela manhã, ele me pediu para levar uma tesoura ao seu quarto. Pus a peça na mesa com a carta ao lado. O médico achou que era minha resposta e não me chamou de volta. Como sempre, fui levar e buscar minha pequena senhora na escola. Ele veio a meu encontro na rua e me falou para passar em seu consultório no caminho de volta. Quando entrei, ele me mostrou a carta que havia escrito e perguntou por que eu não tinha respondido. Falei: "Sou propriedade da sua filha e o senhor tem o poder de me mandar, ou de me levar, para onde quiser". Ele disse que estava muito contente de me ver tão disposta a acompanhá-lo, e que deveríamos partir no início do outono. Ele tinha uma clínica grande na cidade, e achei que só inventara a história para me assustar. Fosse lá como fosse, eu estava determinada a nunca ir para a Louisiana com ele.

O verão passou e no início do outono o filho mais velho do dr. Flint foi enviado à Louisiana para examinar a região, com a intenção de emigrar para lá. Essa notícia não me incomodou. Sabia muito bem que não seria mandada com *ele*. Eu ainda não havia sido mandada para a fazenda porque o filho dele estava lá. Ele tinha inveja do filho, e a inveja do feitor o havia impedido de me castigar me enviando ao campo. Será estranho o fato de eu não ter orgulho desses protetores? Já em relação ao feitor, ele era um homem por quem eu tinha menos respeito do que por um cão de caça.

O jovem sr. Flint não chegou com um bom relatório da Louisiana, e eu nunca mais ouvi falar desse plano. Pouco depois, meu namorado me viu na esquina de uma rua e eu parei para falar com ele. Ergui os olhos e vi meu senhor nos observando da janela. Corri para casa, tremendo de medo. Ele imediatamente me chamou a seu quarto. O médico me recebeu com um golpe. "Quando é que a senhora vai se casar?", ele perguntou em tom de desdém. Uma chuvarada de blasfêmias e maldições se seguiu. Como eu me senti agradecida por meu namorado ser um homem livre! Por meu tirano não ter poder para açoitá-lo por conversar comigo na rua!

Vez após outra, passava pela minha cabeça como tudo aquilo iria terminar. Não havia a menor chance de que o médico consentisse em me vender sob qualquer termo. Ele tinha uma determinação férrea, e havia decidido ficar comigo e me vencer. Meu namorado era um homem inteligente e religioso. Mesmo que tivesse obtido permissão para casar comigo enquanto eu era escrava, o casamento não lhe daria poderes para me proteger do meu senhor. Ele teria ficado destruído de presenciar os insultos a que eu seria submetida. E então, se tivéssemos filhos, eu sabia que eles teriam de "seguir a condição da mãe". Que infortúnio esse, no coração de um pai livre e inteligente! Pelo bem *dele*, achei que não deveria atrelar seu destino à minha pobre sina. Ele estava de partida para Savannah a fim de acertar uma pequena propriedade que um tio lhe deixara e, por mais que me fosse difícil falar com sinceridade, disse a ele, do fundo do coração, que não voltasse. Aconselhei que fosse para os Estados Livres, onde a língua dele não estaria amarrada e onde sua inteligência lhe seria de maior valor. Ele me deixou ainda com a esperança de que chegaria o dia em que poderia me comprar. Em mim, a lamparina da esperança tinha se apagado. Meu sonho de menina estava acabado. Eu me sentia sozinha e desolada.

Mas ainda não haviam tirado tudo de mim. Eu ainda tinha minha boa avó e meu irmão afetuoso. Quando ele me abraçava pelo pescoço e olhava nos meus olhos, como se estivesse lendo as preocupações que eu não ousava contar, sentia que ainda tinha a quem amar. Mas até essa emoção agradável se desvanecia com o pensamento de que ele poderia ser arrancado de mim a qualquer momento, por algum ataque repentino do meu senhor. Se ele soubesse como nos amávamos, acho que teria ficado exultante de nos separar. Costumávamos planejar juntos como chegar ao Norte. Mas, como William observava, era mais fácil falar do que fazer coisas assim. Meus movimentos eram vigiados de muito perto e não tínhamos como arranjar qualquer dinheiro para custear nossas despesas. Já no que diz respeito à minha avó, ela demonstrava forte oposição à ideia de que os netos empreendessem tal projeto. Não se esquecera dos sofrimentos do pobre Benjamin e tinha medo de que, se mais um de seus netos tentasse escapar, seu destino seria parecido ou ainda pior. Para mim, nada parecia mais pavoroso do que minha vida presente. "William *tem que* ser livre. Deve ir para o Norte, e irei atrás dele", disse a mim mesma. Várias irmãs escravas tinham formulado esses mesmos planos.

VIII.
O que os escravos aprendem a pensar sobre o Norte

Os senhores de escravos se orgulham de ser homens de honra, mas se os leitores ouvissem as enormes mentiras que contam a seus escravos, não teriam o menor respeito pela veracidade da honra deles. Empreguei uma linguagem clara. Peço perdão, mas não posso usar um termo intermediário. Quando eles visitam o Norte e depois voltam para casa, falam a seus escravos sobre os fugidos que viram e os descrevem como se estivessem nas condições das mais deploráveis. Um senhor de escravos certa vez me contou que havia visto em Nova York uma amiga minha que tinha fugido, e que ela implorara que ele a levasse de volta a seu senhor, porque estava literalmente morrendo de fome; que em muitos dias só tinha uma batata para comer e que, outras vezes, não conseguia absolutamente nada. Ele disse que se recusou a trazê-la porque sabia que o senhor dela não lhe seria grato por ter trazido de volta uma desgraçada tão miserável. Terminou dizendo: "Esse foi o castigo que ela causou a si mesma por fugir de um senhor tão bom".

A história toda era falsa. Mais tarde estive com essa amiga em Nova York e a encontrei em circunstâncias confortáveis. Ela nunca tinha pensado em algo como retornar à escravidão. Muitos escravos acreditam em tais histórias e acham que não vale a pena trocar a escravidão por uma liberdade assim penosa. É difícil convencê-los de que a liberdade poderia transformá-los em homens úteis, capacitando-os a proteger esposa e filhos. Se os pagãos da nossa terra cristã recebessem tantos ensinamentos quanto alguns hindus, pensariam diferente. Iriam saber que a liberdade é mais valiosa do que a vida. Começariam a compreender suas próprias habilidades e se esforçar ao máximo para se transformar em homens e mulheres.

Mas enquanto os Estados Livres mantiverem uma lei que lança os fugidos de volta à escravidão, como é que os escravos podem tomar a resolução de se tornarem homens? Há alguns que se esforçam para proteger esposa e filhas dos insultos dos senhores, mas aqueles que têm esses sentimentos tiveram vantagens acima da massa geral de escravos. Foram parcialmente civilizados e catequizados por circunstâncias favoráveis. Alguns são corajosos o bastante para *expressar em palavras* tais sentimentos a seus senhores. Ah, se houvesse mais escravos assim!

Algumas pobres criaturas foram tão brutalizadas pelo açoite que saem da frente para dar a seus senhores acesso livre a sua esposa e filhas. Acham que isso prova que o homem negro pertence a uma ordem inferior de seres? Como *vocês* seriam se tivessem nascido e crescido como escravos, com gerações de ancestrais escravos? Reconheço que o homem negro é *sim* inferior. Mas o que faz com que seja assim? É a ignorância em que os homens brancos o obrigam a viver; é o açoite torturante que expulsa a virilidade para fora dele; são os cães de caça ferozes do Sul e os cães de caça humanos não menos cruéis no Norte que fazem cumprir a Lei do Escravo Fugido.[1] *Eles* é que são os responsáveis.

Os cavalheiros do Sul se refestelam com as expressões mais insolentes em relação aos ianques, enquanto estes consentem em fazer o trabalho mais vil em nome deles, como os cães de caça ferozes e os desprezíveis caçadores de negros são empregados para fazer nas terras deles. Quando os sulistas vão para o Norte, orgulham-se de honrá-los, mas o homem nortista não é bem-vindo abaixo da linha Mason-Dixon,[2] a menos que suprima todos os pensamentos e sentimentos que vão contra sua "instituição peculiar". Também não basta ficar em silêncio. Os senhores não ficam contentes a não ser que obtenham um grau maior de subserviência do que esse, e geralmente são atendidos. Será que respeitam o nortista por isso? Ouso dizer que não. Até os escravos desprezam "um homem nortista com princípios sulistas", e essa é a classe que costumam ver. Quando nortistas passam a residir no Sul, comprovam-se alunos aptos. Logo se imbuem dos sentimentos e disposições de seus vizinhos e em geral superam seus professores. Entre os dois, são proverbialmente os senhores mais severos.

Eles parecem satisfazer sua consciência com a doutrina de que Deus criou os africanos para ser escravos. Que calúnia contra o Pai do Céu, que "fez de um sangue todas as nações"! E depois, quem *é* africano? Quem é capaz de medir a quantidade de sangue anglo-saxão correndo nas veias dos escravos americanos?

Falei sobre como os senhores de escravos se esforçam para dar a seus escravos uma impressão ruim do Norte, mas, apesar disso, os escravos inteligentes estão cientes de que têm muitos amigos nos Estados Livres. Até os mais ignorantes têm alguma noção confusa a esse respeito. Os outros sabiam que eu era capaz de ler e, com frequência, me perguntavam se eu tinha visto algo nos jornais a respeito dos brancos lá no grande Norte que estavam tentando obter a liberdade para eles. Alguns acreditavam que os abolicionistas já os tinham tornado livres e que isso estava estabelecido por lei, mas que seus senhores impediam que a lei fosse efetivada. Uma mulher implorou que eu pegasse um jornal e o lesse todinho. Ela disse que o marido lhe contara que os negros haviam mandado avisar à rainha da 'Mérica que eram todos escravos, que ela não acreditara e que tinha ido à cidade de Washington para falar com o presidente a esse respeito. Os dois brigaram, ela sacou a espada e o ameaçou, e ele jurou que iria ajudá-la a fazer com que todos fossem livres.

Aquela pobre mulher ignorante achava que a América era governada por uma rainha, a quem o presidente era subordinado. Eu gostaria que o presidente fosse subordinado à rainha Justiça.

IX.
Retratos de senhores de escravos das redondezas

Havia um fazendeiro no interior, não muito longe de nós, que vou chamar de sr. Litch. Era um homem sem educação e sem estudo, mas muito rico. Possuía seiscentos escravos, muitos deles nem conhecia de vista. Sua enorme fazenda era administrada por feitores bem pagos. Havia uma prisão e um pelourinho em suas terras e, fosse lá quais fossem as crueldades que eram impingidas no local, ninguém comentava nada. Sua enorme riqueza o protegia de maneira tão eficiente que ele nunca era chamado a justificar seus crimes, mesmo que fosse assassinato.

Os castigos a que ele recorria eram vários. Um dos preferidos era amarrar uma corda ao redor do corpo de um homem e suspendê-lo do chão. Acendia-se um fogo contendo um pedaço de gordura de porco, disposto acima do escravo. À medida que a gordura ia cozinhando, gotas escaldantes caíam incessantes sobre a pele nua do homem. Em sua própria fazenda, ele exigia obediência rigorosa ao oitavo mandamento. Mas permitia depredações aos vizinhos, desde que o culpado conseguisse não levantar suspeita nem revelasse a coisa. Se um vizinho fizesse uma acusação de roubo contra um dos escravos dele, esse vizinho era intimidado pelo senhor, que garantia que seus escravos recebiam tudo de que precisavam em casa e não tinham motivo para roubar. Assim que o vizinho virava as costas, o acusado era trazido à sua presença e açoitado por sua falta de discrição. Se um escravo roubasse dele meio quilo de carne ou dez quilos de milho, se fosse descoberto em seguida, era acorrentado, preso e mantido assim até que seu corpo demonstrasse sinais de fome e sofrimento.

Certa vez uma inundação arrastou a adega de vinhos e defumadouro dele para muitos quilômetros além da fazenda. Alguns escravos foram atrás e pegaram para si pedaços de carne e garrafas de vinho. Dois foram descobertos depois que um presunto e um pouco de bebida foram encontrados na cabana deles. Foram chamados à presença do senhor. Ninguém disse nada, mas um porrete os derrubou ao chão. Uma caixa qualquer serviu de caixão, e o enterro foi igual ao de um cachorro. Ninguém abriu a boca.

Assassinato era tão comum naquela fazenda que o senhor tinha medo de ficar sozinho depois do cair da noite. Talvez acreditasse em fantasmas.

O irmão dele, se não era igual em riqueza, pelo menos tinha a mesma crueldade. Seus cães de caça eram bem treinados. O canil era espaçoso, e um terror para os escravos, que eram soltos numa pista e, se os cães os alcançassem, lhes arrancavam a carne dos ossos, literalmente. Quando esse senhor de escravos morreu, seus berros e gemidos foram tão assustadores que apavoraram até seus amigos. Suas últimas palavras foram: "Eu vou para o inferno, enterrem meu dinheiro comigo".

Depois da morte, seus olhos permaneceram abertos. Para manter as pálpebras fechadas, puseram dólares de prata em cima de seus olhos. As moedas foram enterradas com o cadáver. Em virtude dessa circunstância, circulou o boato de que o caixão estava cheio de dinheiro. O túmulo foi arrombado três vezes, e o caixão, retirado. Na última vez, o corpo foi encontrado no solo com um bando de urubus lhe cutucando a carne. Ele voltou a ser enterrado e puseram um guarda para vigiar o túmulo. Os culpados nunca foram descobertos.

A crueldade é contagiosa em comunidades não civilizadas. O sr. Conant, vizinho do sr. Litch, certa noite voltou da cidade um pouco embriagado. O escravo que o servia como valete disse algo ofensivo. Tiraram-lhe a roupa, menos a camisa, açoitaram-no e o amarraram a uma grande árvore na frente da casa. Era uma noite de inverno e tempestade. O vento soprava frio de cortar e os galhos da árvore antiga estalavam sob a neve derretida que caía. Alguém da família, temendo que o escravo fosse morrer de frio, implorou para que o tirassem dali, mas o senhor se recusou a ceder. O homem ficou lá durante três horas e, quando cortaram as cordas para descê-lo, ele estava mais morto do que vivo. Outro escravo, que roubou um porco desse senhor para saciar a fome, foi açoitado de maneira terrível. Desesperado, tentou fugir. Mas depois de três quilômetros estava tão fraco devido à perda de sangue que acreditou estar morrendo. Tinha esposa e queria vê-la pela última vez. Fraco demais para caminhar, percorreu a longa distância arrastando-se de quatro. Quando chegou à propriedade de seu senhor, era noite. Ele não teve forças para levantar e abrir o portão. Gemeu e tentou chamar por ajuda. Eu tinha uma amiga que vivia com a mesma família. Por fim, o apelo do escravo chegou a ela, que saiu e o encontrou prostrado no jardim. Ela correu até a casa para buscar ajuda e voltou com dois homens. Carregaram-no para dentro e o deitaram no chão. As costas da camisa dele eram só sangue coagulado. Com ajuda de um pouco de banha, minha amiga descolou o tecido da pele em carne viva. Fez curativos, deu-lhe algo fresco para beber e o deixou descansar. O senhor disse que ele merecia mais cem açoitadas. Quando seu próprio trabalho lhe foi roubado, ele roubara comida para saciar sua fome. Esse tinha sido seu crime.

Outra vizinha era uma tal de sra. Wade. O açoite na propriedade dela não descansava em nenhuma hora do dia. Seus esforços começavam ao amanhecer e não paravam até bem depois do cair da noite. O celeiro era seu local particular para torturas. Lá ela açoitava os escravos com a força de um homem.

Uma velha escrava certa vez me disse: "É um inferno na casa da senhora. Parece que eu nunca consigo escapar. Dia e noite, rezo para morrer".

A senhora morreu antes da velha escrava, e em seu leito de morte orientou o marido a não permitir que nenhum de seus escravos olhasse para ela depois de morta. Uma escrava que tinha amamentado os filhos dela e ainda cuidava de uma das crianças viu uma oportunidade e, com a criança nos braços, entrou no quarto onde a senhora morta repousava. Ficou olhando para ela durante um tempo, então ergueu a mão e deu dois tapas na cara dela, dizendo, enquanto batia: "O diabo está com você *agora*!". Ela esqueceu que a criança a observava. A menina tinha acabado de começar a falar e disse ao pai: "Eu vi a mãe, e a babá bateu na mãe, assim", e deu tapas no próprio rosto com a mãozinha. O senhor ficou estupefato. Ele não conseguia imaginar como a babá tivera acesso ao quarto onde o cadáver repousava, porque ele havia mantido a porta trancada. Ele a interrogou. Ela confessou que a criança dizia a verdade e contou como tinha obtido a chave. Foi vendida para o estado da Geórgia.

Na minha infância, conheci uma escrava valorosa, chamada Charity, e eu a adorava, assim como todas as outras crianças. Sua jovem senhora se casou e a levou para a Louisiana. Seu filho pequeno, James, foi vendido a um senhor de boa índole. Ele assumiu dívidas e James foi vendido mais uma vez a um senhor de escravos rico, famoso por sua crueldade. Com esse homem, ele cresceu até se tornar adulto, recebendo o tratamento de um cachorro. Depois de uma severa surra de açoite, para se proteger de mais golpes com que foi ameaçado, ele fugiu para o mato. Estava nas condições as mais miseráveis: a pele cortada pelo açoite, seminu, faminto e sem meios de obter uma casca de pão que fosse.

Algumas semanas depois de fugir, foi capturado, amarrado e levado de volta à fazenda de seu senhor. Esse homem considerou que o castigo de ser preso, alimentado a pão e água depois de receber centenas de açoitadas fosse suave demais para a ofensa do pobre escravo. Então decidiu que, depois que o feitor o tivesse açoitado até que se sentisse satisfeito, mandaria enfiá-lo entre os rolos do descaroçador de algodão e iria deixá-lo lá durante o mesmo tempo que tinha permanecido no mato. A pobre criatura foi dilacerada pelo açoite da cabeça aos pés, depois banhada em salmoura bem forte para impedir que a pele apodrecesse e assim sarasse mais rápido. Então o puseram no descaroçador de algodão, que foi bem aparafusado, de modo que só havia espaço para se virar de lado, já que ele não podia se deitar de costas. Toda manhã um escravo era mandado com um pedaço de pão e uma tigela de água, que eram deixados ao alcance do pobre rapaz. O escravo tinha ordens, sob ameaça de castigo severo, de não falar com ele.

Quatro dias se passaram e o escravo continuava levando pão e água. Na segunda manhã, ele viu que o pão não estava lá, mas a água não havia sido tocada. Quando o homem já havia passado quatro dias e cinco noites na prensa, o escravo informou ao senhor que a água não tinha sido usada havia quatro manhãs e que um fedor horrível saía da casa do descaroçador de algodão. O feitor foi examinar a situação. Quando abriram a prensa, encontraram o cadáver meio comido por ratazanas e vermes. Talvez as ratazanas que devoraram o pão dele tivessem mordiscado sua carne antes de sua vida se extinguir. Pobre Charity! Minha avó e eu muitas vezes nos perguntamos como seu coração tão afetuoso iria suportar a notícia se algum dia ela ficasse sabendo do assassinato do filho. Tínhamos conhecido o seu marido e sabíamos que James era igual a ele em sua virilidade e inteligência. Estas eram as qualidades que faziam com que fosse tão difícil para ele ser escravo de fazenda. Puseram-no numa caixa tosca e o enterraram com menos sentimento do que teriam por um cachorro velho da casa. Ninguém fez nenhuma pergunta. Ele era um escravo, e a sensação era de que o senhor tinha o direito de fazer o que bem entendesse com sua propriedade. E que diferença fazia para *ele* o valor de um escravo? Ele possuía centenas. Quando terminavam a labuta do dia, tinham de se apressar para comer suas pequenas porções e apagar as fogueiras de pinhas antes das nove horas, quando o feitor saía para fazer a ronda do terreno. Ele entrava em cada cabana para ter certeza de que os homens e suas esposas tinham ido para a cama juntos, a menos que os homens, por exaustão, tivessem caído no sono no canto da lareira e lá ficassem até que o toque de corneta da manhã os chamasse para sua obrigação diária. As mulheres são consideradas algo sem valor, a menos que continuem aumentando de modo contínuo os estoques do dono. São postas no mesmo nível dos animais. Esse mesmo senhor deu um tiro na cabeça de uma mulher que fugira e depois havia sido trazida de volta. Ninguém o responsabilizou por isso. Se um escravo resistia ao açoite, soltavam os cães de caça para cima dele, para lhe arrancar a carne dos ossos. O senhor que fez essas coisas tinha muito estudo e aparentava ser um cavalheiro perfeito. Ele também se apresentava com nome e estatura de cristão, apesar de Satanás nunca ter tido um seguidor mais verdadeiro.

Eu poderia falar de mais senhores de escravos tão cruéis quanto os que descrevi. Eles não são exceção à regra. Não estou dizendo que não haja senhores de escravos com valores humanitários. Gente assim de fato existe, apesar das influências aterradoras ao redor deles. Mas são "como as visitas dos anjos: poucos e esporádicos".

Conheci uma jovem dama que era um desses espécimes raros. Ela era órfã e herdara como escravos uma mulher e seus seis filhos. O pai era um homem livre. Eles tinham uma casa própria confortável, pais e filhos moravam juntos. A mãe e a filha mais velha serviam à senhora durante o dia e à noite voltavam à sua morada, localizada na mesma propriedade. A jovem dama era muito devota, e havia certa verdade em sua religião. Ela ensinava seus escravos a viver uma vida pura e desejava que eles desfrutassem dos resultados de seus próprios esforços. A religião *dela* não era uma fantasia para se vestir no domingo e deixar de lado até que o domingo voltasse mais uma vez. A mão da filha mais velha da escrava foi prometida em casamento a um homem livre e, no dia anterior ao casamento, a boa senhora a emancipou para que seu casamento pudesse ser sancionado pela *lei*.

Segundo dizem, essa jovem dama alimentava afeição não correspondida por um homem que estava decidido a casar por dinheiro. Com o tempo, um tio rico dela morreu, deixando 6 mil dólares aos dois filhos que tinha com uma mulher negra e o restante de suas posses para a sobrinha órfã. O metal logo atraiu o ímã. A dama e sua bolsa pesada logo passaram a ser dele. Ela ofereceu emancipar seus escravos, dizendo-lhes que o casamento poderia trazer mudanças inesperadas ao destino deles, e queria garantir a felicidade dos escravos. Mas eles se recusaram a aceitar a liberdade, dizendo que ela sempre tinha sido a sua melhor amiga, e que não poderiam ser felizes em nenhum outro lugar que não fosse com ela. Não fiquei surpresa. Eu tinha visto várias vezes a casa confortável deles e não achava que houvesse família mais feliz na cidade. Eles nunca tinham sentido a escravidão e só se convenceram da realidade quando já era tarde demais.

Quando o novo senhor reivindicou essa família como sua propriedade, o pai ficou furioso e foi ter com sua senhora em busca de proteção. "Não posso fazer nada por vocês agora, Harry", ela disse. "Já não tenho mais o poder que tinha há uma semana. Eu consegui obter a liberdade da sua mulher, mas não vou conseguir a dos seus filhos." O pobre pai jurou que ninguém iria lhe tirar os filhos e os escondeu no mato durante alguns dias, mas foram descobertos e levados. O pai foi mandado para a cadeia e os dois filhos mais velhos, vendidos para a Geórgia. Uma menina pequena, nova demais para ter alguma serventia a seu senhor, foi deixada com a mãe arrasada. As outras três foram levadas para a fazenda do senhor. A mais velha logo se tornou mãe, e quando a esposa do senhor de escravos olhou para o bebê, chorou com amargor. Ela sabia que seu próprio marido profanara a pureza que ela havia incutido na moça com tanto cuidado. Ela teve mais um filho de seu senhor, depois ele a vendeu junto com as crianças para o irmão dele. Ela teve dois filhos do irmão e foi vendida de novo. A menina seguinte ficou louca. A vida que foi forçada a levar a conduziu à loucura. A terceira teve cinco filhas. Antes do nascimento da quarta, a senhora devota morreu. Até o fim, ela dispensou aos escravos toda a bondade que suas circunstâncias desafortunadas permitiam. Morreu em paz, feliz por fechar os olhos a uma vida que foi tão desgraçada pelo homem que ela amava.

Esse homem desperdiçou a fortuna que recebeu e tentou recuperar os negócios por meio de um segundo casamento, mas, ao se recolher depois de uma noite de bebedeira, foi encontrado morto na manhã seguinte. Ele foi chamado de um bom senhor por alimentar e vestir seus escravos melhor do que a maior parte dos senhores, e o açoite não se fazia escutar em sua fazenda com tanta frequência quanto em tantas outras. Se não fosse pela escravidão, ele teria sido um homem melhor, e sua esposa, uma mulher mais feliz.

Nenhuma escrita pode fazer uma descrição adequada da corrupção absolutamente abrangente que a escravidão produz. A menina escrava é criada numa atmosfera de licenciosidade e medo. O açoite e as palavras imundas de seu senhor e dos filhos dele são seus professores. Quando ela chega aos catorze ou quinze anos, seu proprietário, ou o feitor, ou talvez ambos, começam a suborná-la com presentes. Se isso não basta para que realizem suas intenções, ela é açoitada ou privada de alimento até que se submeta à vontade deles. Ela pode ter tido princípios religiosos incutidos pela mãe ou pela avó devota, ou por alguma senhora bondosa; pode ter um namorado cuja opinião positiva e paz de espírito lhe sejam caras ao coração, ou pode ter ódio extremo dos homens devassos que têm poder sobre ela. Mas a resistência é inútil.

The poor worm
Shall prove her contest vain. Life's little day
Shall pass, and she is gone! *

Os filhos do senhor de escravos são, é claro, viciados, desde meninos, pelas influências imundas vindas de todas as partes ao seu redor. As filhas do senhor nem sempre escapam. Punições severas às vezes recaem sobre ele pelas maldades que faz com as filhas das escravas. As filhas brancas desde cedo escutam os pais brigando por causa de alguma escrava. Sua curiosidade é despertada, e elas logo ficam sabendo por que brigam. Elas são servidas pelas jovens escravas que seu pai corrompeu e ouvem conversas que nunca deveriam chegar a ouvidos jovens, ou a qualquer outro ouvido. Sabem que as escravas estão sujeitas à autoridade de seu pai em relação a todas as coisas e, em alguns casos, elas exercem a mesma autoridade sobre os escravos. Eu própria vi um senhor cuja cabeça pendia de vergonha, porque sabia-se nas redondezas que sua filha tinha selecionado um dos escravos mais desprezíveis da sua fazenda para ser o pai de seu primeiro neto. Ela não tentava seduzir seus iguais, nem mesmo os criados mais inteligentes.

---

* De um poema de William Mason (1724-97). Tradução livre: "O infeliz verme/ Irá comprovar que sua luta é em vão. O pequeno dia da vida/ Vai passar, e ela se foi!".

Ela escolheu o mais brutalizado, sobre quem sua autoridade podia ser exercida sem medo de que fosse delatada. O pai dela, meio enlouquecido de raiva, buscou se vingar do negro ofensor, mas a filha, ao prever a tempestade que iria se erguer, entregou ao escravo documentos de liberdade e o mandou para fora do estado.

Em casos assim, a criança é escondida ou enviada para um lugar onde ela nunca será vista por alguém que conhece sua história. Mas se o branco é o *pai*, em vez da mãe, a criança é criada para o mercado, sem vergonha nenhuma. Se é uma menina, já indiquei com bastante clareza qual será seu destino inevitável.

Podem acreditar no que digo, porque só escrevo sobre o que sei. Passei 21 anos naquela gaiola de pássaros obscenos. Posso testemunhar, com base na minha observação e experiência, que a escravidão é uma maldição para os brancos, assim como é para os negros. Faz com que os pais brancos sejam cruéis e voluptuosos; os filhos, violentos e licenciosos; contamina as filhas e deixa as esposas arrasadas. Já em relação às pessoas negras, é necessária uma escrita mais capaz do que a minha para descrever a situação extrema de seus sofrimentos, a profundidade de sua degradação.

No entanto, alguns senhores de escravos parecem ter consciência da ruína moral abrangente que é causada por esse sistema perverso. Eles falam sobre a má sorte das safras de algodão — não sobre o infortúnio da alma de seus filhos.

Se quiserem se convencer por completo das abominações da escravidão, visitem uma fazenda no Sul e se apresentem como um mercador de negros. Assim eles não vão esconder nada, e vocês vão ver e ouvir coisas que parecerão impossíveis entre seres humanos com alma imortal.

X.
Uma passagem perigosa na vida da menina escrava

Depois que meu namorado foi embora, o dr. Flint arquitetou um novo plano. Ele parecia pensar que o medo que eu tinha da minha senhora era seu maior obstáculo. Num tom dos mais afáveis, meu senhor disse que ia construir uma casinha para mim, num lugar isolado, a seis quilômetros da cidade. Estremeci, mas fui obrigada a escutar enquanto ele falava sobre sua intenção de me dar um lar só meu e de me transformar numa dama. Até então eu escapara do meu destino tão temido por estar sempre em meio a mais gente. Minha avó já tinha tido boas discussões com o dr. Flint a meu respeito. Ela lhe dissera com muita clareza o que achava de seu caráter, e havia um falatório considerável nas redondezas a respeito do nosso caso, e o ciúme escancarado da sra. Flint contribuía muito para isso. Quando meu senhor disse que ia construir uma casa para mim, e que poderia fazer isso sem muitos problemas ou gastos, fiquei com a esperança de que algo acontecesse para frustrar seus planos, mas logo ouvi dizer que a casa já estava começada de fato. Jurei perante o Criador que jamais entraria nela: preferia labutar na fazenda do amanhecer ao pôr do sol; preferia viver e morrer na cadeia a me arrastar, dia após dia, por uma morte vivente como aquela. Estava decidida que o senhor, que eu detestava e desprezava tanto, que havia dilacerado as perspectivas da minha juventude e transformara minha vida num deserto, não conseguisse, depois da minha longa batalha contra ele, finalmente pisotear a vítima. Faria qualquer coisa, tudo, para conseguir derrotá-lo. O que eu *podia* fazer? Pensei e pensei, até me desesperar, e então mergulhei no abismo.

E agora, leitores, chego a um período na minha pobre vida que se pudesse esqueceria de bom grado. A lembrança me enche de pesar e vergonha. Me dói contar isso, mas prometi dizer a verdade, e serei honesta, a qualquer custo. Não vou tentar me esconder atrás do argumento de coerção da parte de um senhor, porque não foi assim. Também não posso alegar ignorância ou descuido. Durante anos meu senhor havia feito o possível para poluir minha mente com imagens imundas e destruir os princípios puros que minha avó e a boa senhora da minha infância me imbuíram. As influências da escravidão tinham tido o mesmo efeito sobre mim e sobre outras meninas escravas; fizeram com que eu tivesse consciência das maldades do mundo de forma prematura. Estava ciente dos meus atos, e agi de maneira deliberada e bem calculada.

Mas vocês, mulheres felizes cuja pureza foi protegida desde a infância, que tiveram a liberdade de escolher os objetos de sua afeição, que têm um lar protegido pela lei, não julguem a menina escrava, infeliz e desolada com severidade excessiva! Se a escravidão tivesse sido abolida, eu também poderia ter me casado com o homem da minha escolha; poderia ter tido um lar protegido pelas leis; e deveria ter sido poupada da tarefa dolorida de confessar o que estou prestes a relatar, mas todas as minhas perspectivas foram destruídas pela escravidão. Queria me manter pura e, sob as circunstâncias mais adversas, me esforcei muito para preservar meu respeito próprio, mas estava lutando sozinha contra as garras poderosas do demônio da Escravatura, e o monstro se revelou forte demais para mim. Me senti como se tivesse sido renegada por Deus e pelo homem, como se todos os meus esforços devessem ser frustrados, e tornei-me imprudente em meu desespero.

Já falei que as perseguições do dr. Flint e o ciúme de sua esposa tinham provocado certo falatório na vizinhança. Entre outras pessoas, um cavalheiro branco solteiro ficou sabendo das circunstâncias em que eu me encontrava. Ele conhecia minha avó e com frequência falava comigo na rua. O cavalheiro se interessou por mim e fez perguntas sobre meu senhor, que respondi em parte. Ele expressou muita solidariedade e o desejo de me ajudar; constantemente buscava oportunidades de estar comigo e me escrevia com frequência. Eu era uma pobre menina escrava de quinze anos.

Tanta atenção de uma pessoa superior era, claro, lisonjeira; afinal, a natureza humana é igual para todos. Eu também me sentia agradecida pela solidariedade dele e encorajada por suas palavras gentis. Achava ótimo ter um amigo assim. Pouco a pouco, um sentimento mais terno se instalou em meu coração. Ele era um cavalheiro com estudo, era eloquente; eloquente demais, infelizmente, para a pobre menina escrava que confiava nele. Claro que eu enxergava toda a desgraça a que isso levaria. Conhecia o fosso instransponível entre nós, mas ser o objeto de interesse de um homem que não é casado, e que simplesmente não é seu senhor, agrada ao orgulho e aos sentimentos de uma escrava, se é que a miserável situação dela lhe deixou qualquer orgulho ou sentimento. Parece menos degradante se entregar do que se submeter à compulsão. Há algo semelhante à liberdade em ter um amante que não tem controle sobre você, exceto pelo controle conquistado por meio de bondade e apego. Um senhor pode tratá-la da forma mais grosseira que desejar, e você não ousa dizer nada; além do mais, a transgressão não parece ser tão grande com um homem solteiro quanto com um homem que tem esposa para ficar infeliz. Isso tudo pode ser questionável, mas a condição de uma escrava confunde todos os princípios da moralidade e, de fato, torna sua prática impossível.

Quando fiquei sabendo que meu senhor tinha de fato começado a construir a cabaninha isolada, outros sentimentos se misturaram aos que já descrevi. Vingança e possibilidades de lucro se adicionaram à minha vaidade lisonjeada e à gratidão sincera pela bondade do cavalheiro. Tinha consciência de que nada irritaria tanto o dr. Flint quanto saber que eu preferia um outro, e isso era algo a ser considerado um triunfo sobre meu tirano, por menor que fosse. Achei que ele fosse se vingar me vendendo, e tinha certeza de que meu amigo, o sr. Sands, iria me comprar. Era um homem de mais generosidade e sentimento do que meu senhor, e eu achava que ele poderia obter minha liberdade facilmente. Agora a crise do meu destino estava tão próxima que eu me desesperava. Estremecia só de pensar em ser mãe de crianças que seriam de propriedade do meu velho tirano. Sabia que, assim que ele arranjasse um novo interesse, suas vítimas eram vendidas para que ele se livrasse delas, principalmente se tivessem filhos. Havia visto várias mulheres serem vendidas com bebês no peito. Ele nunca permitia que seus filhos com escravas ficassem muito tempo sob as vistas dele ou da esposa. De um homem que não fosse meu senhor, eu podia pedir que meus filhos fossem bem sustentados e, nesse caso, me senti confiante de que iria obter a bonança. Também tinha bastante certeza de que as crianças seriam tornadas livres. Com todos esses pensamentos rodando na minha cabeça, e sem enxergar outra maneira de fugir do infortúnio que tanto temia, mergulhei de cabeça. Tenham pena de mim e me perdoem, ó leitores virtuosos! Vocês nunca souberam o que é ser escrava, o que é estar totalmente desprotegida da lei ou do costume; ser reduzida à condição de mercadoria pela lei, totalmente sujeita aos caprichos de um outro. Vocês nunca exauriram sua criatividade para evitar as armadilhas e escapar do poder de um tirano odiado; vocês nunca estremeceram ao escutar a voz dele. Sei que errei. Ninguém mais do que eu pode sentir na pele. A lembrança dolorida e humilhante vai me assombrar até o dia da minha morte. Ainda assim, ao olhar para trás, com calma, para os acontecimentos da minha vida, sinto que a mulher escrava não deve ser julgada de acordo com os padrões usados para julgar os outros.

Os meses se passaram. Tive muitas horas infelizes. Em segredo lamentei o pesar que causava à minha avó, que tanto tentara me proteger do mal. Sabia que era fonte de orgulho para ela, o maior conforto de sua velhice seria que eu não tivesse me degradado como a maioria das escravas. Queria confessar que já não era digna de seu amor, mas não era capaz de proferir as palavras temidas.

Já no que diz respeito ao dr. Flint, tinha uma sensação de satisfação e triunfo só de pensar em contar *a ele*. De vez em quando ele me falava das providências que tinha a intenção de tomar, e eu ficava calada. Por fim, ele veio me dizer que a cabaninha estava pronta e ordenou que eu me mudasse para lá. Disse que jamais entraria ali. Ele falou: "Já ouvi o suficiente desse tipo de conversa. Você vai, mesmo que precise ser carregada à força, e vai ficar lá".

Respondi: "Nunca irei para lá. Daqui a alguns meses vou ser mãe".

Ele ficou parado me olhando, estupefato e mudo, e saiu da casa sem dizer nada. Achei que devia ficar feliz com meu triunfo sobre ele. Mas agora que a verdade havia sido revelada e meus parentes ficariam sabendo, eu me sentia arrasada. Por mais humildes que fossem as circunstâncias deles, tinham orgulho do meu bom caráter. Agora, como poderia encará-los? Meu respeito próprio estava perdido! Havia decidido ser virtuosa, apesar de escrava. Tinha dito: "Que a tempestade se abata! Vou enfrentá-la até morrer". E, agora, como me sentia humilhada!

Fui procurar minha avó. Meus lábios se mexiam para confessar, mas as palavras engasgavam na minha garganta. Me sentei à sombra de uma árvore na porta da sua casa e comecei a costurar. Acho que ela percebeu que havia alguma coisa errada comigo, fora do comum. A mãe de escravas sempre presta muita atenção. Ela sabe que não existe segurança para suas filhas. Depois que entram na adolescência, a mãe vive com a expectativa diária de problemas. Isso leva a muitas questões. Se a menina é de natureza sensível, a timidez a impede de dizer a verdade, e essa atitude bem-intencionada costuma afastá-la dos conselhos maternos. Então minha senhora chegou feito uma louca e me acusou em relação ao seu marido. Minha avó, cujas desconfianças já tinham sido despertadas, acreditou no que ela disse. Ela exclamou: "Ah, Linda! Então você chegou a isso? Preferia vê-la morta a ver como está agora. Você é uma desgraça para a sua falecida mãe". Ela arrancou dos meus dedos a aliança da minha mãe e o dedal de prata dela. "Saia daqui!", exclamou. "E nunca mais volte a minha casa." A reprimenda dela foi tão pesada que não tive chance de responder. Lágrimas amargas, do tipo que os olhos só derramam uma vez, foram minha única resposta. Me levantei de onde estava sentada, mas caí para trás, soluçando. Ela não falou comigo, mas as lágrimas escorriam por suas faces cavas e me queimavam feito fogo. Ela sempre tinha sido tão bondosa comigo! *Tão* bondosa! Como ansiava por me jogar a seus pés e contar toda a verdade! Mas ela havia me mandado embora para nunca mais voltar. Depois de alguns minutos, reuni forças e me pus a obedecê-la. Com que sentimento então fechei aquele portãozinho que costumava abrir com tanta ansiedade quando era criança! Ele se fechou atrás de mim com um som que eu nunca tinha escutado.

Para onde eu podia ir? Estava com medo de voltar para a casa do meu senhor. Andei sem rumo, sem notar para onde estava indo ou me importar com o que seria de mim. Depois de caminhar uns seis ou sete quilômetros, o cansaço me forçou a parar. Me sentei no toco de uma árvore velha. As estrelas brilhavam através dos galhos acima de mim. Como zombavam de mim com sua luz brilhante e calma! As horas passaram e, sentada ali sozinha, um frio e um enjoo mortal me arrebataram. Me larguei no chão. A cabeça tomada de pensamentos horripilantes. Rezei para morrer, mas o pedido não foi atendido. Por fim, com muito esforço, me levantei e caminhei mais um pouco, até a casa de uma mulher que havia sido amiga da minha mãe. Quando contei por que estava lá, ela me disse palavras de consolo, mas não havia como me reconfortar. Eu achava que só poderia suportar minha vergonha se pudesse me reconciliar com minha avó. Ansiava por abrir meu coração. Achei que, se ela soubesse o estado real da situação, e tudo que eu vinha aguentando havia anos, talvez me julgasse com menos severidade. Minha amiga me aconselhou a chamá-la. Foi o que fiz, mas dias de suspense agonizante se passaram antes que ela viesse. Será que me renegara por completo? Não. Ela finalmente chegou. Me ajoelhei na frente dela e lhe contei sobre as coisas que tinham envenenado minha vida, quanto tempo fazia que eu era perseguida, que não via jeito de escapar e que, numa hora extrema, tinha ficado desesperada. Ela escutou em silêncio. Eu disse que iria suportar qualquer coisa e fazer qualquer coisa se, com o tempo, tivesse esperança de obter o seu perdão. Implorei que tivesse pena de mim, pelo amor da minha falecida mãe. E minha avó de fato ficou com pena de mim. Ela não disse: "Eu perdoo você", mas me olhou com amor, com os olhos cheios de lágrimas. Pousou sua mão idosa com carinho na minha cabeça e murmurou: "Pobre criança! Pobre criança!".

XI.
O novo laço com a vida

Voltei à casa da minha boa avó. Ela foi conversar com o sr. Sands. Quando lhe perguntou por que não podia ter deixado em paz sua menina dos olhos — já que havia tantas outras escravas que não se incomodavam com o caráter —, ele não respondeu, mas proferiu palavras bondosas e de incentivo. Prometeu cuidar do meu filho e me comprar, fossem quais fossem as condições.

Fazia cinco dias que eu não via o dr. Flint. Nunca mais o tinha visto desde que revelara tudo a ele. O médico falou sobre a desgraça que eu causara a mim mesma, como eu havia pecado contra meu senhor e deixara minha avó morta de vergonha. Deu a entender que, se eu tivesse aceitado suas propostas, ele, como médico, poderia ter me poupado da exposição. Até se dignou a ter pena de mim. Será que poderia ter me oferecido um dissabor mais amargo? Ele, cujas perseguições tinham sido a causa do meu pecado!

"Linda", ele disse, "apesar de você ter cometido um crime para comigo, tenho pena de você e posso perdoá-la se obedecer a meus desejos. Diga-me se o sujeito com quem você queria se casar é o pai do seu filho. Se me enganar, vai sentir o fogo do inferno."

Já não me sentia tão orgulhosa quanto antes. Minha arma mais forte contra ele já não existia mais. Eu me rebaixara na minha própria estima, e decidi suportar suas ofensas em silêncio. Mas quando ele falou com desprezo do namorado que sempre me tratara com honra; quando lembrei que, se não fosse por *ele*, eu poderia ter sido uma esposa virtuosa, livre e feliz, perdi a paciência. "Eu pequei contra Deus e contra mim mesma", respondi. "Mas não contra o senhor."

Ele cerrou os dentes e balbuciou: "Desgraçada!". Veio para cima de mim com uma raiva mal contida e exclamou: "Sua menina obstinada! Eu poderia moer seus ossos até virar pó! Você se jogou fora com um tratante qualquer que não vale nada. Você tem a cabeça fraca e foi convencida com facilidade por aqueles que não lhe dão nem uma palha. O futuro vai acertar as coisas entre nós. Está cega agora, mas depois vai se convencer de que seu senhor era seu melhor amigo. Minha indulgência para com você é prova disso. Eu poderia ter te castigado de várias maneiras. Poderia ter te açoitado até que caísse morta sob o açoite. Mas queria que você vivesse, queria melhorar sua condição. Os outros não podem fazer isso. Você é minha escrava. Sua senhora, desgostosa com sua conduta, proíbe que você retorne a casa; portanto, vou deixá-la aqui por ora, mas virei visitá-la com frequência. Farei uma visita amanhã".

Ele chegou com a testa franzida, demonstrando contrariedade. Depois de perguntar sobre minha saúde, quis saber se minha hospedagem estava paga e quem me visitava. Ele então prosseguiu e disse que havia negligenciado sua obrigação e que, como médico, deveria ter me explicado certas coisas. Então entabulou uma conversa que teria feito corar a mais despudorada das pessoas. Ele ordenou que eu ficasse em pé à sua frente. Obedeci. "Eu ordeno", ele disse, "que me diga se o pai do seu filho é branco ou negro." Hesitei. "Responda neste instante!", ele exclamou. Respondi. Ele pulou para cima de mim feito um lobo e agarrou meus braços como se tivesse a intenção de quebrá-los. "Você o ama?", ele perguntou, num tom sibilante.

"Sinto-me agradecida por não desprezá-lo", respondi.

Ele ergueu a mão para me bater, mas voltou a baixá-la. Não sei o que o deteve. Ele se sentou com os lábios bem apertados.

Finalmente, falou. "Eu vim aqui", disse, "para lhe fazer uma proposta amigável, mas sua ingratidão me ofende além do suportável. Você rejeita todas as minhas boas intenções. Não sei o que me impede de te matar." Mais uma vez ele se levantou, como se tivesse a intenção de me bater.

Mas então voltou a falar. "Vou perdoar sua insolência e seu crime com uma condição. Daqui para a frente você não deve ter nenhum contato de qualquer tipo com o pai do seu filho. Não deve pedir nada nem receber nada dele. Vou cuidar de você e do seu filho. É melhor fazer essa promessa logo, sem esperar até que ele a abandone. Este é o último ato de misericórdia que vou demonstrar para com você."

Eu disse algo a respeito de não estar disposta a ver meu filho sustentado por um homem que havia amaldiçoado a ele e a mim também. Ele retrucou que uma mulher que descera ao meu nível não tinha direito a esperar nada mais. Perguntou, pela última vez, se eu iria aceitar sua bondade. Respondi que não.

"Muito bem", ele disse. "Então aceite as consequências do seu caminho desviado. Nunca me procure para pedir ajuda. Você é minha escrava, e será para sempre minha escrava. Não vou te vender jamais, pode ter certeza."

A esperança morreu em meu coração quando ele fechou a porta atrás de si. Tinha calculado que, em sua raiva, ele iria me vender para um mercador de escravos, e eu sabia que o pai do meu filho só estava esperando uma oportunidade para me comprar.

Mais ou menos nessa época, estávamos esperando meu tio Phillip voltar de uma viagem; no dia anterior à sua partida, eu havia sido dama de honra no casamento de uma jovem amiga. Na cerimônia meu coração estava inquieto, mas meu rosto sorridente não revelava nada. Apenas um ano se passara, mas quantas mudanças temerosas haviam ocorrido! Meu coração tinha se acinzentado de infelicidade. Vidas que brilham ao sol e vidas que nascem de lágrimas recebem seu matiz das circunstâncias. Nenhum de nós sabe o que um ano pode trazer.

    Não senti alegria quando me disseram que meu tio tinha chegado. Ele queria me ver, mesmo sabendo o que havia acontecido. No começo eu o evitei, mas enfim consenti que viesse ao meu quarto. Ele me cumprimentou como sempre. Ah, como meu coração bateu forte quando senti as lágrimas dele queimando meu rosto! As palavras da minha avó me vieram à mente: "Talvez sua mãe e seu pai tenham sido levados para não enfrentar o tempo ruim que está por vir". Meu coração decepcionado agora podia agradecer a Deus por ser assim. Mas por que, pensei, meus parentes haviam pensando que comigo seria diferente? O que poderia me salvar do destino costumeiro das meninas escravas? Outras muito mais bonitas e mais inteligentes do que eu tinham experimentado destino semelhante ou ainda muito pior. Como podiam ter esperança de que eu fosse escapar?

    A estadia do meu tio foi curta, o que não lamentei. Me sentia muito enferma na mente e no corpo para viver momentos agradáveis com minhas amigas, como fazia antes. Passei algumas semanas sem conseguir sair da cama. Nenhum médico podia me atender além do meu senhor, e eu não queria que o chamassem. Finalmente, preocupados com meu mal-estar cada vez maior, chamaram-no. Eu estava muito fraca e nervosa e, assim que ele entrou no quarto, comecei a berrar. Disseram-lhe que meu estado era muito crítico. Como ele não tinha desejo de me apressar para fora deste mundo, retirou-se.

    Quando meu bebê nasceu, disseram que era prematuro. Pesava menos de dois quilos, mas Deus permitiu que ele vivesse. Ouvi o médico dizer que talvez eu não sobrevivesse até a manhã seguinte. Muitas vezes eu tinha rezado pela morte, mas agora não queria morrer, a menos que meu filho pudesse morrer também. Muitas semanas se passaram até que eu conseguisse levantar. Eu era apenas um destroço do que tinha sido antes. Durante um ano, mal houve um dia em que eu não tivesse calafrios e febre. Meu bebê também era doentinho. Os bracinhos e as perninhas dele com frequência eram tomados de dor. O dr. Flint continuou com suas visitas para cuidar da minha saúde, e não deixava de me lembrar que meu filho era mais um em seu estoque de escravos.

Eu me sentia fraca demais para brigar com ele e escutava suas observações em silêncio. Suas visitas passaram a ser menos frequentes, mas seu espírito agitado não conseguia ficar quieto. Ele empregou meu irmão no consultório e o transformou em intermediário de recados e mensagens constantes para mim. William era um rapaz inteligente e muito útil para o médico. Aprendera a ministrar medicamentos, a usar sanguessugas, a aplicar copos de sucção e a fazer sangrias. Aprendera sozinho a ler e a escrever. Eu tinha orgulho dele, e o velho médico desconfiava disso. Um dia, quando fazia várias semanas que eu não o via, ouvi seus passos se aproximando da porta. Temi o encontro e me escondi. Ele perguntou por mim, claro, mas ninguém conseguiu me encontrar. Ele foi até o consultório e despachou um bilhete por intermédio de William. O rosto do meu irmão ficou corado quando ele me entregou, e disse: "Você não me odeia, Linda, por trazer essas coisas?". Não podia culpá-lo, eu disse, ele era escravo e era obrigado a obedecer às ordens de seu senhor. O bilhete ordenava que eu fosse ao consultório. Fui. O médico exigiu saber onde eu estava quando foi me visitar. Falei que estava em casa, mas ele teve um acesso de raiva e disse que sabia muito bem que não. Então começou a discorrer sobre seus temas de sempre: meus crimes contra ele e minha ingratidão por sua tolerância. O dr. Flint me explicou as leis mais uma vez, e fui dispensada. Me senti humilhada por meu irmão estar ali escutando essa linguagem, que só podia ser dirigida a uma escrava. Pobre rapaz! William era impotente para me defender, mas vi as lágrimas que ele tentou segurar sem sucesso. A manifestação de sentimento irritou o médico. Não havia nada que meu irmão pudesse fazer para agradá-lo. Certa manhã ele não chegou ao consultório tão cedo quanto de costume, e isso deu ao médico a oportunidade de soltar toda a sua bile. Mandou William para a cadeia. No dia seguinte, meu irmão enviou um mercador ao médico com o pedido para que fosse vendido. O senhor ficou totalmente ofendido com o que chamou de insolência da parte dele. Disse que o pusera lá para refletir sobre sua má conduta e ele com certeza não estava dando nenhuma prova de arrependimento. Durante dois dias o dr. Flint se esforçou para achar alguém para fazer o trabalho de consultório, mas tudo dava errado sem William. Ele foi solto e recebeu a ordem de retomar sua antiga posição, com muitas ameaças caso não tivesse cuidado com seu comportamento futuro.

À medida que os meses foram passando, a saúde do meu menino melhorou. Quando estava com um ano, disseram que ele era bonito. A pequena plantinha criava raízes profundas na minha existência, apesar de sua afeição cheia de apego despertar em mim uma mistura de amor e dor. Quando me sentia mais dolorosamente oprimida, encontrava alívio nos seus sorrisos. Adorava observar seus soninhos de criança, mas sempre havia uma nuvem escura sobre meu contentamento. Não conseguia esquecer que ele era escravo. Às vezes desejava que morresse ainda bebê. Deus me pôs à prova. Meu queridinho ficou muito doente. Seus olhos brilhantes ficaram opacos, os pezinhos e as mãozinhas tão gelados que achei que a morte já os tocara. Eu havia rezado pela morte dele, mas então nunca rezei por sua vida com tanta convicção, e minha oração foi ouvida. Ai de mim, que zombaria é para uma mãe escrava tentar trazer o filho moribundo de volta à vida com rezas! A morte é melhor que a escravidão. Era um pensamento triste não ter um sobrenome a dar ao meu filho. Seu pai o acariciava e o tratava com carinho sempre que tinha a oportunidade de vê-lo, e não era contrário a que ele recebesse seu sobrenome, mas não tinha direito legal para tanto; e se eu tivesse imposto isso a ele, meu senhor teria considerado um novo crime, um novo exemplo de insolência, e talvez exercesse sua vingança sobre a criança. Ah, a serpente da escravidão tem muitas presas venenosas!

XII.
Medo de rebelião

Mais ou menos nessa época, a rebelião de Nat Turner[3] estourou e a notícia causou muita agitação em nossa cidade. Estranho ficarem assim tão preocupados, já que seus escravos eram tão "contentes e felizes"! Mas assim foi.

Todos os anos as tropas costumavam fazer uma revista. Nessa ocasião, cada homem branco empunhava seu mosquete. Os cidadãos e os chamados cavalheiros do interior vestiam uniformes militares. Os brancos pobres tomavam seu lugar nas fileiras com roupas do dia a dia, alguns sem sapato, outros sem chapéu. Essa ocasião grandiosa já tinha passado, e quando os escravos foram informados de que as tropas fariam outra revista, ficaram surpresos e alegres. Pobres criaturas! Acharam que seria feriado. Informaram-me o que de fato aconteceria, e compartilhei com as poucas pessoas em quem podia confiar. Com muita alegria teria dito a todos os escravos, mas não tive coragem. Nem todos eram de confiança. Grande é o poder do açoite torturante.

Ao nascer do sol, havia gente chegando de todos os lados num raio de trinta quilômetros da cidade. Sabia que fariam buscas nas casas e que isso seria feito pelos valentões do interior e pelos brancos pobres. Sabia que nada os irritava mais do que ver pessoas negras vivendo com conforto e respeito, por isso tomei providências cuidadosas para recebê-los. Arrumei a casa da minha avó com o maior capricho possível. Estendi colchas brancas nas camas e decorei alguns cômodos com flores.

Quando tudo estava pronto, sentei-me à janela para observar. Até onde meus olhos enxergavam, era uma multidão desordenada de soldados. Tambores e pífaros entoavam música marcial. Os homens foram divididos em companhias de dezesseis, cada uma liderada por um capitão que distribuía ordens, e os batedores enlouquecidos saíam correndo para todos os lados, onde quer que um rosto negro pudesse ser encontrado.

Aquela era uma oportunidade grandiosa para os brancos pobres, que não tinham negros próprios para açoitar. Eles se refestelavam com essa chance de exercer alguma pequena e breve autoridade e de demonstrar sua subserviência aos senhores de escravos, sem refletir que o poder que pisoteava as pessoas negras também os mantinha na pobreza, na ignorância e na degradação moral. Quem nunca presenciou essas cenas mal pode acreditar no que, bem sei, era impingido naquele momento sobre homens, mulheres e crianças inocentes contra os quais não havia o menor indício de suspeita. Pessoas negras e escravos que viviam em partes afastadas da cidade sofriam de maneira especial. Em alguns casos, os batedores espalhavam pólvora e balas entre as roupas delas e depois mandavam outro grupo que encontrava a munição e apresentava como prova de que as pessoas em questão estavam tramando uma revolta. Por todos os lados, homens, mulheres e crianças foram açoitados até que o sangue formasse poças a seus pés. Alguns receberam quinhentas açoitadas; outros, amarrados pelos pés e pelas mãos, foram torturados com uma palmatória, que causa bolhas terríveis na pele. Da moradia das pessoas negras, a menos que estas por acaso estivessem sob a proteção de algum branco influente que se dispusesse a isso, roubavam roupas e tudo o mais que os saqueadores achassem que valia a pena levar. Durante todo o dia, esses depravados insensíveis circularam feito uma tropa de demônios, aterrorizando e atormentando os impotentes. À noite formaram grupos de patrulha por conta própria e foram aonde bem entenderam entre as pessoas negras, descarregando seu ímpeto brutal. Muitas mulheres se esconderam no mato e no pântano para ficar longe do caminho deles. Se algum marido ou pai relatasse esses ultrajes, era amarrado ao pelourinho público e açoitado com crueldade por contar mentiras a respeito de homens brancos. A consternação era geral. Não havia duas pessoas que tivessem qualquer tom negro no rosto que ousassem ser vistas conversando.

Eu não tinha nenhum medo real em relação a nossa casa porque estávamos no meio de famílias brancas que iriam nos proteger. Estávamos prontos para receber os soldados a qualquer hora que aparecessem. Não demorou muito até escutarmos passos e som de vozes. Empurraram a porta com brutalidade, e lá vieram eles, feito um bando de lobos famintos. Atacaram tudo que estava ao alcance. Cada caixa, baú, armário e canto passou por uma revista detalhada. Uma caixa numa das gavetas que continha algumas moedinhas de prata foi saqueada com ânsia. Quando dei um passo adiante para tirá-la deles, um dos soldados se virou e disse, cheio de raiva: "O que você pensa de nós? Acha que os brancos vieram aqui para roubar?".

Respondi: "Vocês vieram aqui para fazer uma busca, mas já examinaram essa caixa, e agora vou ficar com ela, por favor".

Naquele momento, vi um cavalheiro branco que era nosso conhecido; eu o chamei e pedi que fizesse a gentileza de entrar e ficar ali até que a busca terminasse. Ele prontamente me atendeu. Sua entrada na casa fez com que o capitão da companhia, cuja função era ficar de vigia do lado de fora para garantir que nenhum dos moradores saísse, entrasse também. Esse oficial era o sr. Litch, o senhor de escravos rico que mencionei quando falei dos fazendeiros das redondezas, conhecido por sua crueldade. Ele se sentia superior e não queria sujar as mãos com as buscas. Simplesmente dava ordens, e se algum escrito era encontrado, era levado até ele por seus seguidores ignorantes que eram incapazes de ler.

Minha avó tinha um baú grande com roupa de cama e toalhas de mesa. Quando foi aberto, ouviu-se um enorme grito de surpresa, e um deles exclamou: "Onde é que esses negros desgraçados conseguem todos esses lençóis e toalhas de mesa?".

Minha avó, encorajada pela presença do nosso protetor branco, respondeu: "Pode ter certeza que a gente não saqueou da *sua* casa".

"Olhe aqui, velha", disse um sujeito de aparência miserável que não vestia casaco algum, "parece que você se acha uma vovozinha poderosa porque tem essas coisas bonitas. Os brancos é que deviam ficar com tudo."

Suas observações foram interrompidas por um coro de vozes gritando: "A gente achou! A gente achou! A mulata tem umas cartas!".

Todos saíram correndo atrás da suposta carta que, depois de examinada, se comprovou ser alguns versos que uma amiga me escrevera. Ao guardar minhas coisas, esqueci os versos. Quando o capitão lhes informou a respeito do conteúdo, pareceram muito decepcionados. Ele me perguntou quem tinha escrito os versos. Uma de minhas amigas, eu disse. "Você consegue ler?", ele perguntou. Quando confirmei, ele xingou, resmungou e rasgou o papel em pedacinhos. "Traga todas as suas cartas!", ele disse como se estivesse dando uma ordem. "Não tenha medo", prosseguiu em tom sugestivo. "Traga todas. Ninguém vai lhe fazer nenhum mal." Ao ver que eu não me movia para obedecê-lo, seu tom agradável se transformou em blasfêmias e ameaças. "Quem escreve para você? Pretos meio livres?", ele quis saber. Eu respondi: "Ah, não, a maior parte das minhas cartas são de pessoas brancas. Algumas pedem que eu as queime depois de ler, e algumas eu destruo sem ler".

Uma exclamação de surpresa de algum integrante da companhia pôs fim à nossa conversa. Acabavam de descobrir algumas colheres de prata que enfeitavam um bufê antiquado. Minha avó tinha o hábito de fazer conservas de frutas para muitas damas da cidade e preparar jantares festivos; por consequência, ela possuía vários potes de conservas. O armário em que estavam foi invadido na sequência, e eles experimentaram o conteúdo dos potes. Um dos homens, que se servia sem cerimônia, deu um tapinha no ombro do vizinho e disse: "Muito bem! Não é para menos que os pretos querem matar todos os brancos, se vivem de conservas". Estendi a mão para pegar o pote e falei: "Vocês não foram enviados aqui para comer doce".

"E para que *fomos enviados*?", perguntou o capitão, todo ouriçado. Não respondi.

A busca na casa terminou, e não encontraram nada que nos condenasse. Então os homens foram para o jardim e derrubaram praticamente todos os arbustos e trepadeiras, e nada encontraram. O capitão reuniu seus homens e, depois de uma breve consulta, deu ordem para marcharem. Quando saíram pelo portão, ele se virou para trás e lançou uma maldição sobre a casa. Disse que seria queimada até não sobrar nada, e cada um de seus moradores receberia 39 açoitadas. Saímos dessa situação com muita sorte, sem perder nada exceto algumas peças de roupa.

Quando a noite se aproximou, a turbulência cresceu. Estimulados pela bebida, os soldados cometeram crueldades ainda maiores. Ouviam-se gritos e berros incessantes. Sem ousar ir até a porta, espiei através da cortina da janela. Vi uma turba arrastando várias pessoas negras; cada homem branco, mosquete em riste, ameaçava os negros de morte instantânea se não parassem de berrar. Entre os prisioneiros havia um pastor negro idoso e respeitável. Tinham encontrado alguns pacotes de balas na casa dele, que sua esposa usava havia anos para equilibrar suas balanças. Por causa disso, iriam fuzilá-lo no gramado do tribunal. Que espetáculo foi aquele para um país civilizado! Uma ralé, cambaleando de bêbada, achando que é quem executa a justiça!

A melhor classe da comunidade exerceu sua influência para salvar o povo inocente e perseguido, e em vários casos conseguiu, mantendo-os na cadeia até que os ânimos se acalmassem. No final, os cidadãos brancos concluíram que seus próprios bens não estavam a salvo da ralé sem lei que tinham convocado para protegê-los. Reuniram a multidão embriagada, conduziram-na de volta ao interior e espalharam guardas pela cidade.

No dia seguinte, as patrulhas da cidade foram encarregadas de revistar as pessoas negras que moravam fora da cidade, e os mais chocantes ultrajes foram cometidos com perfeita impunidade. Durante todos os dias de uma quinzena, se eu olhasse para fora, veria cavaleiros com algum negro ofegante amarrado à sela e compelido pelo açoite a correr até chegarem ao pátio da cadeia. Os que tinham sido açoitados inclementemente e não conseguiam caminhar eram banhados em salmoura, enfiados numa carroça e levados para a prisão. Um homem negro que não teve firmeza de aguentar o açoite prometeu dar informações sobre a conspiração. Mas acontece que ele não sabia absolutamente nada. Nunca tinha ouvido o nome de Nat Turner. O pobre camarada, no entanto, inventou uma história que só aumentou seu próprio sofrimento e o sofrimento das pessoas negras.

A patrulha diurna prosseguiu por algumas semanas; ao pôr do sol, a guarda noturna era substituída. Não se provou absolutamente nada contra as pessoas negras, cativas ou livres. A captura de Nat Turner de certo modo aplacou a ira dos senhores de escravos. Soltaram os presos. Mandaram os escravos a seus senhores, e as pessoas livres obtiveram permissão de voltar às casas saqueadas. Visitas eram estritamente proibidas nas fazendas. Os escravos imploravam o privilégio de voltar a se reunir na sua igrejinha no mato, com o cemitério ao redor. Havia sido construída pelas pessoas negras, e elas não tinham alegria maior do que se encontrar ali para, juntas, entoar cânticos e aliviar o coração em orações espontâneas. Negaram o pedido deles, e a igreja foi demolida. Receberam permissão de frequentar as igrejas dos brancos, cujas galerias em parte foram adaptadas para recebê-los. Ali, depois que todos os outros tinham recebido a comunhão e a bênção havia sido pronunciada, o pastor dizia: "Venham, agora, meus amigos negros". Eles obedeciam à convocação e compartilhavam o pão e o vinho, em celebração ao humilde e dócil Jesus, que disse: "Deus é vosso Pai, e todos vós sois irmãos".

XIII.
A Igreja e a escravidão

Depois que a preocupação causada pelo levante de Nat Turner arrefeceu, os senhores de escravos chegaram à conclusão de que seria bom dar a eles instrução religiosa suficiente para impedi-los de matar seus senhores. O pastor episcopal se ofereceu para ministrar um serviço aos domingos exclusivo para eles. Os membros negros da sua igreja eram muito poucos e também muito respeitáveis — fato que, suponho, exercia certo peso sobre ele. A dificuldade era decidir sobre um lugar adequado para que assistissem ao culto. As igrejas metodista e batista os recebiam à tarde, mas seus tapetes e almofadas não eram tão caros quanto os da igreja episcopal. No final, decidiram se encontrar na casa de um homem negro livre que também era membro da igreja.

Fui convidada a participar porque sabia ler. Chegou domingo à noite e, confiando na proteção do escuro, eu me arrisquei a sair. Raramente ousava me expor durante o dia porque sempre tinha medo, achando que a cada curva ia deparar com o dr. Flint, que com certeza iria me mandar para casa ou me encaminhar ao consultório para saber onde eu conseguira meu chapéu ou outro artigo de vestuário. Quando o reverendo sr. Pike chegou, havia cerca de vinte pessoas presentes. O cavalheiro reverendo se ajoelhou para rezar, então sentou e pediu a todos os presentes que soubessem ler que abrissem os livros enquanto ele mostrava os trechos que deviam repetir ou responder.

O texto dele era o seguinte: "Escravos, obedeçam a seus senhores terrenos com respeito e temor, com sinceridade de coração, como a Cristo".

O piedoso sr. Pike, que escovava o cabelo até ele ficar eriçado, começou a dizer em tom profundo: "Ouçam bem, vocês, criados! Prestem muita atenção nas minhas palavras. Vocês são pecadores rebeldes. O coração de vocês está cheio de tudo que é maligno. É o demônio que põe vocês em tentação. Deus está irritado com todos e, com certeza, irá castigá-los se não abandonarem suas atitudes perversas. Vocês que moram na cidade não são obedientes pelas costas do seu senhor. Em vez de servir a seus senhores com fidelidade, coisa que agrada aos olhos do Senhor celestial, vocês são preguiçosos e fogem do trabalho. Deus está vendo tudo. Vocês contam mentiras. Deus escuta tudo. Em vez de se envolverem no louvor a Ele, vocês se escondem para se refestelar na substância de seus senhores; espalhar grãos de café com alguma vidente perversa ou tirar cartas com alguma outra megera velha. Seus senhores podem até não descobrir, mas Deus vê tudo e vai castigá-los. Ah, como o coração de vocês é depravado! Quando o trabalho de seus senhores está feito, por acaso vocês se reúnem em silêncio para pensar na bondade de Deus para com criaturas tão pecadoras assim? Não, vocês ficam brigando e amarrando saquinhos de raízes para enterrar embaixo dos degraus de entrada das casas para envenenar uns aos outros. Deus vê tudo. Vocês, homens, vão escondidos até lojas clandestinas para vender o milho de seus senhores e comprar rum para beber. Deus vê tudo. Vocês se esgueiram por becos ou entre os arbustos para derreter cobre. Ainda que talvez seus senhores não descubram, Deus vê tudo e vai castigá-los. Vocês devem deixar de lado suas atitudes pecaminosas para serem serventes fiéis. Obedeçam a seu velho senhor e a seu jovem senhor; à velha senhora e à jovem senhora. Se desobedecem a seus senhores na terra, ofendem seu

Senhor no céu. Devem obedecer aos mandamentos de Deus. Quando saírem daqui, não parem nas esquinas para conversar, encaminhem-se direto para casa e deixem seus senhores e suas senhoras verem que chegaram".

Então ele deu a bênção. Fomos para casa muito surpresos com o ensinamento do evangelho do irmão Pike, e resolvemos escutá-lo mais uma vez. Compareci na noite de domingo seguinte e ouvi mais ou menos uma repetição do discurso anterior. No encerramento do encontro, o sr. Pike nos informou que estava achando muito inconveniente nos encontrarmos na casa de um amigo e que ficaria contente de nos ver, todo domingo à noite, em sua própria cozinha.

Fui para casa com a sensação de que aquela havia sido a última vez que eu escutava o reverendo sr. Pike. Alguns membros se dirigiram à casa dele e descobriram que a cozinha ostentava duas velas de sebo, acesas pela primeira vez, tenho certeza, desde que seu ocupante atual morava ali, já que os criados nunca tinham tido nada para queimar além de nós de pinho. Demorou tanto tempo até o cavalheiro reverendo descer de seus aposentos confortáveis que os escravos foram embora e se juntaram a um culto metodista. Eles nunca parecem tão felizes como quando estão gritando e cantando em encontros religiosos. Muitos deles são sinceros e estão mais perto dos portões do paraíso do que o santimonial sr. Pike e outros cristãos tristonhos que ao verem samaritanos feridos atravessam a rua.

Os escravos geralmente compõem suas próprias músicas e hinos e não se preocupam muito com o metro dos versos. Costumam cantar os seguintes versos:

Old Satan is one busy ole man;
He rolls dem blocks all in my way;
But Jesus is my bosom friend;
He rolls dem blocks away.

If I had died when I was young,
Den how my stam'ring tongue would have sung;
But I am ole, and now I stand
A narrow chance for to tread dat heavenly land.*

Lembro muito bem de uma ocasião em que participei de uma reunião de classe metodista à qual fui com o espírito pesado e acabei me sentando ao lado de uma mãe miserável e infeliz, cujo coração estava ainda mais pesado do que o meu. O líder da classe era o delegado da cidade — um homem que comprava e vendia escravos, que açoitava seus irmãos e irmãs da igreja no pelourinho público, na cadeia ou fora dela. Ele estava pronto para oferecer o ofício cristão em qualquer lugar por cinquenta centavos. Esse irmão de rosto branco e coração enegrecido se aproximou de nós e perguntou à mulher abalada: "Irmã, será que não pode nos dizer como o Senhor lida com sua alma? Você O ama como amava antes?".

Ela se levantou e disse, comovida: "Meu Senhor e Mestre, ajude-me! Meu fardo é maior do que posso carregar. Deus se escondeu de mim, e eu só fiquei com a escuridão e a miséria". Então, batendo no peito, ela prosseguiu: "Não sei dizer o que tem aqui dentro! Levaram todos os meus filhos. Na semana passada, levaram a última menina. Só Deus sabe para onde foi vendida. Permitiram que eu ficasse com ela durante dezesseis anos, e então... Oh! Oh! Reze pelos irmãos e pelas irmãs dela! Eu já não tenho mais nada por que viver agora. Deus, faça meu tempo ser curto!".

---

* Tradução livre: "O velho Satanás é um velho ocupado;/ Ele coloca obstáculos por todo o meu caminho;/ Mas Jesus é meu amigo do peito;/ Ele leva os obstáculos embora.// Se eu tivesse morrido quando era jovem,/ Então como é que minha língua que gagueja poderia ter cantado;/ Mas eu sou velho, e agora tenho/ Pouca chance de caminhar naquela terra celestial".

Ela se sentou com o corpo todo tremendo. Vi o delegado líder da classe ficar com o rosto bem vermelho ao segurar a risada enquanto erguia o lenço para que aqueles que choravam pela calamidade da pobre mulher não vissem como ele estava se divertindo. Então, com gravidade fingida, ele disse à pobre mãe: "Irmã, reze ao Senhor para que cada concessão de Sua vontade divina seja santificada para o bem da sua alma infeliz e necessitada!".

A congregação entoou um hino e todos cantaram como se fossem tão livres quanto os passarinhos que piavam ao nosso redor:

Ole Satan thought he had a mighty aim;
He missed my soul, and caught my sins.
Cry Amen, cry Amen, cry Amen to God!

He took my sins upon his back;
Went muttering and grumbling down to hell.
Cry Amen, cry Amen, cry Amen to God!

Ole Satan's church is here below.
Up to God's free church I hope to go.
Cry Amen, cry Amen, cry Amen to God!*

Momentos assim são preciosos para os pobres escravos. Se pudessem escutá-los em tais momentos, poderiam pensar que eram felizes. Mas será que aquela hora de hinos e gritos é capaz

---

* Tradução livre: "O velho Satanás achava que tinha boa mira;/ Errou minha alma e acertou meus pecados./ Exclame amém, exclame amém, exclame amém a Deus!// Ele tomou meus pecados nas costas;/ Foi resmungando e reclamando para o inferno./ Exclame amém, exclame amém, exclame amém a Deus!// A igreja do velho Satanás é aqui embaixo./ Para cima, para a igreja livre de Deus tenho esperança de ir./ Exclame amém, exclame amém, exclame amém a Deus!".

de sustentá-los durante toda a semana desoladora, trabalhando duro sem ganhar nada, sob a ameaça constante do açoite?

O pastor episcopal, que, desde minhas primeiras lembranças, sempre foi um deus entre os senhores de escravos, concluiu, por sua família ser numerosa, que ele deveria ir aonde o dinheiro fosse mais abundante. Um pastor bem diferente tomou seu lugar. A mudança agradou muito às pessoas negras, que diziam: "Dessa vez, Deus nos mandou um homem bom". Eles o adoravam, e seus filhos corriam atrás dele em busca de um sorriso ou de uma palavra gentil. Até os senhores de escravos sentiram sua influência. Ele trouxe cinco escravos para a sua residência. Sua esposa os ensinou a ler e a escrever e a serem úteis a ela e a si mesmos. Assim que ele se acomodou, voltou a atenção aos escravos necessitados a seu redor. Insistiu com os paroquianos sobre a obrigação de promover um encontro exclusivo para eles todos os domingos, com um sermão adaptado à compreensão deles. Depois de muita discussão e aborrecimento, finalmente ficou combinado que ele poderia ocupar a galeria da igreja nos domingos à noite. Muitas pessoas negras, até então desacostumadas de frequentar a igreja, agora iam lá com prazer para escutar a pregação do evangelho. Os sermões eram simples e eles os entendiam. Além do mais, era a primeira vez na vida que alguém se dirigia a eles como seres humanos. Não demorou muito para os paroquianos brancos começarem a ficar insatisfeitos. O pastor foi acusado de fazer sermões melhores para os negros do que para eles. Ele, sincero, confessou que se esforçava mais por aqueles sermões do que por qualquer outro, pois os escravos eram criados em tal ignorância que era uma tarefa difícil adaptar as palavras à compreensão deles. Discordâncias surgiram na paróquia. Alguns queriam que o pastor fosse pregar a eles à noite e, aos escravos, à tarde. No meio dessas discussões, a esposa do pastor morreu depois de uma doença repentina. Seus escravos se reuniram com muito pesar ao redor de seu leito de morte. Ela disse: "Tentei ser boa para vocês e promover sua felicidade; se não consegui, não foi por falta de interesse no bem-estar de vocês. Não chorem por mim, preparem-se para as novas obrigações que terão pela frente. Deixo todos vocês livres. Que possamos nos encontrar num mundo melhor". Aqueles escravos libertos seriam mandados para longe, com recursos para se estabelecerem com conforto. As pessoas negras por muito tempo abençoarão a lembrança daquela mulher verdadeiramente cristã. Pouco depois de sua morte, o marido fez seu sermão de despedida, e muitas lágrimas foram derramadas por sua partida.

Vários anos depois, ele passou por nossa cidade e pregou para sua antiga congregação. No seu sermão da tarde, dirigiu-se às pessoas negras. "Meus amigos", disse, "sinto-me cheio de alegria por ter a oportunidade de falar a vocês mais uma vez. Ao longo de dois anos, tenho me esforçado para fazer algo pelas pessoas negras da minha própria paróquia, mas nada foi executado até agora. Nem cheguei a pregar um sermão a elas. Tentem viver de acordo com a palavra de Deus, meus amigos. Sua pele é mais escura do que a minha, mas Deus julga os homens pelo coração, não pela cor da pele." Essa era uma doutrina estranha vinda de um púlpito do Sul. Era muito ofensiva aos senhores de escravos. Estes diziam que ele e a esposa tinham sido enganados pelos escravos e que ele pregava feito um tolo aos negros.

Eu conhecia um velho senhor negro cujas piedade e confiança infantil em Deus eram bonitas de ver. Aos 53 anos, ele se juntou à Igreja batista. Tinha o mais sincero desejo de aprender a ler, pois achava que saberia melhor como servir a Deus se pelo menos fosse capaz de ler a Bíblia. Ele me procurou e implorou para que eu o ensinasse. Não podia me pagar porque não tinha dinheiro, ele disse, mas traria belas frutas para mim quando chegasse a temporada. Perguntei se ele sabia que isso era contrário à lei e que escravos eram açoitados e presos por ensinar uns aos outros a ler. Ele ficou com lágrimas nos olhos. "Não se preocupe, tio Fred", falei. "Não pretendo me recusar a ensiná-lo. Só mencionei a lei para que o senhor saiba do perigo e tome cuidado." Ele achou que poderia planejar ir a minha casa três vezes por semana sem levantar suspeitas. Escolhi um canto tranquilo onde não havia probabilidade de um intruso penetrar, e ali lhe ensinei o A, B, C. Levando em conta sua idade, seu progresso foi surpreendente. Assim que foi capaz de soletrar duas sílabas, já quis ler as palavras da Bíblia. O sorriso de alegria que iluminou seu rosto me encheu de satisfação. Depois de ler algumas palavras, ele fez uma pausa e disse: "Minha querida, parece que quando eu puder ler este bom livro, vou estar mais perto de Deus. O homem branco tem toda a inteligência. Ele consegue aprender fácil. Não é fácil para um negro velho como eu. Só quero ler este livro para poder saber como viver; assim não vou ter medo de morrer".

Tentei incentivá-lo, falei do progresso rápido que ele tinha feito. "Tenha paciência, menina", ele respondeu. "Eu aprendo devagar."

Eu não precisava ter paciência. A gratidão e a alegria dele eram mais do que recompensa por todo o meu trabalho.

Passados seis meses ele já havia lido todo o Novo Testamento e era capaz de encontrar qualquer texto. Um dia, quando recitou muito bem, de maneira incomum, eu disse: "Tio Fred, como é que consegue absorver suas aulas tão bem?".

"Deus te abençoe, menina", ele respondeu. "Sempre que você me dá uma aula, eu rezo a Deus que me ajude a entender o que eu soletro e o que eu leio. E ele me ajuda *mesmo*, menina. Abençoado seja seu santo nome!"

Existem milhares que, assim como o bom tio Fred, têm sede da água da vida, mas a lei a proíbe e as igrejas a sonegam. Mandam a Bíblia a pagãos no estrangeiro e negligenciam os pagãos em casa. Fico contente que os missionários viajem até os cantos mais escuros da terra, mas peço que não façam vista grossa aos cantos escuros em casa. Que falem com os senhores de escravos como falam com os selvagens na África. Digam a *eles* que é errado traficar homens. Digam a eles que é pecado vender seus próprios filhos, e que é atroz estuprar suas próprias filhas. Digam a eles que todos os homens são irmãos e que o homem não tem o direito de apagar a luz do conhecimento de seu irmão. Digam a eles que devem responder a Deus por fechar a Fonte da Vida às almas que têm sede dela.

Há homens que aceitariam esse trabalho missionário com prazer, mas, infelizmente, eles existem em pequeno número. São odiados no Sul, e seriam expulsos de seu solo ou arrastados à prisão para morrer, como aconteceu com outros antes deles. O campo está pronto para a colheita, só à espera dos ceifadores. Talvez os netos do tio Fred possam ter os tesouros divinos divididos com eles livremente, algo que ele buscou às escondidas, sob o risco de prisão e açoitamento.

Será que os ministros são cegos ou são hipócritas? Suponho que alguns são uma coisa, e outros são outra; mas acho que se sentissem interesse pelos pobres e humildes como deveriam, não ficariam cegos com tanta *facilidade*. Um pastor que visita o Sul pela primeira vez em geral tem certa sensação, por mais vaga que seja, de que a escravidão é errada. O senhor de escravos desconfia disso, e faz seu jogo espertamente. Ele se torna o mais agradável possível, fala sobre teologia e outros temas semelhantes. Pede ao cavalheiro reverendo que faça uma prece numa mesa carregada de luxos. Depois do jantar, o pastor dá uma caminhada pela propriedade e vê os belos pomares e as trepadeiras em flor, e as cabanas confortáveis dos escravos domésticos mais favorecidos. O sulista o convida a conversar com esses escravos. Ele lhes pergunta se querem ser livres e eles dizem: "Ah, não, sinhô". Isso é suficiente para satisfazê-lo. Ele vai para casa e publica uma "Visão da escravidão pelo lado do Sul" e passa a reclamar dos exageros dos abolicionistas. Garante que visitou o Sul e viu a escravidão por conta própria, que ela é uma linda "instituição patriarcal", que os escravos não querem a liberdade, que têm encontros de aleluia e outros privilégios religiosos.

O que *ele* sabe sobre os coitados semifamintos que trabalham duro nas fazendas do amanhecer ao escurecer? Das mães que berram pelos filhos, arrancados de seus braços por mercadores de escravos? Das meninas degradadas pela imundice moral? Das poças de sangue em volta do pelourinho? Dos cães de caça treinados para dilacerar carne humana? Dos homens presos dentro de descaroçadores de algodão para morrer? O senhor de escravos não lhe mostrou nada disso, e os escravos não teriam coragem de falar se lhes perguntassem.

No Sul existe uma enorme diferença entre cristianismo e religião. Se um homem vai à mesa da comunhão e contribui com dinheiro ao tesouro da Igreja, mesmo que esse seja o preço do sangue, ele é chamado de religioso. Se o pastor tem filhos de uma mulher que não é sua esposa, a Igreja o despede se ela for branca; se ela for negra, isso não impede que ele continue a ser seu bom pastor.

Quando me disseram que o dr. Flint se juntara à igreja episcopal, fiquei muito surpresa. Supunha que a religião tivesse efeito purificador sobre o caráter dos homens, mas as piores perseguições que aguentei dele foram depois que ele se tornou membro da igreja. A conversa do médico no dia seguinte à sua confirmação decerto não *me* deu nenhuma indicação de que ele tinha "renunciado ao demônio e à sua obra". Em resposta à sua conversa de sempre, lembrei que ele tinha acabado de entrar para a igreja. "Sim, Linda", ele disse. "Foi adequado que eu fizesse isso. Estou ficando velho, minha posição na sociedade exige isso e põe um fim em todo o falatório desgraçado. Seria bom para você também se juntar à igreja, Linda."

"Já há pecadores demais por lá", retruquei. "Se pudesse ter permissão de viver como cristã, ficaria agradecida."

"Você pode fazer o que eu exijo e, se for fiel a mim, será tão virtuosa quanto minha esposa", ele respondeu.

A Bíblia não dizia isso, retruquei.

A voz dele ficou rouca de raiva. "Como você ousa pregar para mim a respeito da sua Bíblia infernal?!", ele exclamou. "Que direito você, que é minha negra, tem de vir me dizer o que gostaria e o que não gostaria de fazer? Eu sou seu senhor, e você deve me obedecer."

Não é para menos que os escravos cantam:

Ole Satan's church is here below;
Up to God's free church I hope to go.*

---

* Tradução livre: "A igreja do velho Satanás é aqui embaixo;/ Para cima, para a livre igreja de Deus eu espero ir".

XIV.
Outro laço com a vida

Desde o nascimento do bebê eu não havia voltado à casa de meu senhor. O velho vociferava por eu não estar mais sob seu mando imediato, mas a esposa dele jurou, por tudo que era mais sagrado, que me mataria se eu voltasse, e ele não duvidou da sua palavra. Às vezes ele se ausentava por toda uma estação. Daí voltava e retomava o velho discurso esfarrapado a respeito da paciência dele e da minha ingratidão. Ele se esforçava, sem necessidade, para me convencer de que eu tinha me rebaixado. O velho desgraçado peçonhento não precisava se alongar naquele tema. Já me sentia humilhada o bastante. Meu bebê inocente era a testemunha constante da minha vergonha. Se escutava com desprezo silencioso quando o médico falava sobre como eu tinha perdido a opinião positiva *dele*, derramava lágrimas amargas por não ser mais digna de ser respeitada pelos bons e puros. Ai! A escravidão ainda me prendia em suas garras peçonhentas. Não havia chance de eu me tornar respeitável. Não havia perspectiva de uma vida melhor.

Às vezes, quando meu senhor ficava sabendo que eu continuava me recusando a aceitar o que ele chamava de suas ofertas magnânimas, ele ameaçava vender meu filho. "Talvez assim você se torne humilde", dizia.

Me tornar humilde, *eu*! E por acaso eu já não estava na sarjeta? De qualquer modo suas ameaças me dilaceravam o coração. Sabia que a lei lhe dava poder de levá-las a cabo, porque os senhores de escravos foram espertos o bastante para estabelecer que "a criança deve seguir a condição da *mãe*", não a do *pai*, garantindo assim que a licenciosidade não interferisse na avareza. Essa reflexão me fez apertar meu bebê com mais força contra o peito. Visões pavorosas passavam por minha cabeça quando pensava no risco de ele cair nas mãos de um mercador de escravos. Chorava abraçada a ele e dizia: "Ah, meu filho, talvez eles te deixem numa cabana fria para morrer e depois vão te jogar num buraco, como um cachorro".

Quando o dr. Flint ficou sabendo que eu seria mãe mais uma vez, exasperou-se além da conta. Saiu de casa correndo e voltou com uma tesoura. Meus cabelos eram bem bonitos, e ele se irritava por eu ter orgulho de andar sempre bem penteada. Pois ele cortou cada fio bem rente à minha cabeça, agitando-se e xingando o tempo todo. Respondi a alguns de seus xingamentos, e ele me bateu. Alguns meses antes, ele havia me jogado escada abaixo num ataque de fúria, e as feridas resultantes foram tão sérias que não pude me virar na cama durante vários dias. O dr. Flint então disse: "Linda, juro por Deus que nunca mais vou erguer a mão contra você", mas eu sabia que ele iria esquecer a promessa.

Depois que soube da minha condição, ele ficou como uma assombração inquieta na tumba. Aparecia diariamente e me submetia a insultos tais que nenhuma escrita poderia descrever. E, mesmo se pudesse, eu não os reportaria; eram baixos demais, repugnantes demais. Tentei, tanto quanto pude, impedir que minha avó ficasse a par disso. Sabia que a vida dela já era triste o bastante, não precisava ainda carregar meus problemas. Quando ela via o médico me tratar com violência e o ouvia proferir injúrias que teriam paralisado a língua de um homem, ela nem sempre conseguia se conter. Era natural, um instinto materno, que tentasse me defender, mas isso só piorava a situação.

Quando me disseram que meu recém-nascido era menina, meu coração se apertou mais do que nunca. Se escravidão é terrível para os homens, ela é muito pior para as mulheres. Além do fardo comum a todos, *elas* padecem de injustiças, sofrimentos e humilhações que lhes são próprias.

O dr. Flint tinha jurado que me faria sofrer, até meu último dia, por esse novo crime contra *ele*, como dizia; e durante todo o tempo que estive sob seu jugo, ele manteve sua palavra. No quarto dia depois do nascimento da minha filha, ele entrou no meu quarto de repente e ordenou que eu me levantasse e levasse o bebê até ele. A ajudante que estava cuidando de mim tinha saído do quarto para preparar comida, e eu estava sozinha. Não havia alternativa. Eu me levantei, peguei meu bebê e fui até a sala onde ele estava sentado. "Agora, fique aí", ele disse, "até eu mandar você voltar!" Minha filha era muito parecida com o pai e com a falecida sra. Sands, sua avó. Ele reparou nisso e, enquanto eu estava lá em pé na sua frente, tremendo de fraqueza, ele lançou sobre mim e minha pequenina todo epíteto vil que foi capaz de pensar. Nem a avó na cova escapou dos xingamentos. No meio dos vitupérios, desmaiei a seus pés. Com isso ele retomou a razão. Tirou a menina dos meus braços, deitou-a na cama, molhou meu rosto com água fria, ergueu-me e me sacudiu com violência para restaurar minha consciência antes que alguém chegasse. Foi bem aí que minha avó entrou, e então ele saiu correndo. Sofri em consequência de seus maus-tratos, mas implorei a meus amigos que me deixassem morrer em vez de me mandar para o médico. Não havia nada que eu temesse mais do que a presença dele. Minha vida foi poupada, e agradeci em nome das crianças. Se não fosse por esses laços com a vida, ficaria feliz de ser libertada pela morte, apesar de só ter vivido dezenove anos até aquele momento.

Sempre sentia angústia por meus filhos não terem direito legal a um sobrenome. O pai ofereceu o dele, mas não ousaria aceitar enquanto meu senhor fosse vivo. Além do mais, eu sabia que isso não seria aceito no batismo deles. Eles tinham pelo menos direito a um primeiro nome, e resolvemos batizar meu menino em homenagem ao nosso querido e bom Benjamin, que tinha ido para longe de nós.

Minha avó pertencia à igreja e desejava muito ver as crianças batizadas. Eu sabia que o dr. Flint iria proibir e não me aventurei a pedir. Mas a sorte estava a meu favor. Chamaram-no para visitar um paciente fora da cidade e ele foi obrigado a se ausentar num domingo. "Esta é a hora", minha avó disse. "Vamos levar as crianças para a igreja e fazer com que sejam batizadas."

Quando entrei na igreja, as lembranças da minha mãe tomaram conta de mim e fiquei introspectiva. Ali ela havia me apresentado para o batismo, sem nenhum motivo para se sentir envergonhada. Ela era casada, e por isso tinha os direitos legais que a escravidão permite a uma escrava. Os votos pelo menos tinham sido sagrados a *ela*, que nunca os desrespeitara. Fiquei agradecida por minha mãe não estar mais viva para ver em que circunstâncias seus netos eram apresentados para o batismo. Por que minha sina fora tão diferente da dela? O senhor *dela* tinha morrido quando ela era criança, e ela permaneceu com sua senhora até casar. Nunca esteve sob o poder de qualquer senhor e, assim, escapou daquela maldade que em geral recai sobre as escravas.

Quando minha menina estava para ser batizada, a antiga senhora do meu pai veio até mim e propôs que eu lhe desse seu primeiro nome. A ele adicionei o sobrenome do meu pai, ao qual ele mesmo não tinha direito legal, pois meu avô do lado paterno era um cavalheiro branco. Mas que meada enroscada é a genealogia dos escravos! Eu amava meu pai, mas me sentia mortificada por ser obrigada a pôr o nome dele nos meus filhos.

Quando saímos da igreja, a antiga senhora do meu pai me convidou a ir para casa com ela. Pôs uma corrente de ouro em volta do pescoço do meu bebê. Agradeci a gentileza, mas não gostei do emblema. Não queria corrente nenhuma presa na minha filha, mesmo que os elos fossem de ouro. Como rezei para que ela nunca sentisse o peso da corrente da escravidão, cujo ferro penetrava na alma!

XV.
Perseguições contínuas

Meus filhos cresceram bem, e o dr. Flint sempre me dizia, com um sorriso exultante: "Um dia desses esses fedelhos vão me render uma bela soma".

Pensava comigo que, se Deus me ajudasse, eles nunca passariam para as mãos dele. Preferiria ver os dois mortos a ter de entregá-los ao jugo do médico. Ainda que o dinheiro por minha liberdade e a dos meus filhos pudesse ser obtido, ele de nada me serviria. O dr. Flint adorava dinheiro, mas adorava ainda mais o poder. Depois de muita discussão, meus amigos resolveram fazer outra tentativa. Um senhor de escravos estava prestes a partir para o Texas, e eles o encarregaram de me comprar. O lance começaria com novecentos dólares e poderia chegar a 1200. Meu senhor recusou as suas ofertas. "Senhor", disse o dr. Flint, "ela não pertence a mim. É propriedade da minha filha, e eu não tenho direito de vendê-la. Desconfio que o senhor tenha sido enviado da parte do amante dela. Se for assim, diga-lhe que ele não pode comprá-la por dinheiro nenhum, e que também não pode comprar as crianças."

O médico veio falar comigo no dia seguinte, e meu coração acelerou quando ele entrou. Nunca tinha visto o velho caminhar com passos tão imperiais. Ele sentou e olhou para mim com um escárnio intimidante. Meus filhos tinham aprendido a ter medo dele. A pequena fechava os olhos e escondia o rosto no meu ombro sempre que o via, e Benny, que agora estava com quase cinco anos, sempre perguntava: "Por que o homem mau vem aqui tantas vezes? Ele quer machucar a gente?". Eu apertava meu menino nos braços, confiante de que ele seria libertado antes que tivesse idade para responder à questão. E agora, com o médico ali sentado, tão soturno e silencioso, a criança parou de brincar e veio se aninhar junto a mim. Por fim, meu torturador abriu a boca. "Então, agora você está desgostosa, não é mesmo?", perguntou. "Não esperava nada diferente. Lembra que eu te disse, anos atrás, que seria tratada assim? Então, ele cansou de você? Ha! Ha! Ha! A madame virtuosa não gosta de ouvir falar disso, não é mesmo? Ha! Ha! Ha!" Senti uma pontada quando ele me chamou de madame virtuosa. Já não tinha mais o poder de responder a ele como antes. Ele prosseguiu: "Então, parece que você está tentando arrumar mais uma intriga. Seu novo amante me procurou e se ofereceu para comprá-la, mas pode ter certeza de que não vai conseguir. Você é minha e será minha por toda a vida. Não existe nenhum ser humano capaz de tirar você da escravidão. Eu teria feito isso, mas você rejeitou minha bondosa oferta".

Não desejava fazer nenhuma intriga, falei, mas nunca tinha visto o homem que se ofereceu para me comprar.

"Está dizendo que estou mentindo?", ele exclamou, me puxando da cadeira. "Vai dizer mais uma vez que nunca viu aquele homem?"

Respondi: "É o que estou dizendo".

Ele apertou meu braço e soltou uma rajada de xingamentos. Ben começou a berrar e lhe pedi para ir à casa da avó.

"Não dê nem um passo, moleque desgraçado!", ele disse. A criança se encolheu mais para perto de mim e me abraçou como se quisesse me proteger. Aquilo foi demais para o meu furioso senhor. Ele ergueu o menino e o jogou para o outro lado da sala. Achei que tivesse morrido e corri para pegá-lo no colo.

"Ainda não!", exclamou o médico. "Deixe ele aí estirado até voltar a si."

"Me solte! Me solte!", berrei. "Ou vou fazer esta casa ir pelos ares!" Me debati e me desvencilhei, mas ele voltou a me agarrar. Alguém abriu a porta e ele me soltou. Peguei meu filho desfalecido e meu torturador se foi. Ansiosa, me debrucei por cima do corpinho de Ben, tão pálido e imóvel, e quando os olhos castanhos finalmente se abriram, não sei se fiquei muito feliz.

Todas as antigas perseguições do médico se renovaram. Ele aparecia de manhã, à tarde e à noite. Não houve amante ciumento que tenha vigiado um rival mais de perto do que ele vigiou a mim e ao senhor de escravos desconhecido, com o qual ele me acusou de estar mancomunada. Quando minha avó estava fora do caminho, ele vasculhava cada cômodo em busca dele.

Numa de suas visitas, o médico por acaso encontrou uma menina que ele vendera a um mercador alguns dias antes. Ele a tinha vendido porque ela havia ficado chegada demais ao feitor. A jovem teve uma vida dura com ele, e ficou contente de ser vendida. Não tinha mãe e nenhum parente próximo. Havia sido arrancada da família anos antes. Alguns amigos afiançaram a segurança dela, sob a condição de o mercador permitir que ela passasse com eles o tempo entre a venda e o recolhimento da mercadoria humana. Tal favor raramente era concedido. Verdade que poupava ao mercador o custo da hospedagem e as taxas da cadeia, e embora a quantia fosse pequena, era algo a ser considerado na mente de um mercador de escravos.

Sempre que vendia um escravo, o dr. Flint passava a sentir aversão por ele. Ordenou a Rose que saísse da casa, mas já não era mais seu senhor e ela não tomou conhecimento. Pelo menos dessa vez, a pobre Rose foi a vencedora. Os olhos cinzentos do médico faiscaram de raiva para cima dela, mas era essa a extensão de seu poder. "Como essa menina veio parar aqui?", ele exclamou. "Que direito você tinha de permitir isso, se sabia que eu a vendi?"

Eu respondi: "Esta é a casa da minha avó, e Rose veio visitá-la. Não tenho o direito de expulsar de casa ninguém que venha aqui por motivos honestos".

Ele deu em mim o golpe que teria recaído sobre Rose se ela ainda fosse sua escrava. A atenção da minha avó tinha sido atraída pelo tom alto das vozes e ela entrou a tempo de ver o segundo golpe desferido. Ela não era mulher de permitir que tal ultraje, na sua própria casa, passasse em branco. O médico se pôs a explicar que eu tinha sido insolente. A indignação de minha avó foi crescendo até finalmente se condensar em palavras. "Saia da minha casa!", ela exclamou. "Vá para a sua casa e cuide da sua esposa e dos seus filhos, assim vai ter bastante coisa para fazer sem precisar ficar de olho na minha família."

Ele jogou o nascimento dos meus filhos na cara dela e a acusou de sancionar a vida que eu estava levando. Minha avó disse que eu morava com ela por causa da esposa dele, que ele não precisava acusá-la, porque a culpa era dele; era ele quem tinha causado os problemas. E foi ficando cada vez mais agitada enquanto falava: "Vou lhe dizer uma coisa, dr. Flint", ela continuou. "O senhor não tem muitos anos de vida pela frente, e seria melhor se dedicar a suas orações. Vai precisar de todas elas, e mais ainda, para lavar a sujeira da sua alma."

"Você sabe com quem está falando?", ele exclamou.

Ela respondeu: "Sim, sei muito bem com quem estou falando".

Ele saiu de casa muito nervoso. Eu olhei para a minha avó. Nossos olhos se encontraram. A expressão de raiva tinha ido embora, mas ela parecia tão pesarosa e cansada — cansada da luta incessante. Fiquei imaginando se aquilo não diminuía o amor dela por mim, mas, se diminuía, ela nunca demonstrou. Ela sempre foi boa, sempre disposta a se solidarizar com meus problemas. Poderia ter havido paz e contentamento naquela casa humilde, não fosse pelo demônio da escravidão.

O inverno passou sem que o médico incomodasse. A bela primavera chegou, e quando a Natureza retoma sua beleza, a alma humana também se predispõe a reviver. Minhas esperanças retornaram com as flores. Sonhava mais uma vez com a liberdade, mais em nome dos meus filhos do que por mim mesma. Planejei e planejei. Alguns obstáculos se interpuseram e parecia não haver meio de superá-los, mas, mesmo assim, eu tinha esperança.

E lá veio o médico de volta, com seus ardis. Eu não estava em casa quando ele apareceu. Uma amiga tinha me convidado para uma reunião e, para agradá-la, fui. Para minha grande consternação, um mensageiro chegou apressado dizendo que o dr. Flint estava na casa da minha avó e fazia questão de falar comigo. Não lhe disseram onde eu estava, ou ele teria ido à casa da minha amiga para fazer barulho. Me mandaram um xale escuro, me enrolei e corri para casa. Minha velocidade não me salvou. O médico tinha ido embora irritado. Eu temia a manhã do dia seguinte, mas não podia postergá-la; ela surgiu quente e ensolarada. Bem cedo o médico apareceu perguntando onde eu tinha estado na noite anterior. Falei. Ele não acreditou e mandou alguém à casa da minha amiga para confirmar os fatos. Voltou à tarde para me assegurar de que estava satisfeito por eu ter dito a verdade. Ele parecia de bom humor, e fiquei esperando algumas indiretas. "Suponho que esteja precisando de um pouco de recreação", ele disse. "Mas fico surpreso por você ter ido lá, entre aqueles negros. Não era lugar para *você*. Tem *permissão* para visitar essas pessoas?"

Compreendi o ataque disfarçado ao cavalheiro branco que era meu amigo, mas apenas respondi: "Fui visitar meus amigos, e qualquer companhia que eles tenham é boa para mim".

Ele prosseguiu, dizendo: "Tenho te visto muito pouco ultimamente, mas meu interesse por você não mudou. Quando disse que não teria mais misericórdia, fui severo. Lembro das minhas palavras. Linda, você deseja liberdade para si e para seus filhos, e só pode obter isso por meu intermédio. Se concordar com o que estou prestes a propor, você e eles serão libertados. Não deve haver nenhuma comunicação, de nenhum tipo, entre você e o pai deles. Vou providenciar um chalé onde vocês três possam morar juntos. Seu trabalho será leve, por exemplo, costurar para a minha família. Pense no que estou oferecendo, Linda: casa e liberdade! Permita que o passado seja esquecido. Se às vezes fui severo com você, foi sua teimosia que me levou a isso. Você sabe que exijo obediência de meus próprios filhos e ainda considero você uma criança".

Ele fez uma pausa, esperando uma resposta, mas permaneci em silêncio.

"Por que não fala nada?", ele perguntou. "O que mais está esperando?"

"Nada, senhor."

"Então, aceita minha oferta?"

"Não, senhor."

A raiva dele estava prestes a ser desferida, mas ele conseguiu se controlar e respondeu: "Você deu sua resposta sem pensar. Devo informá-la de que minha proposta tem dois lados; se rejeitar o lado alegre, será obrigada a aceitar o lado sombrio. Ou aceita minha proposta, ou você e seus filhos serão mandados para a fazenda do jovem senhor e ficarão lá até sua jovem senhora se casar, e seus filhos vão ter o mesmo destino que o resto das crianças negras. Dou-lhe uma semana para pensar".

Ele foi astuto, mas eu sabia que não podia confiar nele. Estava pronta para dar minha resposta agora, falei.

"Não vou receber sua resposta agora", ele disse. "Está sendo impulsiva. Lembre-se que você e seus filhos podem ser livres daqui a uma semana, se você quiser."

Mas de que possibilidade monstruosa dependia a vida de meus filhos! Sabia que a oferta do meu senhor era uma armadilha e que, se eu caísse nela, seria impossível escapar. Já em relação à sua promessa, eu o conhecia tão bem que tinha certeza de que, se me desse documentos de liberdade, seriam manipulados de tal forma que não teriam valor legal. A alternativa era inevitável. Tomei a decisão de ir para a fazenda. Mas então pensei em como estaria completamente sob seu jugo, e a perspectiva era aterradora. Mesmo se ajoelhasse diante de meu senhor, implorando que me poupasse, em nome dos meus filhos, sabia que ele iria me dar um pontapé, e minha fraqueza seria seu triunfo.

Antes de acabar a semana, soube que o jovem sr. Flint estava prestes a se casar com uma dama da sua laia. Imaginei que posição eu viria a ocupar em sua propriedade. Certa vez fui mandada de castigo para a fazenda, e o medo do filho levou o pai a me chamar de volta em pouco tempo. Minha decisão estava tomada, estava determinada a repelir meu senhor e salvar meus filhos, ou iria perecer na tentativa. Guardei meus planos para mim, sabia que meus amigos tentariam me dissuadir e não queria ferir seus sentimentos ao rejeitar seus conselhos.

No dia decisivo, o médico chegou e disse que esperava que eu tivesse feito uma escolha prudente.

"Estou pronta para ir para a fazenda, senhor", respondi.

"Pensou em como sua decisão é importante para seus filhos?", ele perguntou.

Respondi afirmativamente.

"Muito bem. Vá para a fazenda, e minha maldição irá com você", ele respondeu. "Seu menino começará a trabalhar e logo será vendido; e sua menina será criada com o intuito de ser bem vendida. Faça o que quiser!" E saiu da sala entre xingamentos que não devem ser repetidos.

Enquanto eu estava ali parada sem conseguir me mexer, minha avó chegou e perguntou: "Linda, minha menina, o que você disse a ele?".

Que eu iria para a fazenda, respondi.

"Mas você *tem* que ir?", ela perguntou. "Não há nada que se possa fazer para impedir?"

Era inútil tentar, eu disse, mas minha avó implorou para eu não desistir. Falaria com o médico para lembrá-lo de como ela havia servido à sua família por tanto tempo e com tanta lealdade, e como ela havia tirado a própria filha do peito para amamentar a sua esposa. Iria dizer ao médico que eu estava longe da família dele por tanto tempo que não sentiriam minha falta, que ela lhes pagaria pelo meu tempo e o dinheiro serviria para arranjar uma mulher que tivesse mais força para a situação do que eu. Implorei-lhe para não fazer nada disso, mas ela insistiu: "Ele *vai* me escutar, Linda". Ela fez o que disse e foi tratada como eu esperava. Ele a escutou com frieza e negou seu pedido. Alegou que fez o que fez pelo meu próprio bem, que meus sentimentos estavam inteiramente acima da minha situação e que, na fazenda, eu receberia tratamento adequado a meu comportamento.

Minha avó foi desprezada. Eu nutria algumas esperanças em segredo, mas devia lutar minha batalha sozinha. Tinha meu orgulho de mulher e meu amor de mãe, e decidi que, da escuridão daquele momento, um alvorecer mais claro despontaria para eles. Meu senhor tinha poder e a lei a seu lado; eu tinha determinação. Há força em cada um desses elementos.

XVI.
Cenas na fazenda

Na manhã seguinte, bem cedo, saí da casa da minha avó com minha filha mais nova. Meu menino estava doente e eu o deixei para trás. Tinha muitos pensamentos tristes enquanto a velha carroça sacudia. Até então eu sofrera sozinha; agora meu pequenino seria tratado como escravo. À medida que nos aproximamos da casa grande, lembrei de quando tinha sido mandada para lá por vingança. Fiquei imaginando por que motivo eu estava sendo mandada agora. Eu não sabia dizer. Decidi obedecer às ordens até onde a obrigação exigia, mas, dentro de mim, tomei a decisão de fazer com que minha estadia fosse a mais curta possível. O sr. Flint estava à nossa espera e me mandou segui-lo escada acima para receber as ordens do dia. Minha pequena Ellen ficou no andar de baixo, na cozinha. Era algo inédito para ela, que sempre tinha sido cuidada com tanto carinho. Meu jovem senhor disse que ela podia se distrair no pátio. Foi bondade da parte dele, já que a criança era odiosa às suas vistas. Minha tarefa era preparar a casa para receber a recém-casada. Entre lençóis, toalhas de mesa, toalhas de banho, cortinas e tapetes, minha cabeça se ocupava de planos, assim como meus dedos se ocupavam da agulha. Ao meio-dia tive permissão de ver Ellen. Ela havia chorado até dormir. Ouvi o sr. Flint dizer a um vizinho: "Eu a trouxe para cá e logo vou tirar as ideias de cidade da cabeça dela. Meu pai é culpado em parte por suas tolices. Ele deveria tê-la domado há muito tempo". A observação foi feita de onde eu podia ouvir, e teria sido uma atitude bastante viril tê-la dito na minha cara. Ele *tinha* dito coisas na minha cara que podiam, ou não, ter surpreendido o vizinho, se ele soubesse. O fruto não cai longe da árvore.

Decidi não dar motivo de ser acusada de ter uma atitude superior em relação ao trabalho. Trabalhava dia e noite com a desgraça à minha frente. Quando me deitava ao lado da minha filha, sentia como seria tão mais fácil vê-la morrer a presenciar seu senhor batendo nela, como via todos os dias quando ele batia em outras crianças. O espírito das mães era tão esmagado pelo açoite que elas ficavam olhando, sem coragem de reclamar. Quanto mais eu precisaria sofrer antes de ser domada a tal ponto?

Desejava parecer tão contente quanto possível. Às vezes tinha oportunidade de mandar algumas linhas escritas para casa, e isso me trazia recordações que durante um tempo me impediam de parecer calma e indiferente à minha sina. Apesar dos meus esforços, percebia que o sr. Flint me observava com desconfiança. Ellen não aguentou as provações da sua nova vida. Separada de mim, sem ninguém para cuidar dela, caminhava a esmo e, depois de alguns dias, chorou tanto que ficou doente. Um dia ela estava sentada embaixo da janela onde eu trabalhava, chorando aquele choro exausto que faz o coração de uma mãe sangrar. Fui obrigada a me conter para suportar. Depois de um tempo, o choro parou. Olhei para fora e não a vi mais. Como estava perto do meio-dia, eu me aventurei a descer para procurá-la. A casa grande era construída meio metro acima do solo. Olhei embaixo da casa e vi a menina mais ou menos no meio do terreno, dormindo profundamente. Me esgueirei lá embaixo e a arrastei para fora. Quando a peguei no colo, pensei em como seria bom para ela se nunca mais acordasse e externei meu pensamento em voz alta. Me sobressaltei quando escutei alguém dizer: "Está falando comigo?". Ergui os olhos e vi o sr. Flint em pé ao meu lado. Ele não disse mais nada, mas se virou, com a cara amarrada, e foi embora. Naquela noite, ele mandou um pãozinho e uma xícara de leite adoçado para Ellen. Essa generosidade me surpreendeu. Fiquei sabendo depois que, à tarde, ele tinha matado uma cobra grande que se enfiara embaixo da casa; suponho que o incidente tenha propiciado seu inusitado ato de bondade.

Na manhã seguinte, a carroça velha foi para a cidade carregada de ripas de madeira. Enfiei Ellen na carroça e a mandei para a avó. O sr. Flint disse que eu devia ter lhe pedido permissão. A criança estava doente, falei, e exigia uma atenção que eu não tinha como lhe dar. Ele deixou passar porque sabia que eu havia terminado muito trabalho em pouco tempo.

Fazia três semanas que eu estava na fazenda quando planejei uma visita à minha avó. Tinha de ser à noite, quando todo mundo estivesse na cama. A fazenda ficava a quase dez quilômetros da cidade e a estrada era muito lúgubre. Iria acompanhada de um rapaz que eu conhecia, que costumava ir escondido à cidade para visitar a mãe. Certa noite, quando tudo estava quieto, partimos. O medo imprimiu velocidade a nossos passos e não demoramos muito para completar a jornada. Cheguei à casa da minha avó. Seu quarto ficava no andar de baixo e a janela estava aberta por causa da temperatura amena. Eu a chamei e ela acordou. Entrei e ela fechou a janela para que ninguém que passasse me visse. Trouxeram uma luz e a casa toda se reuniu ao meu redor, alguns sorrindo, outros chorando. Fui ver meus filhos e agradeci a Deus por seu sono feliz. Chorei ao me debruçar sobre eles. Quando me aprontava para sair, Benny se agitou. Eu me virei e sussurrei: "A mãe está aqui". Depois de esfregar os olhos com as mãozinhas, ele os abriu e sentou ereto na cama, olhando para mim com curiosidade. Depois de comprovar que era mesmo sua mãe, ele exclamou: "Ah, mãe! Você não está morta, não é mesmo? Não cortaram sua cabeça fora na fazenda, cortaram?".

Meu tempo acabou rápido demais, e meu guia estava à minha espera. Acomodei Benny de volta na cama e sequei suas lágrimas prometendo que logo voltaria. Refizemos nossos passos de volta à fazenda com rapidez. Mais ou menos na metade do caminho, deparamos com uma patrulha de quatro homens. Por sorte escutamos os cascos dos cavalos antes de os avistarmos e tivemos tempo de nos esconder atrás de uma árvore grande. Eles passaram, bradando e berrando de uma maneira que indicava bebedeira recente. Como ficamos agradecidos por não estarem com cães! Apressamos o passo e, já na fazenda, ouvimos o som da moenda manual. Os escravos moíam seu milho. Estávamos a salvo em casa antes que a corneta convocasse para o trabalho. Dividi meu pacotinho de comida com meu guia, sabendo que ele tinha perdido a chance de moer seu milho e que ia ter de trabalhar o dia todo na plantação.

O sr. Flint costumava inspecionar a casa para ver se não havia ninguém folgando. Toda a administração do trabalho foi confiada a mim porque ele não sabia nada a esse respeito e, em vez de contratar um capataz, ele se contentou com minhas providências. Várias vezes ele havia falado com o pai sobre a necessidade de eu permanecer na fazenda para tomar conta dos seus negócios e fazer roupas para os escravos, mas o velho o conhecia bem demais para consentir naquele arranjo.

Quando fazia um mês que eu estava trabalhando na fazenda, a tia-avó do sr. Flint chegou para uma visita. Era a boa velha senhora que havia pagado cinquenta dólares por minha avó para libertá-la quando ela foi levada a leilão. Minha avó amava essa senhora que todos chamávamos de srta. Fanny. Ela sempre vinha tomar chá conosco. Em tais ocasiões, a mesa era servida com uma toalha branca como a neve e as xícaras de porcelana e as colheres de prata eram tiradas do bufê antiquado. Havia bolinhos quentes, biscoitinhos doces e deliciosas frutas cristalizadas. Minha avó tinha duas vacas, e creme de leite fresco era a perdição da srta. Fanny. Ela sempre declarava que aquele era o melhor da cidade. As duas senhoras passavam bons momentos juntas. Trabalhavam e conversavam e, de vez em quando, ao lembrar dos velhos tempos, seus óculos ficavam embaçados de lágrimas e precisavam ser limpos. Quando a srta. Fanny se despedia, levava consigo os melhores bolos de minha avó e era convidada a voltar logo.

Antes, a esposa do dr. Flint ia tomar chá conosco, e seus filhos também iam desfrutar de um banquete da comida gostosa da "tia Marthy". Mas, depois que eu me tornei objeto de seu ciúme e desprezo, ela se zangou com minha avó por dar abrigo a mim e a meus filhos. A sra. Flint nem falava com ela na rua. Isso feria os sentimentos da minha avó, pois ela não conseguia ficar de mal com a mulher a quem amamentara quando bebê. Se pudesse, a esposa do médico teria impedido com prazer nossa relação com a srta. Fanny, mas felizmente esta não dependia da generosidade da família Flint. Possuía o suficiente para ser independente, e isso é mais do que se pode algum dia ganhar da caridade, por mais generosa que seja.

A srta. Fanny me era querida devido a muitas lembranças, e fiquei contente de vê-la na fazenda. O calor de seu grande e leal coração fazia com que a casa parecesse agradável enquanto ela estava lá. Ficou uma semana, e tivemos várias conversas. Disse que seu principal objetivo de estar ali era para ver como eu estava sendo tratada e se havia algo que podia ser feito por mim. Perguntou se poderia me ajudar de alguma maneira. Não via como, falei. Ela me consolou a seu modo, dizendo desejar que eu e toda a família da minha avó estivéssemos descansando na cova, porque só então ela iria se sentir em paz a nosso respeito. A boa e velha alma nem sonhava que eu estava planejando lhe conceder paz em relação a mim e a meus filhos — não por meio da morte, mas com a garantia da nossa liberdade.

Vez após outra eu percorria aqueles quase vinte quilômetros de ida e volta da cidade, e durante todo o caminho refletia sobre algum modo de fugir, eu e meus filhos. Meus amigos tinham feito todos os esforços que a criatividade podia permitir para efetuar nossa compra, mas todos os planos se comprovaram ineficazes. O dr. Flint estava desconfiado e decidira não afrouxar seu poder sobre nós. Eu poderia ter fugido sozinha, mas era mais por meus filhos indefesos do que por mim que eu desejava a liberdade. Embora a benesse me teria sido preciosa a qualquer preço, eu não a teria aceitado sob a condição de deixar meus filhos como escravos. Cada provação que eu sofria, cada sacrifício em nome deles me aproximavam mais deles e me davam coragem renovada para rebater as ondas obscuras que se abatiam sem parar sobre mim numa noite de tempestades aparentemente infindável.

Tinham se passado quase seis semanas e esperávamos que a esposa do sr. Flint chegasse para tomar posse de seu novo lar. Havíamos arranjado tudo e o sr. Flint disse que eu tinha me saído bem. Ele planejava sair de casa no sábado e voltar com a esposa na quarta-feira seguinte. Depois de receber diversas ordens dele, eu me aventurei a pedir permissão para passar o domingo na cidade. A permissão foi dada e me senti agradecida pelo favor. Foi a primeira vez que lhe fiz um pedido, e minha intenção era que fosse a última. Precisava de mais de uma noite para executar o projeto que tinha em mente, mas o domingo todo iria me dar uma oportunidade. Passei o dia de descanso com minha avó. Nenhum outro mais calmo nem mais lindo jamais desceu dos céus. Para mim, era um dia de emoções conflitantes. Talvez fosse o último que eu passaria sob aquele velho teto tão querido! Talvez aquelas fossem as últimas conversas que eu teria com minha velha amiga fiel de toda uma vida! Talvez fosse a última vez que meus filhos e eu estaríamos juntos! Bom, melhor assim, pensei, do que eles se tornarem escravos. Conhecia as desgraças da escravidão que estavam à espera da minha preciosa menina e tomei a decisão de poupá-la ou morrer na tentativa. Fui ao túmulo dos meus pobres pais, no cemitério dos escravos, fazer um voto. "Ali os ímpios já não se agitam, e ali os cansados permanecem em repouso; os prisioneiros também desfrutam sossego, já não ouvem mais os gritos do feitor de escravos. Os simples e os poderosos ali estão, e o escravo está livre do seu senhor." Me ajoelhei nos túmulos de meus pais e agradeci a Deus, como fizera muitas vezes antes, por eles não terem vivido para testemunhar minhas provações ou lamentar meus pecados. Eu havia recebido a bênção da minha mãe quando ela morreu, e em muitos momentos de atribulação havia tido a impressão de escutar sua voz, às vezes fazendo alguma reprimenda, às vezes sussurrando palavras amorosas em meu coração machucado. Derramei lágrimas amargas ao pensar que, quando eu me afastasse dos meus filhos, eles não seriam capazes de lembrar de mim com tanta satisfação como eu lembrava da minha mãe.

O cemitério ficava no meio do mato e o anoitecer estava se aproximando. Nada rompia a imobilidade quase funérea, a não ser o pio ocasional de uma ave. Meu espírito se imbuiu da solenidade da cena. Frequentava aquele local havia mais de dez anos, mas ele nunca me parecera tão sagrado como naquele momento. Um toco negro na ponta do túmulo da minha mãe era tudo que sobrara de uma árvore que meu pai havia plantado. O túmulo dele era marcado por uma pequena tábua de madeira com seu nome, com as letras quase apagadas. Eu me ajoelhei e beijei o toco e a tábua e fiz uma oração, pedindo orientação a Deus e apoio no passo perigoso que estava prestes a dar. Quando passei pelas ruínas da antiga casa de reuniões, onde, antes de Nat Turner, os escravos tinham permissão para se encontrar e louvar, tive a impressão de escutar a voz de meu pai vinda dali, me incentivando a não esmorecer até alcançar a liberdade ou a cova. Avancei com esperanças renovadas. Minha confiança em Deus se fortalecera com aquela oração entre os túmulos.

Meu plano era me esconder na casa de uma amiga e ficar lá durante algumas semanas, até as buscas terminarem. Tinha a esperança de que o médico desistisse e, por medo de perder meu valor, e depois de descobrir que meus filhos também estavam entre os desaparecidos, ele consentisse em nos vender — e eu conhecia alguém que iria nos comprar. Eu tinha feito tudo que podia para deixar meus filhos confortáveis durante o período que eu esperava estar longe deles. Preparava minhas coisas quando minha avó entrou no quarto e perguntou o que eu estava fazendo. "Estou ajeitando minhas coisas", respondi. Tentei parecer alegre e falar com leveza, mas seu olho atento detectou algo por baixo da superfície. Ela me puxou para perto e me mandou sentar. Me olhou bem e disse: "Linda, você quer matar sua velha avó? Tem a intenção de abandonar suas crianças pequenas e indefesas? Estou velha e não posso fazer por seus bebês o que no passado fiz por você".

Respondi que, se fosse embora, talvez o pai pudesse garantir a liberdade deles.

"Ah, minha menina", ela disse. "Não confie demais nele. Defenda seus filhos e sofra com eles até a morte. Ninguém respeita a mãe que renega os filhos; se você abandoná-los, nunca mais terá um momento feliz. Se for embora, vai me deixar arrasada pelo pouco tempo que ainda tenho de vida. Você seria capturada e trazida de volta, e seus sofrimentos seriam terríveis. Lembre-se de Benjamin, tão infeliz. Desista, Linda. Tente aguentar mais um pouco. As coisas podem terminar melhor do que esperamos."

Minha coragem falhou em vista da tristeza que levaria àquele coração fiel e amoroso. Prometi que não iria mais tentar e que não tiraria nada de casa sem que ela soubesse.

Sempre que as crianças subiam nos meus joelhos ou deitavam a cabeça no meu colo, ela dizia: "Pobrezinhos! O que vocês fariam sem mãe? Ela não ama vocês como eu". E os abraçava junto ao peito como que a repreender minha falta de afeição, mas ela sabia o tempo todo que eu os amava mais do que à minha própria vida. Dormi com ela aquela noite, e foi a última vez. Aquela lembrança me assombrou por muitos anos.

Na segunda-feira voltei para a fazenda e me ocupei dos preparativos para a importante data. A quarta-feira chegou, o dia estava lindo, e os escravos com os rostos tão iluminados quanto a luz do sol. As pobres criaturas estavam alegres. Esperavam presentinhos da recém-casada e ansiavam que as coisas melhorassem sob sua administração. Eu não tinha esperança alguma. Sabia que as jovens esposas de senhores de escravos costumavam pensar que sua autoridade e importância seriam mais bem estabelecidas e mantidas com o uso de crueldade, e o que eu tinha ouvido falar a respeito da jovem sra. Flint não me motivou a esperar que seu mando sobre eles fosse menos severo do que o do senhor e o do feitor. Na verdade, a raça negra é o povo mais alegre e generoso na face da Terra. O sono seguro de seus senhores se deve à grandeza do coração dos escravos, cujo sofrimento não parece digno da pena que os senhores sentiriam por um cavalo ou um cachorro.

Me postei à porta com os outros para receber os recém-casados. Ela era uma moça bonita de aparência delicada, e seu rosto corou de emoção quando viu seu novo lar. Pensei que talvez se erguessem à sua frente visões de um futuro feliz. Aquilo me entristeceu, pois sabia que logo nuvens encobririam a luz do sol da jovem esposa. Ela examinou cada canto da casa e me disse que estava contente com as providências que eu havia tomado. Eu temia que a velha sra. Flint tivesse tentado instigá-la contra mim e fiz o que pude para agradá-la.

Tudo correu bem para mim até que chegou a hora do jantar. Não me incomodei em servir à mesa pela primeira vez na vida, mas senti muita vergonha quando vi o dr. Flint e a esposa, que estavam entre os convidados. Para mim, era um mistério que a sra. Flint não tivesse aparecido na fazenda durante todo o tempo em que eu estava preparando a casa. Fazia cinco anos que eu não a via cara a cara e não era agora que desejava vê-la. Ela era uma mulher de orações e, sem dúvida, considerava minha atual posição uma resposta a suas orações. Nada poderia agradá-la mais do que me ver humilhada e pisoteada. Eu estava bem onde ela queria que eu estivesse: sob o mando de um senhor inflexível e sem princípios. Ela não falou comigo ao se sentar à mesa, mas seu sorriso satisfeito e triunfante quando lhe entreguei o prato foi mais eloquente do que qualquer palavra. O velho médico não foi tão discreto em suas demonstrações. Ele me deu ordens para lá e para cá, e falou com ênfase peculiar ao dizer "sua *senhora*". Fui posta à prova como um soldado desgraçado. Quando tudo terminou e a última chave foi virada, busquei meu travesseiro, agradecida por Deus ter determinado um período de descanso para os exaustos.

No dia seguinte, minha nova senhora começou a se apossar da casa. Não fui exatamente designada como criada para qualquer trabalho, mas deveria fazer tudo que me fosse mandado. A segunda-feira à noite chegou. Aquele era sempre um momento agitado. Era a noite em que os escravos recebiam a cota semanal de comida. Um quilo e meio de carne, cinco quilos de milho e talvez uma dúzia de arenques eram entregues a cada homem. Mulheres recebiam menos de um quilo de carne, cinco quilos de milho e o mesmo número de arenques. Crianças acima de doze anos, a metade da ração das mulheres. A carne, cortada e pesada pelo feitor dos escravos que trabalhavam na plantação, era empilhada em tábuas na frente do defumadouro. Então o segundo feitor ia para trás da construção e, quando o primeiro feitor perguntava: "Para quem é esse pedaço de carne?", ele chamava o nome de alguém. Adotava-se esse método para evitar parcialidade na distribuição da carne. A jovem senhora saiu para ver como as coisas eram feitas na fazenda e logo deu uma amostra do seu caráter. Entre aqueles que estavam esperando sua ração havia um escravo muito velho que tinha servido à família Flint com muita lealdade durante três gerações. Quando ele foi, mancando, pegar seu pedaço de carne, a senhora disse que ele era velho demais para receber sua porção, que quando os pretos ficavam velhos demais para trabalhar deveriam ser alimentados com capim. Pobre velho! Sofreu muito antes de encontrar descanso na cova.

Minha senhora e eu nos demos muito bem. Num final de semana, a velha sra. Flint nos fez outra visita e ficou muito tempo sozinha a portas fechadas com a nora. Desconfiei de qual fosse o assunto da conversa. A esposa do velho médico tinha sido informada de que eu podia sair da fazenda sob uma condição e estava muito desejosa de me manter ali. Se ela confiasse em mim, e eu era merecedora de confiança, ela saberia que não precisava ter medo que eu aceitasse aquela condição. Quando entrou em sua carruagem para voltar para casa, ela disse à jovem sra. Flint: "Não deixe de mandar buscá-los o mais rápido possível". Eu estava vigilante o tempo todo, e na mesma hora concluí que ela falava dos meus filhos. O médico apareceu no dia seguinte, e quando entrei na sala para servir a mesa de chá, ouvi quando ele disse: "Não espere mais. Mande buscá-los amanhã". Visualizei o plano todo. Se meus filhos estivessem comigo eu não sairia mais, eles pensavam, e aquele era um bom local para nos obrigar a todos a ser submissos à nossa sina de escravos. Depois que o doutor foi embora, um cavalheiro que sempre tinha manifestado sentimentos simpáticos para com minha avó e a sua família chegou para uma visita. O sr. Flint o levou para um passeio pela fazenda para mostrar o resultado do trabalho de homens e mulheres não remunerados, vestidos com trapos e quase morrendo de fome. Eles só pensavam na plantação de algodão. Que foi devidamente admirada e o cavalheiro voltou com amostras para exibir aos amigos. Recebi ordem de trazer água para que ele lavasse as mãos. Quando cheguei, ele perguntou: "Linda, está gostando de sua nova casa?". Sim, falei, gostava tanto quanto esperava gostar. Ele disse: "Não acham que você esteja contente e amanhã vão trazer seus filhos para ficar com você. Sinto muito, Linda. Espero que a tratem com bondade". Eu logo saí da sala, sem agradecê-lo. Minhas desconfianças estavam corretas. Meus filhos seriam trazidos para a fazenda para serem "domados".

Até hoje me sinto grata ao cavalheiro que me deu essa informação no momento certo. Ela me incitou à ação imediata.

XVII.
A fuga

O sr. Flint não tinha muitos criados em casa e, para não me perder, ele conteve sua malícia. Eu fazia meu trabalho corretamente, apesar de não ser de bom grado, claro. Era evidente que eles tinham medo que eu os abandonasse. O sr. Flint queria que eu dormisse na casa grande e não nas instalações dos criados. A esposa concordou, mas me proibiu de levar minha cama lá para dentro porque iria espalhar penas sobre o tapete. Eu já sabia, quando fui para lá, que eles nunca pensariam em fornecer uma cama de qualquer tipo para mim e meus pequenos. Levei minha própria cama e estava proibida de usá-la. Fiz como me foi ordenado. Mas agora que tinha certeza de que minhas crianças seriam postas sob o mando deles, para que assim eles pudessem ter mais poder sobre mim, resolvi abandoná-los naquela noite. Lembrei do pesar que esse passo traria à minha querida velha avó, cujos conselhos eu só desprezaria em nome da liberdade dos meus filhos. Cumpri minhas tarefas da noite com passos trêmulos. O sr. Flint me chamou da porta de seus aposentos para perguntar por que a casa não estava trancada. Respondi que ainda não havia terminado meu trabalho. "Você já teve tempo suficiente para terminar", ele disse. "Olhe lá como me responde!"

Fechei todas as janelas, tranquei todas as portas e subi ao terceiro piso para esperar até a meia-noite. Como aquelas horas pareceram longas, e como rezei com fervor a Deus para que não me abandonasse nesse momento de maior necessidade!

Estava prestes a arriscar tudo num lance de dados e, se falhasse, ah, o que seria de mim e de meus pobres filhos? Eles iriam sofrer por culpa minha.

À meia-noite e meia desci a escada em silêncio. Parei no segundo andar pensando ter ouvido um barulho. Fui tateando pela sala de visitas e olhei pela janela. A noite estava de um negror tão intenso que não dava para enxergar nada. Ergui a janela com muito cuidado e pulei para fora. Choviam gotas grandes e a escuridão me aturdiu. Caí de joelhos e sussurrei uma oração curta pedindo orientação e proteção a Deus. Fui tateando até a estrada e me apressei na direção da cidade, correndo como um raio. Cheguei à casa da minha avó, mas não tive coragem de falar com ela. Ela diria: "Linda, você está me matando", e eu sabia que isso ia me dissuadir. Bati de leve na janela do quarto de Sally, uma mulher que morava na casa havia vários anos. Sabia que era uma amiga leal a quem podia confiar meu segredo. Bati várias vezes antes de ser ouvida. Ela finalmente ergueu a janela e eu sussurrei: "Sally, eu fugi. Preciso entrar, rápido". Ela abriu a porta com cuidado e disse bem baixinho: "Pelo amor de Deus, não faça isso. Sua avó está tentando comprar você e as crianças. O sr. Sands esteve aqui na semana passada. Disse que iria viajar a negócios, mas queria que ela tomasse as providências para comprar você e as crianças, e que ele ajudaria tanto quanto pudesse. Não fuja, Linda. Sua avó está toda sobrecarregada de problemas".

Eu respondi: "Sally, vão levar meus filhos para a fazenda amanhã e, enquanto eu estiver sob o mando da família, eles nunca vão vendê-los. E então, continua me aconselhando a voltar?".

"Não, menina, não", ela respondeu. "Quando descobrirem que você foi embora, não vão querer ficar com a praga das crianças; mas onde você vai se esconder? Eles conhecem cada centímetro desta casa."

Eu tinha um esconderijo, eu disse, e isso era tudo que ela devia saber. Pedi que fosse ao meu quarto assim que amanhecesse e pegasse todas as roupas do meu baú e enfiasse tudo no dela, porque eu sabia que o sr. Flint e o delegado iriam lá bem cedo para fazer uma busca no meu quarto. Temia que a visão dos meus filhos seria demais para o meu pobre coração, mas não podia me entregar ao futuro incerto sem dar uma última espiada. Me debrucei sobre a cama onde meu pequeno Benny e minha bebê Ellen estavam deitados. Pobrezinhos! Sem pai nem mãe! Lembranças do pai deles tomaram conta de mim. O sr. Sands queria que eu fosse bondosa com eles, mas as crianças, para ele, não eram tudo, como eram para o meu coração de mulher. Me ajoelhei e orei pelos pequenos inocentes adormecidos. Dei-lhe beijinhos de leve e virei as costas.

Quando estava para abrir a porta da rua, Sally pousou a mão no meu ombro e perguntou: "Linda, você vai sozinha? Vou chamar seu tio".

"Não, Sally", respondi. "Não quero que ninguém tenha problemas por minha causa."

Avancei para a escuridão e a chuva. Corri até chegar à casa da amiga que ia me esconder.

Na manhã seguinte, bem cedo, o sr. Flint estava na casa da minha avó perguntando por mim. Como não tinha me visto, pensava que eu estivesse na fazenda. Ele observou bem o rosto dela e disse: "Não sabe nada a respeito de sua fuga?". Minha avó garantiu que não sabia. Ele prosseguiu: "Ontem à noite, ela fugiu sem que ninguém a tenha provocado. Nós a tratamos com muita bondade. Minha esposa gostava dela. Ela logo será encontrada e trazida de volta. Os filhos dela estão com você?". Quando informado que sim, ele disse: "Fico muito feliz em saber. Se estão, ela não deve estar longe. Se qualquer um dos meus pretos tiver alguma coisa a ver com essa história, ele vai receber cinquenta chibatadas". E tomou a direção da casa do pai, mas se virou, persuasivo: "Se ela for encontrada, os filhos vão morar com ela".

A notícia da fuga enfureceu o velho médico, que ficou esbravejando e explodindo de raiva. Foi um dia e tanto para eles. Reviraram a casa da minha avó de cima a baixo. Como meu baú estava vazio, concluíram que eu tinha levado minhas roupas. Antes das dez da manhã, já haviam examinado cuidadosamente cada barco que ia para o Norte e lido a bordo a lei que proibia abrigar fugitivos. À noite, despacharam uma sentinela para a cidade. Sabendo que minha avó estaria nervosa, quis lhe enviar uma mensagem, mas não tinha como. Todos que entravam e saíam da casa dela eram observados de perto. O médico disse que só não levaria meus filhos se minha avó se responsabilizasse por eles, coisa que ela, é claro, fez de bom grado. O dia seguinte também foi de buscas. Antes do anoitecer, o seguinte anúncio foi pregado em cada esquina e em cada lugar público num raio de quilômetros:

RECOMPENSA DE TREZENTOS DÓLARES! Fugida do abaixo assinado, uma mulata inteligente e esperta chamada Linda, de 21 anos de idade. Um metro e sessenta e cinco de altura. Olhos escuros e cabelo preto com tendência a encaracolar, mas que pode ser alisado. Tem uma mancha de cárie num dente da frente. Ela sabe ler e escrever, e é bem provável que tente chegar aos Estados Livres. Todas as pessoas estão proibidas, sob pena da lei, de abrigar ou empregar a dita escrava. Serão dados 150 dólares a qualquer pessoa que a pegar dentro do estado, e trezentos dólares se ela for pega fora do estado e entregue a mim ou enviada para a cadeia.
Dr. Flint

XVIII.
Meses de perigo

Ficaram no meu encalço com mais perseverança do que eu esperava. Comecei a achar que a fuga seria impossível. Estava muito preocupada com a possibilidade de complicar as coisas para a amiga que tinha me abrigado. Sabia que as consequências seriam apavorantes e, por mais que temesse ser pega, até isso parecia melhor do que causar sofrimento a uma pessoa por ela ter sido generosa comigo. Foi uma semana de suspense terrível, meus perseguidores chegaram tão perto que concluí que haviam me rastreado até o esconderijo. Saí às pressas da casa e me escondi entre densos arbustos. Agoniada, fiquei lá umas duas horas. De repente um réptil agarrou minha perna. Com o susto, dei um golpe e o animal se soltou, mas não sabia se tinha conseguido matá-lo; estava tão escuro, não dava para ver que bicho era; eu só sabia que era frio e pegajoso. A dor que senti logo indicou que a picada era venenosa. Fui obrigada a sair do meu esconderijo e voltei tateando pelo caminho. Era uma dor lancinante, minha amiga ficou assustada com minha expressão de angústia. Pedi a ela que preparasse um cataplasma de cinzas quentes e vinagre e o apliquei na perna, que já estava muito inchada. Senti um certo alívio, mas o inchaço não diminuiu. O medo de ficar aleijada era maior do que a dor física. Minha amiga perguntou a uma senhora que distribuía cuidados entre os escravos o que era bom para picada de cobra ou lagarto. Ela recomendou deixar uma dúzia de moedas de cobre de molho no vinagre durante uma noite inteira e então aplicar o líquido na parte inflamada.

Eu tinha conseguido, com muito cuidado, enviar algumas mensagens aos meus parentes. Eles haviam sido tratados com brutalidade, e desesperados quanto à possibilidade da minha fuga, me aconselharam a voltar para meu senhor, pedir perdão e permitir que ele me transformasse em exemplo. Esse conselho não me convenceu. Quando iniciei essa empreitada perigosa, havia resolvido que, acontecesse o que acontecesse, eu não voltaria atrás. "Dê-me a liberdade ou a morte" era meu lema. Quando minha amiga conseguiu transmitir a meus parentes a situação dolorosa em que eu me encontrava havia 24 horas, eles não disseram mais nada a respeito de eu voltar para meu senhor. Algo precisava ser feito, e com rapidez, mas eles não sabiam a quem recorrer. Deus, em sua misericórdia, fez aparecer uma amiga — "amiga na necessidade é amiga de verdade".

Havia, entre as senhoras das relações da minha avó, uma que a conhecia desde a infância e sempre tinha sido muito simpática com ela. Ela também conhecera minha mãe e seus filhos, e se interessava por nós. No meio dessa situação de crise, ela foi visitar minha avó, coisa que fazia com frequência. Vendo sua expressão triste e preocupada, perguntou se ela sabia onde Linda estava, e se estava a salvo. Minha avó balançou a cabeça e não disse nada. "Vamos, tia Martha", a boa senhora insistiu, "me conte tudo. Talvez eu possa ajudar." O marido dessa senhora possuía muitos escravos e vendia e comprava escravos. Ela também tinha alguns em seu próprio nome, mas os tratava com bondade e nunca permitiria que algum um deles fosse vendido. Era diferente da maior parte das esposas de senhores de escravos. Minha avó olhou bem para ela. Algo em sua expressão dizia: "Confie em mim!", e ela confiou. A senhora escutou com atenção minha história, nos mínimos detalhes, e ficou parada, pensando por um tempo. Enfim, disse: "Tia Martha, tenho pena das duas. Se acha que existe alguma possibilidade de Linda chegar aos Estados Livres, posso escondê-la por um tempo. Mas, antes, você precisa jurar solenemente que meu nome jamais será mencionado. Se esse gesto ficar conhecido, vai destruir a mim e à minha família. Ninguém na minha casa deve saber, à exceção da cozinheira. Ela é tão leal que eu lhe confiaria minha própria vida, e sei que gosta de Linda. É um risco enorme, mas acredito que não acontecerá nada de mau. Mande avisar Linda para estar pronta assim que escurecer, antes da ronda das patrulhas. Vou entreter as criadas com várias tarefas e Betty irá ao encontro dela". Combinaram o lugar onde nos encontraríamos. Minha avó foi incapaz de agradecer à senhora por esse ato nobre; tomada pela emoção, ela caiu de joelhos e soluçou feito criança.

Recebi um recado para deixar a casa da minha amiga em tal hora e ir a um certo local onde outra amiga estaria à minha espera. Por questão de prudência, nenhum nome foi mencionado. Eu não tinha como deduzir quem eu iria encontrar ou para onde iria. Não apreciava a ideia de avançar assim às cegas, mas não tinha escolha. Ficar onde estava não dava mais. Tratei de me disfarçar, juntei coragem para encontrar o pior e fui até o ponto combinado. Minha amiga Betty estava lá, e ela era a última pessoa que eu esperava ver. Seguimos apressadas, em silêncio. Minha perna doía tanto que parecia que eu ia cair, mas o medo me deu forças. Chegamos à casa e entramos sem ninguém notar. As primeiras palavras de Betty foram: "Querida, agora você está em segurança. Aqueles demônios não vão dar uma busca *nesta* casa. Quando estiver no lugar seguro que a madame arrumou, vou providenciar um bom jantar quentinho também. Acho que está precisando, depois desse susto". A vocação de Betty a levava a pensar que comida era a coisa mais importante na vida. Ela não percebeu que meu coração estava pesado demais para que eu me importasse muito com isso.

A senhora veio ao nosso encontro e me conduziu escada acima, a um quartinho que ficava em cima do próprio apartamento onde ela dormia. "Você vai ficar segura aqui, Linda", ela disse. "Tenho este quartinho para guardar coisas que não estão sendo usadas. As meninas não estão acostumadas a ter de fazer alguma coisa aqui, e não vão desconfiar de nada, a não ser que escutem algum barulho. Sempre deixo trancado, e Betty vai cuidar da chave. Mas tome muito cuidado, por mim e também por você; nunca revele meu segredo, pois isso iria destruir a mim e à minha família. Vou manter as meninas ocupadas pela manhã para que Betty possa trazer seu desjejum, mas depois ela só poderá voltar à noite. Virei vê-la algumas vezes. Seja corajosa. Espero que essa situação não dure muito". Betty trouxe o "bom jantar quentinho", e a senhora se apressou a descer para cuidar da casa. Como meu coração transbordou de gratidão! As palavras engasgaram na minha garganta, mas eu poderia ter beijado os pés da minha benfeitora.

Por esse ato de solidariedade feminina e cristã, que Deus a abençoe para sempre!

Naquela noite fui dormir com a sensação de que, naquele instante, eu era a escrava mais afortunada da cidade. A manhã veio e encheu minha pequena cela de luz. Agradeci ao Pai celestial por esse esconderijo seguro. Na frente da janela, havia uma pilha de colchões de penas. Eu podia me deitar em cima deles, perfeitamente escondida, e avistar a rua por onde o dr. Flint passava para ir ao consultório. Ansiosa como estava, senti uma onda de satisfação quando o vi. Eu o ludibriara e triunfara, pelo menos até aquele momento. Quem pode culpar os escravos por serem ladinos? Eles são constantemente forçados a recorrer à espertez. É a única arma dos fracos e oprimidos contra a força dos seus tiranos.

Todos os dias eu tinha a esperança de que me dissessem que meu senhor havia vendido meus filhos, pois sabia quem estava de olho para comprá-los. Mas o dr. Flint se importava mais com vingança do que com dinheiro. Meu irmão William e a tia bondosa que servira à família dele por vinte anos, meu pequeno Benny e Ellen, que tinha pouco mais de dois anos, foram jogados na cadeia, para forçar meus parentes a dar alguma informação sobre mim. O dr. Flint jurou que minha avó nunca mais veria nenhum deles até que eu fosse trazida de volta. Esconderam esses fatos de mim durante vários dias. Quando fiquei sabendo que meus pequeninos estavam numa cadeia odiosa, meu primeiro impulso foi ir até eles. Eu estava me arriscando tanto para libertá-los e acabaria sendo a causa da morte deles? A ideia era agonizante. Minha benfeitora tentou me consolar dizendo que minha tia tomaria conta dos meus filhos enquanto estivessem na cadeia. Mas pensar que minha boa e velha tia, sempre tão boa para os filhos órfãos da irmã dela, ficaria trancada na cadeia pelo simples crime de amá-los só aumentava minha dor. Suponho que meus amigos temessem algum movimento descuidado da minha parte, sabedores que minha vida estava atrelada à dos meus filhos. Recebi um recado do meu irmão William. Mal dava para ler, e dizia o seguinte: "Onde quer que esteja, querida irmã, imploro que não venha até aqui. Estamos muito melhor do que você. Se vier, vai acabar com todos nós. Iriam forçá-la a dizer onde estava, ou iriam matá-la. Aceite o conselho de seus amigos; se não por mim e por seus filhos, pelo menos em nome daqueles que você iria destruir".

Pobre William! Ele também sofria por ser meu irmão. Aceitei seu conselho e fiquei quieta. Minha tia saiu da cadeia no fim do mês porque a sra. Flint não podia mais ficar sem ela. Estava cansada de limpar a própria casa. Era muito cansativo mandar fazer o jantar e ainda por cima comê-lo. Meus filhos continuaram na prisão, onde meu irmão William fazia tudo o que estava a seu alcance para que ficassem confortáveis. Betty às vezes ia visitá-los e me trazia notícias. Ela não tinha permissão para entrar na cadeia, mas William os erguia à janela gradeada para que ela conversasse com eles. Quando chegava em casa e repetia o que eles haviam dito, como queriam ver a mãe, minhas lágrimas jorravam. A velha Betty exclamava: "Pelo Senhor, acalme-se! Por que tanto choro? Esses pequenos vão te matar. Não seja tão fraca! Se continuar assim, você nunca vai vencer neste mundo".

Que boa alma! A velha Betty passou pelo mundo sem filhos. Nunca teve nenhuma criança para abraçar seu pescoço; nunca viu seus olhinhos olhando dentro dos dela; nenhuma vozinha a chamando de mãe; nunca apertou os próprios bebês contra o peito sentindo que, mesmo com o coração em frangalhos, havia algo por que viver. Como ela poderia saber quais eram meus sentimentos? Seu marido adorava crianças e se perguntava por que Deus as negara a ele. Ele expressou grande pesar quando contou a Betty que Ellen fora tirada da cadeia e estava na casa do dr. Flint. A pequena tinha tido sarampo pouco tempo antes de ir para a cadeia, e a doença havia afetado seus olhos. O médico a levara para casa para cuidar dela. Meus filhos sempre tiveram medo do médico e da esposa. Nunca haviam entrado na casa dele. Pobre Ellen, chorou o dia todo pedindo para ser levada de volta à prisão. Os instintos da infância são verdadeiros. Ela sabia que na prisão era amada. Seus berros e soluços incomodaram a sra. Flint. Antes do anoitecer, a senhora chamou um dos escravos e disse: "Pronto, Bill, leve essa menina de volta para a cadeia. Não estou aguentando o barulho. Se pelo menos ela se calasse, eu poderia ficar com essa garotinha petulante. Em pouco tempo ela poderia se transformar numa aia bem útil para a minha filha. Mas se ficasse aqui, com seu rostinho branco, suponho que ou a mataria ou a mimaria. Espero que o doutor venda os dois para o mais longe que o vento e a água possam carregá-los. Já com relação à mãe deles, sua senhoria ainda vai descobrir o que merece por ter fugido.

Ela não tem mais sentimento pelos filhos que uma vaca tem por seus bezerros. Se tivesse, já teria voltado há muito para tirá-los da cadeia e poupar toda essa despesa e esses problemas. É uma sirigaita inútil! Quando for pega, vai ficar na cadeia, acorrentada, por uns seis meses, e depois será vendida para uma fazenda de cana-de-açúcar. Ainda vou vê-la domada. Por que está aí parado, Bill? Por que não leva logo essa menina daqui? Agora, olha lá, não deixe nenhum preto falar com ela na rua!".

Quando essas observações me foram relatadas, sorri ao ouvir que a sra. Flint mataria ou mimaria minha filha. Pensei comigo mesma que a segunda opção seria muito pouco provável de ocorrer. Sempre considerei uma providência especial de Deus Ellen ter berrado até ser levada de volta à prisão.

Naquela mesma noite, chamaram o dr. Flint para uma consulta e ele só voltou quando já era quase de manhã. Ao passar pela casa da minha avó, ele viu uma luz e pensou: "Talvez isso tenha a ver com Linda". Bateu à porta e alguém abriu. "Por que já de pé tão cedo?", ele perguntou. "Vi luz e pensei em dar uma passadinha para contar que descobri onde Linda está. Sei onde posso pôr as mãos nela e fazer com que esteja aqui antes do meio-dia". Quando o médico virou as costas, minha avó e meu tio trocaram olhares ansiosos. Não sabiam se era mais um truque para amedrontá-los. Na incerteza, julgaram melhor mandar um recado para minha amiga Betty. Sem querer alarmar sua senhora, Betty resolveu dar um jeito por conta própria. Foi até o esconderijo e me mandou levantar e me vestir rápido. Descemos as escadas apressadas e atravessamos o pátio até a cozinha. Ela trancou a porta e ergueu uma tábua do assoalho. Estendeu uma pele de búfalo e um pedaço de tapete, me deitei por cima desse forro e ela jogou uma colcha sobre mim. "Fique aí", ela disse, "até eu ver se sabem mesmo sobre você. Disseram que vão pôr as mãos em você antes do meio-dia. Se soubessem *mesmo* onde você estava, *agora* não vão saber. Vão ficar decepcionados dessa vez. É tudo o que eu tenho a dizer. Se vierem remexer nas *minhas* coisas, vão levar um sabão desta preta velha." Na minha cama rasa, só havia espaço para levar as mãos ao rosto e manter a poeira longe dos olhos, porque Betty caminhava sobre mim vinte vezes por hora, passando do armário para o fogão. Quando ela estava sozinha, eu a escutava xingar o dr. Flint e toda a tribo dele, dizendo de vez em quando, com uma risadinha estalada: "Dessa vez essa preta foi esperta demais para eles". Quando as aias apareciam, ela empregava meios astuciosos para fazer com que elas se abrissem, para que eu escutasse o que tinham a dizer. Ela repetia histórias que ouvira a respeito da minha presença aqui ou ali, ou naquele outro lugar. Ao que elas respondiam que eu não era tola o suficiente para estar na região, que eu já estava na Filadélfia ou em Nova York fazia muito tempo. Quando todos já dormiam, Betty ergueu a tábua e disse: "Saia, menina, saia. Ninguém sabe nada de você. Foi só mentira dos brancos para amedrontar os pretos".

Alguns dias depois dessa aventura, levei um susto muito pior. Enquanto estava imóvel em meu esconderijo escada acima, visões alegres flutuavam pela minha mente. Pensei que o dr. Flint logo ia desanimar e estaria disposto a vender meus filhos quando perdesse toda a esperança de que as crianças serviriam de isca para me pegar. Eu sabia quem estava disposto a comprá-los. De repente, ouvi uma voz que gelou meu sangue. Era uma voz muito conhecida, muito aterrorizante para que eu não a reconhecesse de imediato: era meu antigo senhor. O dr. Flint estava na casa e eu, na mesma hora, concluí que ele tinha ido me pegar. Olhei ao redor, apavorada. Não havia como fugir. A voz se afastou. Supus que ele estivesse com o delegado e que os dois estivessem dando uma busca na casa. Apavorada, não me esqueci do transtorno que estava causando à minha benfeitora generosa. Parecia que eu tinha nascido para arruinar todos que se aproximavam de mim, e essa foi a gota mais amarga no copo amargo na minha vida. Depois de um tempo, ouvi passos se aproximando; a chave girou. Me escorei na parede para não cair. Me aventurei a erguer os olhos, e lá estava minha benfeitora, sozinha. Eu estava emocionada demais para falar e desabei no chão.

"Achei que você iria escutar a voz do seu senhor", ela disse. "E sabendo que ficaria apavorada, vim te dizer que não há o que temer. Você pode até rir à custa do velho cavalheiro. Ele tem tanta certeza de que você está em Nova York que veio pedir quinhentos dólares emprestados para ir atrás de você. Minha irmã tinha algum dinheiro para emprestar a juros. Ele pegou a soma e pretende partir para Nova York hoje à noite. Então, no momento, você está segura. O médico vai esvaziar o bolso correndo atrás do passarinho que deixou para trás.

XIX.
As crianças são vendidas

O médico voltou de Nova York sem realizar sua missão, é claro. Gastou uma soma considerável e ficou bem desesperançado. Já fazia dois meses que meu irmão e meus filhos estavam na prisão, e isso também representava certa despesa. Meus amigos consideraram o momento favorável para investir nos sentimentos desanimados do médico. O sr. Sands mandou um especulador oferecer novecentos dólares por meu irmão William e oitocentos pelas duas crianças. Eram preços altos em relação à cotação de venda de escravos na época, mas a oferta foi rejeitada. Se tivesse sido apenas uma questão de dinheiro, o médico teria vendido qualquer menino da idade de Benny por duzentos dólares — mas ele não suportava a ideia de abrir mão de seu poder de vingança. Só que estava precisando de dinheiro e decidiu a questão. Ele sabia que, se pudesse ficar com Ellen até ela completar quinze anos, poderia vendê-la por um preço mais alto, mas suponho que tenha refletido que ela poderia morrer ou ser roubada. Em todo caso, concluiu que era melhor aceitar a oferta do mercador de escravos. O dr. Flint encontrou o mercador na rua e perguntou quando ele iria partir. "Hoje, às dez horas", o homem respondeu. "Ah, tão cedo?", disse o médico. "Andei pensando sobre sua proposta e cheguei à conclusão de que você pode ficar com os três negros se pagar 1900 dólares." Depois de alguma negociação, o mercador concordou com os termos do médico, mas queria que o recibo de venda fosse redigido e assinado imediatamente, já que tinha muitas providências a tomar no pouco tempo que ainda estaria na cidade. O médico foi à cadeia e disse a William que o retomaria a seu serviço se ele prometesse se comportar, mas meu irmão respondeu que preferia ser vendido. "E você *vai* ser vendido, seu tratante mal-agradecido!", exclamou o médico. Em menos de uma hora, a quantia foi paga, os documentos foram assinados, selados e entregues, e meu irmão e meus filhos estavam nas mãos do mercador.

Foi uma transação rápida e, uma vez terminada, a característica precaução do médico veio à tona. Ele procurou o especulador e disse: "Senhor, vim aqui para colocá-lo sob a obrigação de mil dólares de não vender nenhum desses negros neste estado". "Tarde demais", o mercador respondeu, "nosso negócio está fechado." Na verdade, ele já os vendera ao sr. Sands, mas não mencionou o fato. O médico exigiu que ele acorrentasse "aquele tratante, Bill", e que não passasse pelos becos quando levasse a turma para fora da cidade. O mercador recebera instruções para não se indispor com o médico. Minha boa e velha tia foi se despedir das crianças na cadeia, supondo que fossem propriedade do especulador e que ela nunca mais as veria. Ao segurar Benny no colo, ela ouviu: "Tia Nancy, quero mostrar uma coisa para você". Ele a levou até a porta e mostrou uma fileira comprida de marcas, dizendo: "Tio Will me ensinou a contar. Fiz uma marca para cada dia que estive aqui, e são sessenta dias. É muito tempo, e o especulador vai levar eu e a Ellen embora. Ele é um homem mau. É errado ele levar as crianças para longe da avó. Quero ficar com minha mãe".

Disseram à minha avó que as crianças lhe seriam devolvidas, mas pediram que agisse como se elas de fato fossem para longe. Assim, ela preparou uma trouxa de roupas e foi à cadeia. Ao chegar, encontrou William algemado e as crianças na carroça do mercador. A cena parecia muito verossímil. Ela ficou com medo de que tivesse havido alguma trapaça ou engano. Desmaiou e foi carregada para casa.

Quando a carroça parou no hotel, vários cavalheiros saíram e se dispuseram a comprar William, mas o mercador recusou as ofertas sem dizer que ele já estava vendido. E agora chegava a hora da provação para aquele grupo de seres humanos, conduzidos feito gado, para serem vendidos ninguém sabia onde. Maridos foram separados de esposas, pais e mães de filhos, para nunca mais colocarem os olhos uns nos outros deste lado da cova. Mãos se contorceram, escutaram-se gritos de desespero.

O dr. Flint teve a suprema satisfação de ver a carroça deixar a cidade, e a sra. Flint teve o prazer de supor que meus filhos estavam indo "para o mais longe que o vento e a água possam carregá-los". Conforme o combinado, meu tio seguiu a carroça por alguns quilômetros até que chegaram a uma velha casa de fazenda. Ali o mercador tirou as correntes de William e, quando o fez, disse: "Você é um sujeito desgraçado de inteligente. Eu bem que gostaria de ter você para mim. Aqueles cavalheiros que queriam te comprar disseram que você era um camarada inteligente e honesto, e que eu tinha de conseguir um lar bom para você. Imagino que amanhã seu antigo senhor vai praguejar e se chamar de velho tolo por ter vendido as crianças. Imagino que ele nunca mais vai conseguir a mãe deles de volta. Imagino que ela já tenha traçado seu caminho para o Norte. Adeus, meu velho. Lembre-se, fiz algo de bom por você. Deve me agradecer me mandando todas as moças bonitas no próximo outono, quando será minha última viagem. Essa negociação de pretos é mau negócio para um sujeito que tenha um pingo de coração. Vamos embora, pessoal!". E a turma avançou, só Deus sabe para onde.

Por mais que eu desprezasse e detestasse a classe de mercadores de escravos, que considero os sujeitos mais vis da terra, devo fazer justiça a esse homem e dizer que ele parecia ter algum sentimento. Ainda na cadeia ele gostou de William e quis comprá-lo. Quando ouviu a história dos meus filhos, mostrou-se disposto a ajudá-los a fugir do mando do dr. Flint, mesmo sem cobrar taxa.

Meu tio arrumou uma carroça e levou William e as crianças de volta à cidade. A alegria na casa da minha avó foi enorme! As cortinas foram fechadas, as velas, acesas. A avó feliz estreitou os pequeninos contra o peito. Eles a abraçaram e a beijaram, bateram palminhas e gritaram. Ela se ajoelhou e pôs-se a recitar suas orações do fundo do coração em agradecimento a Deus. O pai deles esteve presente durante um tempo, e apesar da "relação paternal" que existia entre ele e meus filhos pesar pouco no coração ou na consciência dos senhores de escravos, ele deve ter experimentado alguns momentos de pura alegria ao testemunhar a felicidade que tinha proporcionado.

Não compartilhei da alegria daquela noite. Não sabia o que tinha acontecido. E agora vou lhes contar algo que ocorreu comigo, embora talvez vocês achem que isso apenas ilustra a superstição dos escravos. Estava sentada em meu lugar de sempre, no chão, perto da janela, de onde podia escutar boa parte do que era dito na rua sem ser vista. A família tinha se recolhido, tudo estava quieto. Estava lá, pensando nos meus filhos, quando ouvi uma música tocar baixinho. Um grupo de seresteiros estava embaixo da minha janela tocando "Home, Sweet Home".[4] Escutei até os sons não parecerem mais música, mas gemidos de crianças. Sentia meu coração explodir. Estava sentada e me ajoelhei. Havia um raio de luar no chão à minha frente e, no meio dele, surgiu o contorno de meus filhos. Eles sumiram, mas eu tinha visto com clareza. Alguns vão dizer que foi um sonho, outros, uma visão. Não sei como descrever, mas aquilo me causou forte impressão e tive a certeza de que algo tinha acontecido com meus pequeninos.

Não via Betty desde de manhã. Então escutei quando ela girou a chave com cuidado na fechadura. Assim que entrou, me agarrei a ela e implorei que me dissesse se meus filhos estavam mortos ou se haviam sido vendidos, porque eu tinha visto o espírito deles no quarto e tinha certeza de que alguma coisa havia acontecido. "Pelo Senhor, minha menina", ela disse e me abraçou. "Você está histérica. Vou dormir aqui hoje à noite, porque senão você vai fazer barulho e atrapalhar a senhora. Alguma coisa te deixou agitada demais. Quando parar de chorar, vou conversar com você. As crianças estão bem e muito felizes. Vi com meus próprios olhos. Satisfeita? Minha querida criança, se acalme! Alguém pode te escutar." Tentei obedecer. Ela se deitou e logo estava dormindo profundamente; nenhum sono chegou às minhas pálpebras.

Ao amanhecer, Betty levantou e foi para a cozinha. As horas passaram e a visão da noite com frequência voltava a meus pensamentos. Depois de um tempo, escutei a voz de duas mulheres na entrada. Reconheci uma delas, era a da arrumadeira. A outra lhe disse: "Sabia que os filhos da Linda Brent foram vendidos ao especulador ontem? Dizem que o velho sinhô Flint ficou muito feliz de ver quando foram levados para fora da cidade, mas dizem que voltaram. Acho que é coisa do pai deles. Dizem que ele comprou William também. Pelo Senhor! O que será que o velho sinhô Flint vai achar?! Vou correr até a casa da tia Marthy para saber o que aconteceu".

Mordi os lábios até sangrar para não gritar. Meus filhos estariam com minha avó ou o especulador os levara? O suspense era insuportável. Será que Betty *nunca* viria me contar a verdade sobre o que acontecera? Finalmente ela chegou e eu repeti, ansiosa, o que tinha escutado. Seu rosto era um amplo sorriso reluzente. "Pelo Senhor, sua tolinha!", ela disse. "Vou te contar tudo. As moças estão fazendo o desjejum, e a senhora me pediu para deixar que ela te contasse, mas, pobrezinha! Não é correto deixar você esperando, e por isso resolvi vir aqui contar. Seu irmão e seus filhos foram comprados pelo sinhô Sands! Eu já dei risada à beça só de pensar no velho sinhô Flint. Pelo Senhor, mas como ele *vai* xingar! Dessa vez passaram a perna nele, e como; mas eu preciso ir embora, ou as moças vão vir *me* procurar."

Betty foi embora rindo, e eu disse a mim mesma: "Será que é verdade que meus filhos estão livres? Não sofri em vão por eles. Graças a Deus!".

Houve muita surpresa quando souberam que meus filhos tinham voltado para a casa da avó. A notícia se espalhou pela cidade e muitas palavras gentis foram dirigidas aos pequenos.

O dr. Flint foi à casa da minha avó para confirmar quem era o dono dos meus filhos, e ela lhe disse. "Bem que eu achava", ele respondeu. "Fico contente em saber. Recebi notícias de Linda recentemente, e logo vou pegá-la. Não devem esperar jamais ver Linda *livre*. Ela será minha escrava enquanto eu viver e, quando eu estiver morto, será escrava dos meus filhos. Se algum dia eu descobrir que você ou Phillip tiveram qualquer envolvimento na fuga dela, eu mato ele. E se encontrar William na rua, e ele fizer menção de olhar para mim, vou açoitá-lo até deixá-lo quase morto. Mantenha essas crianças longe das minhas vistas!"

Quando o médico se virou para sair, minha avó disse algo para lembrá-lo de seus próprios atos. Ele a olhou como se desejasse surrá-la até que ela caísse.

Tive minha temporada de alegria e gratidão. Era a primeira vez, desde a infância, que experimentava uma alegria verdadeira. Fiquei sabendo das ameaças do velho médico, mas elas já não tinham o mesmo poder de me preocupar. A nuvem mais escura que pairava sobre minha vida tinha ido embora. Fosse lá o que a escravidão fizesse comigo, ela não poderia acorrentar meus filhos. Se eu precisasse ser sacrificada, meus pequenos estariam salvos. Foi bom para mim que meu coração simples acreditasse em tudo que tinha sido prometido pelo bem-estar deles. É sempre melhor confiar do que duvidar.

XX.
Novos perigos

O médico, mais exasperado do que nunca, mais uma vez tentou se vingar de meus parentes. Prendeu tio Phillip sob acusação de ter ajudado na minha fuga. Meu tio foi conduzido perante um tribunal e jurou que não sabia nada sobre minha intenção de fugir e que não me via desde que eu abandonara a fazenda do meu senhor. O médico então exigiu que ele pagasse a fiança de quinhentos dólares para garantir que não estava envolvido comigo. Vários cavalheiros se ofereceram como seus fiadores, mas o sr. Sands disse que era melhor ele voltar para a cadeia, que tomaria providências para que ele saísse sem pagar a fiança.

A notícia de sua prisão chegou à minha avó, que a transmitiu a Betty. Com a bondade de seu coração, a cozinheira mais uma vez me escondeu embaixo do assoalho e, enquanto caminhava de um lado para outro no desempenho de suas tarefas culinárias, falava aparentemente consigo mesma, mas com a intenção de que eu escutasse o que estava acontecendo. Tive esperança de que a prisão do meu tio só fosse durar alguns dias, mas, ainda assim, fiquei ansiosa. Achei provável que o dr. Flint fosse fazer o máximo para difamá-lo e insultá-lo, e fiquei com medo de que meu tio perdesse o controle e retrucasse de alguma maneira que seria interpretada como ofensa passível de castigo; sabia que, na corte, sua palavra não seria levada em consideração contra a de nenhum branco. Renovaram-se as buscas por mim. Alguma coisa tinha levantado suspeitas de que eu estava nas proximidades. Fizeram buscas na casa onde eu estava. Ouvi os passos e a voz deles. À noite, quando todos estavam dormindo, Betty veio me tirar do lugar de confinamento. O medo que eu tinha passado, a postura restrita e a umidade do piso me deixaram doente durante vários dias. Logo depois tiraram meu tio da prisão, mas continuaram observando atentamente os movimentos dos meus parentes e de todos os nossos amigos.

Todos percebemos que não dava para ficar mais onde eu estava. Já havia passado lá mais tempo do que pretendia e sabia que minha presença era fonte de ansiedade constante para minha bondosa benfeitora. Ao longo desse período, meus amigos tinham feito muitos planos para a minha fuga, mas a vigilância extrema de meus perseguidores impossibilitava sua execução.

Certa manhã fiquei muito assustada quando escutei alguém tentando entrar no meu quarto. A pessoa experimentou várias chaves, nenhuma serviu. Logo deduzi que fosse uma das arrumadeiras que tinha escutado algum barulho no quarto ou reparado quando Betty entrou. Quando minha amiga chegou no horário de sempre, contei o que havia acontecido. "Eu sei quem foi", falou. "Pode ter certeza, foi aquela Jenny. Aquela preta tem o diabo no corpo." Sugeri que ela podia ter visto ou escutado algo que despertasse sua curiosidade.

"Shh! Shh! Menina!", exclamou Betty. "Ela não viu nada nem ouviu nada. Só está desconfiada de alguma coisa. Só isso. Quer descobrir quem cortou e fez meu vestido. Mas ela nunca vai saber. Pode ter certeza. Vou falar para a senhora dar um jeito nela."

Refleti por um momento e disse: "Betty, preciso ir embora daqui hoje à noite".

"Faça o que achar melhor, minha pobre menina", ela respondeu. "Tenho muito medo de que qualquer hora aquela preta te encontre."

Ela relatou o incidente à sua senhora e recebeu ordens de manter Jenny ocupada na cozinha até que pudesse falar com meu tio Phillip. Ele disse que mandaria um amigo me buscar à noite. Minha benfeitora esperava que eu fosse para o Norte, porque era muito perigoso ficar em qualquer lugar nas redondezas. Infelizmente, ir para o Norte não era nada fácil para alguém na minha situação. Para deixar o terreno bem limpo para mim, ela foi para o interior passar um dia com o irmão e levou Jenny consigo. Teve medo de vir se despedir de mim, mas deixou um recado gentil com Betty. Ouvi sua carruagem partir da porta de entrada e nunca mais a vi, ela que tão generosamente tinha feito amizade com a pobre fugitiva que tremia! Apesar de ela ser uma senhora de escravos, até hoje meu coração a abençoa!

Eu não fazia a menor ideia de aonde eu iria. Betty me entregou uma roupa de marinheiro: jaqueta, calça e chapéu alcatroado. Ela me deu uma pequena trouxa, dizendo que eu poderia precisar dela no lugar para onde estava indo. Em tom animado, exclamou: "Estou *tão* contente por você estar indo para lugares livres! Não se esqueça da velha Betty. Talvez eu vá também, daqui a um tempo".

Tentei dizer como me sentia agradecida por toda a sua bondade. Mas ela me interrompeu. "Não quero agradecimento, querida. Fico feliz em poder ajudar, e espero que o bom Senhor abra caminho para você. Vou com você até o portão baixo. Enfie as mãos nos bolsos e caminhe gingando, igual os marinheiros."

Ela achou meu desempenho satisfatório. No portão encontrei Peter, um rapaz negro, à minha espera. Eu o conhecia havia anos. Tinha sido aprendiz do meu pai e sempre havia demonstrado bom caráter. Não tive medo de confiar nele. Betty se despediu apressada e saímos caminhando. "Tenha coragem, Linda", disse meu amigo Peter. "Tenho uma adaga, e nenhum homem vai tirar você de mim, a menos que passe por cima do meu cadáver."

Fazia muito tempo que eu não caminhava ao ar livre, o ar fresco me reanimou. Também era agradável escutar uma voz humana conversando comigo que não fosse aos sussurros. Passei por vários conhecidos, mas eles não me reconheceram por causa do meu disfarce. Orei em silêncio pedindo que, pelo bem de Peter, e pelo meu também, nada acontecesse para que ele precisasse sacar a adaga. Caminhamos até o porto. O marido da minha tia Nancy era navegador, e lhe revelamos nosso segredo. Ele me acolheu em seu barco, remou até um navio não muito distante e me ergueu a bordo. Nós três éramos os únicos ocupantes do navio. Então me aventurei a perguntar o que eles pensavam em fazer comigo. Disseram que eu deveria permanecer a bordo quase até o amanhecer e daí eu ficaria no pântano Snaky enquanto tio Phillip arrumava um lugar onde me esconder. Se o navio fosse partir para o Norte, nada feito, porque com certeza dariam busca nele. Mais ou menos às quatro horas, estávamos acomodados no bote de novo e remamos cinco quilômetros até o pântano. Meu medo de cobra havia piorado com a picada venenosa e fiquei apavorada de entrar naquele esconderijo. Mas não estava em condições de escolher e aceitei com gratidão o melhor que meus pobres amigos atormentados puderam fazer por mim.

Peter desembarcou primeiro e com um facão abriu caminho por entre bambus e urzes de toda espécie. Voltou, me pegou no colo e me levou até um lugar no meio dos bambus. Antes de chegarmos, estávamos cobertos por centenas de mosquitos. Em uma hora, eles tinham envenenado tanto minha pele que era penoso me ver. À medida que a luz aumentava, eu podia ver uma cobra atrás da outra se esgueirando ao nosso redor. Tinha visto cobra a vida toda, mas essas eram maiores do que quaisquer outras que eu já encontrara. Até hoje estremeço ao lembrar daquela manhã. Quando a noite se aproximou, o número de cobras cresceu tanto que éramos obrigados a afastá-las continuamente com paus para impedir que subissem em nós. Os bambus eram tão altos e tão cerrados que era impossível enxergar além de uma curta distância. Um pouco antes de escurecer, procuramos um lugar para sentar na entrada do pântano, por medo de não saber voltar até o bote. Não demorou até ouvirmos o barulho de remos e o assobio baixo que tinha sido combinado como sinal. Nos apressamos a entrar no bote e fomos levados de volta ao navio. Passei uma noite terrível, com um febre alta por causa do calor, dos mosquitos e do pavor constante das cobras. Tinha acabado de pegar no sono quando vieram me dizer que já era hora de voltar para o terrível pântano. Mal consegui juntar coragem para me pôr de pé. Mas na minha imaginação mesmo as enormes cobras venenosas eram menos apavorantes do que os brancos daquela comunidade dita civilizada. Dessa vez, Peter levou uma porção de tabaco para queimar, para afastar os mosquitos. A fumaça produziu o efeito desejado sobre eles, mas me deu enjoo e uma forte dor de cabeça. Quando escureceu, voltamos para o navio. Eu tinha passado tão mal durante o dia que Peter declarou que eu devia ir para casa naquela noite, mesmo que o próprio diabo estivesse de patrulha. Disseram-me que haviam arranjado um esconderijo na casa da minha avó. Não conseguia imaginar como seria possível me esconder na casa dela, já que a família Flint conhecia cada cantinho. Me disseram para esperar e ver. Fomos de bote até a costa e nos atrevemos a caminhar pelas ruas até a casa da minha avó. Eu vestia minhas roupas de marinheiro e tinha escurecido o rosto com carvão. Passei por várias pessoas conhecidas. O pai dos meus filhos chegou tão perto que quase esbarrei em seu braço, mas ele não fez ideia de quem eu era.

"Você deve aproveitar ao máximo essa caminhada", Peter me disse. "Pode demorar até que você faça uma outra."

Percebi um tom de tristeza em sua voz. Foi gentil da parte dele não me contar sobre o buraco lúgubre que seria minha morada durante muito, muito tempo.

XXI.
O buraquinho do esconderijo

Anos atrás adicionaram uma cabaninha à casa da minha avó. Dispuseram algumas tábuas por cima das vigas no alto e entre essas tábuas e o telhado havia um sótão muito pequeno que nunca tinha sido ocupado por ninguém além de ratazanas e camundongos. Era um telhado inclinado coberto apenas por telhas de madeira, no estilo de construção do Sul para estruturas assim. O sótão só tinha dois metros e 75 centímetros de comprimento e dois metros de largura. A parte mais alta tinha noventa centímetros de altura e descia de maneira abrupta até o piso de tábuas soltas. Não havia entrada de luz nem de ar. Meu tio Phillip, que era carpinteiro, construíra com muita habilidade um alçapão oculto que se comunicava com o depósito. Ele o erguera enquanto eu esperava no pântano. O depósito se abria para um pátio. Fui enfiada nesse buraco assim que entrei na casa. O ar era sufocante; a escuridão, total. Havia um colchão no chão. Podia dormir com bastante conforto de um lado, mas a inclinação era tão acentuada que eu não podia virar sem bater no telhado. As ratazanas e os camundongos corriam por cima da cama, mas estava exausta e dormi o sono dos miseráveis depois que uma tempestade passa por cima deles. A manhã chegou. Só pude saber por causa dos barulhos que escutava, porque na minha pequena toca dia e noite era a mesma coisa. Sofria mais por falta de ar do que por falta de luz. Mas não fiquei sem conforto. Escutava a voz dos meus filhos. Havia alegria e também tristeza no som. Fazia minhas lágrimas correrem. Como desejava falar com eles! Estava ansiosa para ver o rosto deles, mas não havia nenhum buraco, nenhuma fresta através da qual eu pudesse espiar. A escuridão contínua era opressiva. Parecia horrível passar o tempo inteiro deitada ou sentada toda encolhida, dia após dia, sem um pingo de luz. Mas, ainda assim, preferia isso à sina de escrava, embora os brancos achassem que era fácil; e de fato a minha era, se comparada com a de outros. Nunca fui forçada a trabalhar de maneira cruel, nunca fui dilacerada pelo açoite da cabeça aos pés, nunca fui tão surrada e machucada a ponto de não poder me virar de um lado para outro, nunca me cortaram os tendões das panturrilhas para impedir minha fuga, nunca fui acorrentada a um tronco e forçada a puxá-lo enquanto trabalhava duro na plantação de manhã à noite, nunca fui marcada com ferro quente nem destrinchada por cães de caça. Ao contrário, sempre havia sido tratada com bondade e cuidada com ternura, até cair nas mãos do dr. Flint. Nunca desejara a liberdade até então. Mas, embora minha vida na escravidão fosse comparativamente livre de dificuldades, Deus tenha pena da mulher obrigada a levar uma vida assim!

A comida era entregue pelo alçapão que meu tio tinha feito, e minha avó, meu tio Phillip e minha tia Nancy aproveitavam tais oportunidades para subir e conversar comigo da abertura. Mas é claro que não podiam fazer isso durante o dia. Tudo tinha de ser feito na escuridão. Era impossível me mover em posição ereta, mas eu me arrastava pela toca para fazer exercício. Um dia, bati a cabeça contra alguma coisa e descobri que era uma verruma. Meu tio a tinha deixado ali fincada quando fez o alçapão. Fiquei tão contente quanto Robinson Crusoé teria ficado ao descobrir um tesouro assim. E aquela verruma me dava ideias afortunadas. "Agora vou ter um pouco de luz. Agora vou ver meus filhos", pensei. Não tive coragem de começar o trabalho durante o dia, por medo de chamar a atenção.

Mas tateei ao redor e, quando encontrei a parte do lado da rua, de onde eu poderia ver meus filhos com frequência, enfiei a verruma e esperei pela noite. Fiz três fileiras de buraquinhos, uma em cima da outra, depois fiz buraquinhos entre elas. Assim, consegui fazer um buraco de mais ou menos um dedo de largura por um dedo de altura. Fiquei sentada ao lado dele até bem tarde da noite para aproveitar o exíguo sopro de ar que entrava. De manhã fui espiar para ver meus filhos. A primeira pessoa que vi na rua foi o dr. Flint. Tive uma sensação supersticiosa e arrepiante de que aquele era um mau agouro. Vários rostos conhecidos passaram. Finalmente escutei a risada alegre de crianças, e então dois rostinhos doces olhavam para mim, como se soubessem que eu estava lá e estivessem cientes da alegria que causavam. Como eu tinha vontade de lhes *dizer* que estava ali!

Minha condição havia melhorado um pouco. Mas durante semanas fui atormentada por centenas de pequenos insetos vermelhos, finos como a ponta de uma agulha, que espetavam minha pele e produziam uma queimação insuportável. Minha boa avó me deu chás de ervas e remédios refrescantes, e eu finalmente me livrei deles. O calor da minha toca era intenso, porque nada além de telhas de madeira me protegiam do sol escaldante do verão. Mas eu tinha meus consolos. Através do meu furinho, podia observar as crianças, e quando elas estavam bem perto dava para ouvir a conversa delas. Tia Nancy me trazia todas as notícias que conseguia escutar na casa do dr. Flint. Por seu intermédio, fiquei sabendo que o médico escrevera a Nova York para uma mulher negra que havia nascido e sido criada na nossa região, e tinha respirado a atmosfera contaminada do ambiente. Ele ofereceu uma recompensa se pudesse descobrir qualquer coisa sobre mim. Não sei qual foi a natureza da resposta, mas o médico partiu para Nova York às pressas, dizendo à família que tinha negócios importantes a tratar. Eu o espiei quando ele passou a caminho do navio a vapor. Era uma satisfação que houvesse quilômetros de terra e água entre nós, mesmo que por pouco tempo, e me dava uma satisfação ainda maior saber que ele acreditava que eu estivesse nos Estados Livres. Minha pequena toca parecia menos horrível do que antes. Ele voltou sem nenhuma informação satisfatória, tal como ocorrera na viagem anterior. Quando passou pela nossa casa na manhã seguinte, Benny estava parado no portão. Ele ouvira dizer que o médico tinha partido para me encontrar, e perguntou: "Dr. Flint, o senhor trouxe minha mãe para casa? Eu quero ver minha mãe". Enraivecido, o médico lhe deu um pisão no pé e exclamou: "Saia da frente, fedelho desgraçado! Se não sair, corto fora sua cabeça".

Benny correu apavorado para dentro, dizendo: "Você não pode me mandar para a prisão de novo. Eu não pertenço a você agora". Foi bom o vento ter carregado as palavras para longe do ouvido do médico. Falei à minha avó sobre o acontecido e implorei que ela não permitisse que as crianças fossem impertinentes com o velho irascível.

O outono chegou com um alívio agradável do calor. Meus olhos tinham se acostumado à luz fraca e, segurando um livro ou o serviço numa certa posição perto da abertura, eu conseguia ler e costurar. Confortava bem a monotonia da minha vida. Mas com a chegada do inverno, o frio penetrava através do telhado fino de telhas de madeira e eu ficava congelada. Os invernos ali não são tão longos nem tão severos quanto nas latitudes do Norte, mas as casas não são construídas para o frio e minha pequena toca era muito desconfortável. Minha boa avó trouxe cobertas e bebidas quentes. Com frequência eu era obrigada a passar o dia inteiro deitada para me sentir confortável, mas, apesar de todas as precauções, o frio feriu meus ombros e meus pés. Ah, aqueles longos dias escuros sem nada em que pousar os olhos e nenhum pensamento para ocupar minha mente, a não ser o passado terrível e o futuro incerto! Me sentia agradecida quando havia um dia suficientemente ameno que me permitisse sentar agasalhada ao buraquinho e observar quem passava. O povo do Sul tem o hábito de parar na rua para conversar, e ouvi muitas conversas que não eram para os meus ouvidos. Ouvi caçadores de escravos planejando como capturar algum pobre fugido. Várias vezes ouvi alusões ao dr. Flint, a mim mesma e à história dos meus filhos, que talvez estivessem brincando perto do portão. Um dizia: "Eu não moveria nem o mindinho para pegá-la, já que é propriedade do velho Flint". Outro: "Eu capturo *qualquer* preto pela recompensa. Um homem deve ficar com o que pertence a ele, mesmo que seja um bruto desgraçado". Em geral comentavam que eu estava nos Estados Livres. Era raro alguém sugerir que eu pudesse estar nas redondezas. Se a menor das suspeitas fosse lançada sobre a casa da minha avó, eles a teriam queimado até não sobrar nada. Mas era o último lugar em que pensariam. No entanto, onde quer que a escravidão existisse, não havia melhor lugar para me esconder.

O dr. Flint e a sua família várias vezes tentavam subornar e forçar meus filhos a contar algo que tinham ouvido dizer de mim. Um dia o médico os levou a uma loja e lhes ofereceu algumas moedas de prata brilhantes e lenços coloridos se dissessem onde a mãe estava. Ellen se afastou e se recusou a falar, mas Benny ergueu a voz e afirmou: "Dr. Flint, eu não sei onde minha mãe está. Acho que ela está em Nova York, e quando o senhor for lá de novo, quero que peça a ela para voltar para casa, porque eu quero ver ela; mas se o senhor puser ela na cadeia ou disser que vai cortar a cabeça dela, vou dizer para ela voltar para lá na mesma hora".

XXII.
Festividades natalinas

O Natal estava se aproximando. Minha avó me trouxe material e eu me ocupei fazendo algumas roupas novas e briquedinhos para meus filhos. Se o dia da contratação não estivesse tão próximo, e tantas famílias não estivessem cheias de medo diante de uma eventual separação dali a alguns dias, o Natal poderia ser alegre para os pobres escravos. Até as mães escravas tentam agradar o coração de seus pequeninos naquela festa. As meias de Natal de Benny e Ellen estavam cheias. Sua mãe aprisionada não podia ter o privilégio de presenciar a alegria e o deleite deles. Mas tive o prazer de espiá-los quando saíram à rua com as roupas novas. Ouvi meu Benny perguntar a um amiguinho se Papai Noel tinha trazido alguma coisa para ele. "Trouxe, sim", o menino respondeu. "Mas o Papai Noel não é um homem de verdade. É a mãe da gente que põe coisas nas meias." "Não, não pode ser", respondeu Benny. "Porque o Papai Noel trouxe essas roupas novas para mim e para Ellen, e minha mãe foi embora faz um tempão."

Como eu queria lhe dizer que a mãe dele tinha feito aquelas roupas e que muitas lágrimas tinham sido derramadas enquanto ela trabalhava!

Toda criança se levanta cedo na manhã de Natal para os *Johnkannaus*.[5] Sem eles, ao Natal faltaria sua maior atração. São grupos de escravos das fazendas, geralmente da classe mais baixa. Dois homens atléticos, enrolados em panos de chita, são cobertos por uma rede enfeitada com todo tipo de listras coloridas.

Rabos de vaca são presos às costas deles e a cabeça é decorada com chifres. Uma dúzia de homens bate numa caixa coberta com pele de carneiro — chamada caixa de gumbo —, enquanto outros tocam triângulos e reco-recos; grupos de dançarinos acompanham o ritmo. Eles passam o mês anterior compondo músicas que são cantadas na ocasião. Esses grupos, de cem pessoas, aparecem de manhã cedo e têm permissão de circular até o meio-dia, pedindo contribuições. Visitam toda e qualquer porta onde haja uma chance de obter um centavo ou um copo de rum. Não bebem na rua; levam o rum para casa em jarras e se fartam de beber. Essas doações de Natal frequentemente somam vinte ou trinta dólares. É raro algum homem ou criança branca se recusar a lhes dar alguma coisa. Se por acaso não derem nada, os pretos oferecem a seus ouvidos a seguinte canção:

> *Poor massa, so dey say;*
> *Down in de heel, so dey say;*
> *Got no money, so dey say;*
> *Not one shillin, so dey say;*
> *God A'mighty bress you, so dey say.**

O Natal é um dia de banquete, tanto para as pessoas brancas quanto para as negras. Os escravos que têm sorte de ter alguns trocados com certeza os gastam com boa comida, e muitos perus e porcos são capturados sem que se diga "com sua licença, senhor". Quem não tem como obter um desses prepara um gambá ou um quati, existem receitas saborosas com essas carnes. Minha avó criava aves e suínos para vender, e era seu costume servir tanto um peru quanto um porco no jantar de Natal.

---

* Canção tradicional, tradução livre: "Pobre sinhô, é o que dizem;/ Com a sola dos sapatos gasta, é o que dizem;/ Não tem dinheiro, é o que dizem;/ Nem um xelim, é o que dizem;/ Deus te abençoe, é o que dizem".

Nessa ocasião, fui alertada para me manter extremamente quieta porque dois homens haviam sido convidados para a refeição. Um era o delegado da cidade e o outro era um homem negro livre que tentava passar por branco e estava sempre disposto a executar qualquer trabalho vil que lhe rendesse o apreço dos brancos. Minha avó tinha motivos para convidá-los. Ela conseguiu fazer com que visitassem a casa toda. Todos os cômodos do andar de baixo foram abertos para eles circularem e, depois do jantar, eles foram convidados a subir ao segundo andar para ver um belo tordo que meu tio acabara de trazer para casa. Lá também todos os cômodos foram abertos para que eles pudessem olhar. Quando ouvi os dois conversando no pátio, meu coração quase parou. Sabia que aquele homem negro passara muitas noites no meu encalço. Todo mundo sabia que ele tinha sangue de pai escravo correndo nas veias, mas, para passar por branco, estava pronto a beijar os pés dos senhores de escravos. Como eu o desprezava! Já em relação ao delegado, ele não era nada dissimulado. As obrigações de sua posição eram desprezíveis, mas ele era superior a seu companheiro na medida em que não fingia ser o que não era. Qualquer branco que pudesse arrumar dinheiro para comprar um escravo teria se considerado degradado por ser delegado, mas o posto permitia que seu ocupante exercesse autoridade. Se encontrasse qualquer escravo na rua depois das nove horas, podia açoitá-lo o quanto quisesse, e esse era um privilégio a ser cobiçado. Quando os convidados estavam prestes a ir embora, minha avó mandou à esposa de cada um deles um belo pudim de presente. Através do meu buraquinho, vi os dois saírem pelo portão e fiquei contente quando ele se fechou atrás deles. Assim foi meu primeiro Natal na toca.

XXIII.
Ainda na prisão

Quando a primavera voltou e eu assimilei o pedacinho de grama que o buraquinho me autorizava a ver, perguntei a mim mesma quantos verões e invernos eu ainda estaria condenada a passar assim. Ansiava por inspirar uma boa lufada de ar fresco, por estender minhas pernas com cãibras, por ter espaço para ficar em pé, ereta, por voltar a sentir a terra sob meus pés. Meus parentes estavam sempre de olho numa oportunidade de fuga, mas nenhuma parecia praticável nem minimamente segura. O verão quente veio mais uma vez e fez a terebintina do telhado cair em cima da minha cabeça.

 Durante as longas noites, eu ficava insone pela falta de ar e não tinha espaço para me mexer e me virar. Só havia uma compensação: a atmosfera era tão abafada que nem os mosquitos aceitavam zumbir ali. Com toda a ojeriza que eu tinha pelo dr. Flint, nem a ele eu desejava castigo pior do que sofrer o que sofri num único verão. No entanto, as leis permitiam que *ele* estivesse ao ar livre, enquanto eu, inocente de qualquer crime, estava confinada a essa toca para evitar as crueldades que as leis permitiam que ele infligisse a mim! Não sei o que manteve a vida dentro de mim. Constantemente pensava que ia morrer em pouco tempo, mas vi as folhas de mais um outono rodopiarem no ar e senti o toque de mais um inverno. No verão, as tempestades de trovões mais terríveis eram aceitáveis, porque a chuva penetrava pelo telhado e eu enrolava meu colchão para a água refrescar as tábuas. Mais para o fim da estação, as tempestades às vezes deixavam minhas roupas completamente encharcadas, e isso não era confortável quando o ar esfriava. Conseguia evitar as tempestades moderadas preenchendo as frestas com estopa.

Mas, por mais desconfortável que minha situação fosse, eu tinha vislumbres do que ocorria do lado de fora, e isso compensava meu esconderijo pavoroso. Certo dia vi uma escrava que resmungava ao passar por nosso portão: "É dele, e ele pode matar se quiser". Minha avó me contou a história daquela mulher. Naquele dia, sua senhora tinha visto o bebê da escrava pela primeira vez e, nos traços de seu rostinho claro, ela notou uma semelhança com o marido. A senhora expulsou de casa a mulher cativa e a criança, proibindo-a de voltar. A escrava foi até seu senhor e lhe contou o ocorrido. Ele prometeu conversar com a esposa e ajeitar a situação. No dia seguinte, ela e o bebê foram vendidos a um mercador da Geórgia.

Outra vez, vi uma mulher passar correndo feito louca, perseguida por dois homens. Ela era a ama de leite dos filhos da senhora. Por causa de alguma ofensa tola, a senhora ordenou que ela fosse desnudada e açoitada. Para fugir à degradação e à tortura, ela correu até o rio, pulou e pôs fim a seus erros com a morte.

O senador Brown, do Mississippi, não podia ignorar fatos como esses, uma vez que eram frequentes em todos os estados do Sul. No entanto, ele declarou ao Congresso dos Estados Unidos que a escravidão era "uma grande bênção moral, social e política; uma bênção ao senhor, e uma bênção ao escravo!".

Sofri muito mais no segundo inverno do que no primeiro. Minhas pernas ficaram entorpecidas devido à inatividade, e o frio me dava cãibras. Tinha uma sensação muito dolorida de friagem na cabeça, até que meu rosto e minha língua se enrijeceram e eu perdi a fala. Claro que era impossível, nessas circunstâncias, chamar qualquer médico. Meu irmão William veio e fez tudo o que pôde por mim. Tio Phillip também cuidou de mim com ternura, e minha pobre avó se arrastava para cima e para baixo para ver se havia algum sinal de vida retornando. Recobrei a consciência quando jogaram água fria no meu rosto e me vi apoiada no braço do meu irmão enquanto ele se debruçava sobre mim com os olhos molhados. Ele depois me disse que achava que eu estava morrendo, porque tinha ficado inconsciente durante dezesseis horas. Em seguida comecei a delirar e periguei trair a mim mesma e a meus amigos. Para impedir isso, eles me sedaram com medicamentos. Fiquei de cama seis semanas, com o corpo exausto e o coração doente. A questão era como conseguir conselhos médicos. William finalmente procurou um herbalista e lhe descreveu todas as minhas dores e mal-estares, fingindo que ele é que sentia tudo aquilo. Ele voltou com ervas, raízes e unguento. Recebeu a instrução específica de esfregar o unguento ao lado do fogo, mas como poderiam acender um fogo na minha pequena toca? Tentaram usar carvão numa fornalha, mas não havia saída para os gases e aquilo quase me custou a vida. Depois, trouxeram carvões já em brasa numa panela de ferro disposta sobre tijolos. Eu estava tão fraca, e fazia tanto tempo que não me deleitava com o calor do fogo, que chorei com aqueles poucos carvões. Acho que os medicamentos me fizeram algum bem, mas minha recuperação foi muito lenta. Pensamentos obscuros me passavam pela cabeça enquanto eu ficava lá deitada, dia após dia. Tentei me sentir agradecida por minha pequena cela, lúgubre como era, e até amá-la, como parte do preço que eu pagara pela redenção dos meus filhos. Às vezes achava que Deus era um Pai cheio de compaixão que iria perdoar meus pecados em nome dos meus sofrimentos. Outras, pensava que não existia justiça nem misericórdia no governo divino. Perguntava por que a maldição da escravidão tinha licença de existir e por que eu havia sido tão perseguida e injustiçada desde a juventude. Tudo isso me parecia misterioso, e até hoje é pouco claro à minha alma, embora eu acreditasse que em algum momento tudo se esclareceria.

Quando estava doente, minha avó cedeu sob o peso, a ansiedade e a labuta. A ideia de perdê-la, ela que sempre tinha sido minha melhor amiga e uma verdadeira mãe para os meus filhos, foi a pior provação que vivi até então. Ah, como rezei para que ela se recuperasse! Como era difícil não poder cuidar dela, que tinha zelado por mim durante tanto tempo e com tanta ternura!

Um dia, os berros de uma criança me deram forças para que eu me arrastasse até meu buraquinho, então vi meu filho coberto de sangue. Um cachorro bravo que geralmente ficava acorrentado havia atacado meu filho e o mordera. Mandaram chamar um médico, e ouvi os gemidos e o gritos de Benny enquanto as feridas eram costuradas. Ah, mas que tortura para o coração de uma mãe escutar isso e não poder ir até ele!

Mas a infância é como um dia de primavera, alternando chuva e sol. Antes de anoitecer, Benny já estava alegre e animado, ameaçando acabar com o cachorro, e grande foi seu deleite quando, no dia seguinte, o médico disse que o cachorro havia mordido outro menino e fora executado com um tiro. Benny se recuperou, mas demorou muito tempo até que pudesse andar.

Quando a notícia sobre a doença da minha avó se espalhou, muitas senhoras, suas clientes, foram visitá-la para levar pequenos confortos e perguntar se ela possuía tudo de que precisava. Tia Nancy uma noite pediu permissão para cuidar da mãe doente, e a sra. Flint respondeu: "Não vejo nenhuma necessidade de você ir. Não posso abrir mão de você". Quando, porém, a senhora ficou sabendo que outras damas das redondezas estavam sendo tão atenciosas, como não queria ser superada em caridade cristã, ela também se apresentou, numa demonstração magnífica de condescendência, e ficou ao lado do leito daquela que a amara tanto na infância e que fora recompensada com tantas injustiças. Ela pareceu surpresa de encontrá-la tão doente e repreendeu tio Phillip por não ter procurado o dr. Flint. Ela mesma mandou chamá-lo imediatamente, e ele veio. Segura como eu estava no meu esconderijo, teria ficado apavorada se soubesse que ele estava tão perto. O dr. Flint disse que minha avó estava numa situação crítica, e que, se o médico dela permitisse, ele trataria dela. Ninguém queria vê-lo a qualquer hora, tampouco queriam lhe dar uma chance de apresentar uma conta alta.

Quando a sra. Flint estava de saída, Sally comentou que Benny estava mancando porque um cachorro o mordera. "Fico contente", ela respondeu. "Queria que tivesse matado. Seria uma boa notícia para mandar à mãe dele. O dia *dela* vai chegar. Os cães ainda vão pegar *essa mulher*." Com essas palavras cristãs, ela e o marido se retiraram, e para a minha grande satisfação nunca mais voltaram.

Fiquei sabendo por tio Phillip, com sentimentos de alegria e gratidão indizíveis, que a crise tinha passado e minha avó iria sobreviver. Agora eu podia dizer de coração: "Deus é misericordioso. Ele me poupou a angústia de sentir que fui a causa de sua morte".

XXIV.
O candidato ao Congresso

O verão já estava quase terminando quando o dr. Flint fez a terceira visita a Nova York para me procurar. Dois candidatos concorriam ao Congresso, e ele voltou a tempo de votar. O pai dos meus filhos era o candidato do Partido Whig.[6] O médico até então havia apoiado o Partido Whig, mas agora gastava todas as suas energias para derrotar o sr. Sands. Ele convidava grupos de homens importantes para almoçar à sombra de suas árvores e lhes oferecia muito rum e conhaque. Se algum infeliz afogasse a esperteza na garrafa e, com uma franqueza festiva, proclamasse que não tinha intenção de votar no candidato democrático, era posto na rua sem cerimônia.

O médico gastou seu álcool em vão. O sr. Sands foi eleito, e sua vitória despertou em mim alguns pensamentos ansiosos. Ele não havia emancipado[7] meus filhos e, se morresse, eles ficariam à mercê de seus herdeiros. Duas vozinhas que me chegavam com frequência ao ouvido pareciam implorar que eu não permitisse que o pai dos meus filhos partisse sem se esforçar para assegurar a liberdade deles. Tinham se passado anos desde a última vez que eu havia falado com ele. A última vez que o vira fora na noite em que nos cruzamos na rua, e que ele não me reconheceu, disfarçada de marinheiro. Supus que ele faria uma visita antes de partir para dizer algo à minha avó em relação às crianças e decidi tomar uma atitude.

Na véspera de sua viagem a Washington, tomei providências, ao anoitecer, para no dia seguinte sair do meu esconderijo e ir até o depósito que ficava lá embaixo. Estava tão enrijecida e desajeitada que só com muita dificuldade consegui passar de um lugar ao outro. Quando cheguei ao depósito, meus tornozelos cederam sob meu peso e caí no chão, exausta. Tinha a impressão de que nunca mais voltaria a usar as pernas. Mas o que eu tinha em mente reuniu toda a força de que dispunha. Me arrastei de quatro até a janela e, protegida atrás de um barril, esperei que ele chegasse. O relógio bateu nove horas, e eu sabia que o vapor partiria entre dez e onze da noite. Minha esperança estava esmorecendo. Mas então ouvi a voz dele dizendo a alguém: "Espere por mim um instante. Quero falar com tia Martha". Quando ele passou pela janela, eu disse: "Pare um momento e permita que eu fale por meus filhos". Ele se sobressaltou, hesitou e então prosseguiu portão afora. Fechei a persiana que havia entreaberto e me afundei atrás do barril. Já tinha sofrido tanto, mas nunca sentira dor mais forte do que experimentei então. Será que meus filhos tinham se tornado assim tão desimportantes para ele? E será que ele tinha tão pouco sentimento pela mãe desgraçada deles que não iria escutar por um momento suas súplicas em nome das crianças? Lembranças dolorosas se agitavam tanto dentro de mim que esqueci que não tinha fechado o trinco da persiana, até que escutei alguém abri-la. Ergui os olhos. Ele havia voltado. "Quem me chamou?", perguntou em voz baixa. "Fui eu", respondi. "Ah, Linda", ele disse. "Reconheci sua voz, mas fiquei com medo de responder, pois meu amigo podia escutar. Por que você veio aqui? Você não está se arriscando ao vir a esta casa? Que loucura terem permitido. Vou ficar esperando a notícia de que acabaram com vocês todos." Não queria envolvê-lo ao revelar meu esconderijo, então apenas disse: "Achei que viria se despedir da minha avó, então vim lhe dizer algumas palavras a respeito da emancipação dos meus filhos. Muitas mudanças podem ocorrer durante os meses em que estiver em

Washington, e não parece correto que os exponha ao risco dessas mudanças. Não quero nada para mim, só peço que liberte meus filhos ou autorize algum amigo a fazer isso antes de partir".

Ele prometeu que faria isso e também se prontificou a tomar providências para que eu pudesse ser comprada.

Ouvi passos se aproximando e fechei a persiana apressada. Queria me arrastar de volta para a minha toca sem que a família ficasse a par do que eu tinha feito, porque sabia que eles achariam muito imprudente. Mas ele entrou de novo na casa e contou para minha avó que tinha falado comigo pela janela do depósito, e implorou que ela não me autorizasse a passar a noite na casa. Disse que era o cúmulo da loucura eu estar ali, que com certeza acabariam com todos nós. Por sorte ele estava apressado demais para esperar uma resposta, ou a querida senhora certamente teria revelado tudo.

Tentei voltar para minha toca, mas descobri que era mais difícil subir do que descer. Cumprida minha missão, a pouca força que me suportara tinha acabado e eu desabei, impotente, no chão. Minha avó, assustada com o risco que eu havia corrido, foi até o depósito e trancou a porta atrás de si. "Linda", ela sussurrou. "Onde você está?"

"Estou aqui, perto da janela", respondi. "Eu *não podia* deixar que ele fosse embora sem emancipar as crianças. Quem vai saber o dia de amanhã?"

"Vamos, vamos, menina", ela disse. "Não vai dar certo você ficar aqui nem mais um minuto. O que você fez foi errado, mas não posso culpá-la, pobrezinha!"

Não seria capaz de voltar sem ajuda, eu disse, era preciso chamar meu tio Phillip. Ele chegou e a pena o impediu de me repreender. Me carregou de volta a meu calabouço, me deitou com ternura na cama, me deu remédio e perguntou se havia algo mais que pudesse fazer. Então saiu e fiquei só com meus

pensamentos — tão sem estrelas quanto a escuridão da meia-
-noite ao redor.

Meus amigos temeram que eu fosse ficar aleijada pelo resto da vida, e eu estava tão exausta do longo aprisionamento que, não fosse a esperança de atender aos meus filhos, eu me sentiria grata por morrer; mas, pelo bem deles, estava disposta a suportar.

XXV.
Disputa para ver quem é mais ardiloso

O dr. Flint não tinha desistido de mim. De vez em quando dizia à minha avó que eu ainda ia voltar e me entregar por vontade própria e que, quando eu fizesse isso, poderia ser comprada por meus parentes ou por qualquer pessoa que pudesse me comprar. Conhecia sua natureza ardilosa bem demais e percebi que ele havia armado uma cilada para mim, e todos os meus amigos entenderam a mesma coisa. Resolvi medir minha astúcia com a dele. Para fazer com que acreditasse que eu estava em Nova York, decidi escrever uma carta postada daquele lugar. Mandei chamar meu amigo Peter e perguntei se ele conhecia algum marinheiro de confiança que pudesse levar uma carta a Nova York e despachar no correio de lá. Sim, ele conhecia alguém a quem poderia confiar a própria vida até o fim do mundo. Lembrei-o de que era arriscado aceitar isso. Peter sabia, mas estava disposto a fazer qualquer coisa para me ajudar. Falei que gostaria de ter um jornal de Nova York para verificar o nome de algumas ruas. Ele enfiou a mão no bolso e disse: "Aqui está a metade de um que estava dentro de um chapéu que comprei de um mascate ontem". Falei que a carta estaria pronta na noite seguinte. Ele se despediu de mim e acrescentou: "Não desanime, Linda, dias melhores virão".

Meu tio Phillip ficou de vigia no portão até nossa breve conversa terminar. Cedo, na manhã seguinte, me sentei perto da pequena abertura para examinar o jornal. Era um pedaço do *New York Herald*, e pelo menos dessa vez o jornal que sistematicamente ofende as pessoas negras foi usado para ajudá-las. Depois de obter a informação que queria em relação a ruas e números, escrevi duas cartas, uma para minha avó e outra para o dr. Flint. Lembrei-o de como ele, um homem de cabelos grisalhos, tinha tratado uma criança indefesa que havia sido colocada sob seu mando e quantos anos de infelicidade tinha causado a ela. À minha avó, expressei o desejo de que meus filhos fossem mandados para mim no Norte, onde eu poderia ensiná-los a respeitar a si mesmos e lhes dar um exemplo de virtude, coisas que uma mãe escrava não tinha condições de fazer no Sul. Pedi a ela que endereçasse a resposta a uma certa rua em Boston, já que eu não morava em Nova York, apesar de ir até lá algumas vezes. Escrevi uma data futura nas cartas, considerando o tempo que ia demorar para que chegassem lá, e enviei um lembrete sobre a data ao mensageiro. Quando meu amigo veio buscar as cartas, eu disse: "Que Deus te abençoe e recompense, Peter, por sua bondade generosa. Por favor, tome cuidado. Se for pego, tanto você quanto eu vamos sofrer uma barbaridade. Nenhum parente meu ousaria fazer isso por mim". Ele respondeu: "Pode confiar em mim, Linda. Não esqueço que seu pai foi meu melhor amigo e vou ser amigo dos filhos dele até quando Deus me permitir viver".

Foi necessário contar à minha avó o que eu tinha feito para que ela estivesse preparada ao receber a carta e ouvir o que o dr. Flint diria a respeito de eu estar no Norte. Infelizmente, ela ficou preocupada. Achava que algo de ruim sairia disso. Também contei meu plano à tia Nancy, para que ela pudesse relatar o que diriam na casa do dr. Flint. Sussurrei para ela através de uma fresta, e ela sussurrou em resposta: "Espero que dê certo. Não me importo de ser escrava durante toda a *minha* vida se pelo menos puder ver você e seus filhos livres".

Havia orientado que minhas cartas fossem postas no correio de Nova York no dia 20 daquele mês. Na noite do dia 24, minha tia veio dizer que o dr. Flint e a esposa estavam conversando baixinho sobre uma carta que ele tinha recebido, e ele prometeu trazer a carta quando viesse do consultório para o chá. Então concluí que ouviria minha carta ser lida na manhã seguinte. Disse à minha avó que com certeza o dr. Flint apareceria, e pedi que o fizesse sentar perto de uma determinada porta, que deveria ficar aberta para que eu escutasse o que ele diria. Na manhã seguinte, me posicionei para escutar o que vinha daquela porta e permaneci imóvel como uma estátua. Não demorou muito e ouvi o portão bater e os passos tão conhecidos entrarem na casa. Ele sentou na cadeira que lhe foi oferecida e disse: "Muito bem, Martha, eu trouxe uma carta de Linda. Ela me mandou uma carta também. Sei exatamente onde encontrá-la, mas não irei a Boston buscá-la. Preferiria que ela voltasse por vontade própria, de maneira respeitável. Seu tio Phillip é a melhor pessoa para ir buscá-la. Com *ele*, ela se sentiria perfeitamente livre para agir. Estou disposto a pagar as despesas de ida e volta. Ela será vendida a seus amigos. Os filhos dela são livres, pelo menos suponho que sejam, e quando você obtiver a liberdade dela, formarão uma família feliz. Suponho, Martha, que não faça objeções a que eu leia a carta que Linda escreveu para você".

Ele rompeu o selo e ouvi quando leu a carta. Que velhaco! Havia substituído a carta que escrevi por uma de sua autoria, que dizia o seguinte:

Cara avó: Faz muito tempo que quero lhe escrever, mas a maneira desgraçada como abandonei a você e aos meus filhos me fez ficar com vergonha. Se você soubesse o quanto sofri desde que fugi, teria pena e me perdoaria. Comprei a liberdade a um preço caro. Se qualquer providência puder ser tomada para que eu retorne ao Sul sem ser escrava, voltarei de bom grado. Se não, imploro que envie meus filhos para o Norte. Não posso mais viver sem eles. Avise-me a tempo e eu irei ao encontro deles em Nova York ou na Filadélfia, seja qual for o lugar mais conveniente ao meu tio. Escreva o mais rápido possível à sua pobre filha,

Linda

"É bem o que eu esperava que fosse", disse o velho hipócrita enquanto se levantava para ir embora. "Veja, a tolinha se arrependeu de sua imprudência e quer voltar. Precisamos ajudá-la, Martha. Converse com Phillip a respeito. Se ele for buscá-la, ela vai confiar nele e voltar. Gostaria de receber uma resposta amanhã. Passe bem, Martha."

Quando ele saiu para o pátio, deparou com minha menininha. "Ah, Ellen, é você?", ele disse, num tom gracioso. "Não tinha te visto. Como vai?"

"Muito bem, senhor", ela respondeu. "Ouvi o senhor dizer à minha avó que minha mãe vai voltar para casa. Eu quero ver minha mãe."

"Sim, Ellen, vou trazer sua mãe de volta muito em breve", ele respondeu. "E você vai poder ver sua mãe o tanto quanto quiser, sua pretinha de cabelo encaracolado."

Essa foi uma boa comédia para mim, que tinha escutado tudo, mas minha avó estava assustada e preocupada, pois o médico queria que meu tio fosse me buscar.

Na noite seguinte, o dr. Flint apareceu para discutir a questão. Meu tio lhe disse que, pelo que tinha ouvido do Massachusetts, achava que seria linchado se fosse até lá atrás de uma escrava fugida. "Só falácia e bobagem, Phillip!", respondeu o médico. "Acha que vou querer causar confusão em Boston? O negócio todo pode ser feito com discrição. Linda escreveu que quer voltar. Você é parente dela, e ela confiaria em *você*. O caso seria diferente se eu fosse. Ela pode fazer objeção a me acompanhar; e malditos sejam os abolicionistas se soubessem que eu era o senhor dela, não iriam acreditar em mim se dissesse que ela havia implorado para voltar. Causariam a maior confusão, e eu não gostaria de ver Linda pelas ruas feito uma negra comum. Ela foi muito ingrata a mim, que só agi por bondade, mas eu a perdoo e quero agir como amigo. Não desejo mantê-la como minha escrava. Os amigos de Linda podem comprá-la assim que ela chegar."

Ao ver que seus argumentos não tinham conseguido convencer meu tio, o médico resolveu "abrir o bico", dizendo que escrevera ao prefeito de Boston para que o assegurasse de que havia uma pessoa com minha descrição na rua e no número que constavam da minha carta. Ele omitira esse endereço na carta que havia criado para ler para a minha avó. Se eu tivesse dado o endereço como sendo de Nova York, o velho provavelmente teria feito outra viagem à cidade. Mas, mesmo naquela região sinistra, em que com tanto cuidado se nega o conhecimento ao escravo, eu ouvira falar o suficiente de Massachusetts para chegar à conclusão de que os senhores de escravos não consideravam o estado um lugar confortável para procurar um fugido. Isso foi antes que se aprovasse a Lei do Escravo Fugido, antes que Massachusetts consentisse ser um "caçador de preto" para o Sul.

Minha avó, que tinha ficado ressabiada por ver a família sempre em perigo, me procurou com uma expressão muito preocupada e disse: "O que você vai fazer se o prefeito de Boston avisar o dr. Flint que você não esteve lá? Ele vai desconfiar que a carta foi um truque e talvez descubra algo a respeito dela, e todos nós vamos ter problemas. Ah, Linda, queria que você nunca tivesse mandado essas cartas".

"Não se preocupe, avó", falei. "O prefeito de Boston não vai se dar ao trabalho de caçar negros para o dr. Flint. No fim, as cartas vão funcionar. Um dia ainda saio desse buraco escuro."

"Espero que sim, menina", respondeu a velha amiga tão boa e paciente. "Faz muito tempo que você está aqui, quase cinco anos; mas no dia em que for embora, seja lá quando for, vai partir o coração da sua velha avó. Vou ficar todos os dias esperando a notícia de que você foi trazida de volta acorrentada e jogada na prisão. Deus te ajude, pobre menina! Vamos nos sentir agradecidos porque, mais dia, menos dia, todos iremos para o lugar onde os maus param de incomodar e os exaustos têm descanso." Meu coração respondeu: "Amém".

Se o dr. Flint havia escrito ao prefeito de Boston, era porque ele acreditava que minha carta era genuína, e é claro que não desconfiava que eu pudesse estar nas redondezas. As cartas foram de muita serventia para manter essa ilusão, porque fizeram com que meus amigos e eu nos sentíssemos menos ansiosos, e ainda seriam muito convenientes quando houvesse uma chance de fuga. Decidi, portanto, continuar a escrever cartas do Norte de vez em quando.

Passaram duas ou três semanas, e nenhuma notícia do prefeito de Boston; minha avó começou a dar ouvidos à minha súplica para sair da cela às vezes a fim de exercitar as pernas de modo a impedir que eu ficasse aleijada. Recebi licença para ir ao pequeno depósito bem cedo pela manhã e permanecer lá um pouquinho. Era um cômodo cheio de barris, só havia um espaço livre, bem embaixo do alçapão. Ele ficava em frente à porta, cuja parte de cima era de vidro e fora deixada sem cortina de propósito, para que os curiosos pudessem ver o que havia lá dentro. O ar ali era muito abafado, mas mesmo assim bem melhor que a atmosfera da minha cela, à qual eu tinha pavor de voltar. Descia assim que amanhecia e ficava lá até as oito horas, quando as pessoas começavam a circular e alguém poderia entrar no pátio. Tinha tentado várias aplicações para esquentar minhas pernas, mas não funcionaram. Elas estavam insensíveis e rígidas, era um esforço doloroso movê-las, e se meus inimigos tivessem se deparado comigo durante as primeiras manhãs em que tentei exercitá-las no pequeno espaço desocupado do depósito, seria impossível escapar deles.

XXVI.
Um período importante na vida do meu irmão

Sentia falta da companhia e da gentil atenção de meu irmão, William, que tinha ido para Washington com seu senhor, o sr. Sands. Recebemos várias cartas dele, sem nenhuma alusão a mim, mas escritas de maneira tal que eu sabia que ele não me esquecera. Disfarcei a letra e escrevi a ele. O período legislativo fora longo e, quando terminou, William nos escreveu informando que o sr. Sands iria para o Norte, passar um tempo fora, e ele o acompanharia. Eu sabia que o senhor dele havia lhe prometido a liberdade, mas não especificara o prazo. Será que William poderia confiar na sorte de um escravo? Lembrava como costumávamos conversar, quando pequenos, sobre a conquista de nossa liberdade, e achava muito duvidoso que meu irmão algum dia fosse voltar para nós.

Minha avó recebeu uma carta do sr. Sands dizendo que William tinha se mostrado um criado dos mais leais, e ele também diria um amigo valoroso; que nenhuma mãe havia criado um rapaz melhor. Disse que tinha viajado pelos estados do Norte e para o Canadá, e que os abolicionistas tentaram atraí-lo, em vão. Terminou dizendo que eles deveriam estar em casa em breve.

Esperamos por cartas de William descrevendo as novidades da sua jornada, mas não chegou nenhuma. Com o tempo, fomos informados de que o sr. Sands voltaria no fim do outono, recém-casado. Continuávamos sem receber cartas de William. Eu tinha quase certeza de que nunca mais o veria no Sul, mas será que ele não tinha nenhuma palavra de conforto para enviar a seus amigos em casa? À pobre cativa em seu calabouço? Meus pensamentos vagavam do passado obscuro ao futuro incerto. Sozinha em minha cela, onde só o olho de Deus podia me ver, chorava lágrimas amargas. Rezava ardorosamente para que ele me devolvesse a meus filhos e me habilitasse a ser uma mulher útil e uma boa mãe.

Finalmente chegou o dia em que os viajantes voltariam. Minha avó tomou providências amorosas para receber de volta ao velho lar seu menino ausente. Quando a mesa do almoço foi posta, o assento de William estava lá, separado. A charrete passou vazia. Minha avó serviu o almoço. Talvez tivesse sido detido por alguma necessidade de seu senhor, ela achou. Da minha prisão, eu escutava ansiosa, esperando a cada momento ouvir a voz e os passos do meu querido irmão. No decorrer da tarde, um rapaz, enviado pelo sr. Sands, disse à minha avó que William não voltara, que os abolicionistas o tinham convencido a ficar. Suplicou que ela não se preocupasse, ele tinha certeza de que ela veria William dali a alguns dias. Assim que tivesse tempo para refletir, ele voltaria, sabendo que não poderia esperar estar tão bem no Norte quanto estava com ele.

Se os leitores tivessem visto as lágrimas e ouvido os soluços, iriam achar que o mensageiro havia trazido a notícia de sua morte, não de sua liberdade. Minha velha e pobre avó pensou que nunca mais voltaria a ver seu menino querido. E eu fui egoísta. Pensei mais no que eu perdera do que no que meu irmão havia conquistado. Uma nova ansiedade começou a me atormentar. O sr. Sands tinha desembolsado uma boa quantia de dinheiro e naturalmente iria se sentir irritado com a perda que sofrera. Temi que isso fosse prejudicar as perspectivas dos meus filhos, que agora estavam se tornando propriedade valiosa. Ansiava por ter certeza da emancipação deles. Mais ainda porque agora seu senhor e pai estava casado. Eu conhecia a escravidão bem demais para saber que promessas feitas a escravos, apesar das boas intenções e de serem sinceras quando feitas, dependem de muitas contingências para serem cumpridas.

Por mais que eu desejasse que William fosse livre, o passo que ele tinha dado me deixava triste e ansiosa. O dia de descanso seguinte foi calmo e iluminado, tão lindo que parecia um dia no mundo eterno. Minha avó levou as crianças para o pátio, pois assim eu poderia escutar a voz delas. Seria um conforto para meu desalento, ela pensou, e de fato foi. Elas conversaram alegres, como só as crianças sabem fazer. Benny disse: "Avó, você acha que o tio Will foi embora para sempre? Ele nunca mais vai voltar? Talvez encontre minha mãe. Se encontrar, será que ela não vai ficar feliz de ver o tio? Por que você e o tio Phillip e todos nós não vamos morar onde minha mãe está? Eu ia gostar disso, você não ia, Ellen?".

"Sim, eu ia gostar", Ellen respondeu. "Mas como a gente ia encontrar a mãe? Você sabe onde, vó? Eu nem me lembro de como minha mãe é... você lembra, Benny?"

Benny estava começando a me descrever quando foram interrompidos por uma velha escrava, Aggie, uma vizinha próxima. Essa pobre criatura tinha presenciado a venda de seus filhos e vira quando os carregaram a partes desconhecidas, sem esperança de um dia receber notícias deles. Percebeu que minha avó tinha chorado e perguntou, solidária: "Qual é o problema, tia Marthy?".

"Ah, Aggie", ela respondeu, "parece que não vai sobrar nenhum dos meus filhos nem netos para me dar de beber quando eu estiver morrendo e para me deitar na terra. Meu menino não voltou com o sr. Sands. Ele ficou no Norte."

A infeliz e velha Aggie bateu palmas de alegria. "É por *isso* que você está chorando?", exclamou. "Ajoelhe-se e abençoe o Senhor! Eu não sei onde meus pobres filhos estão, e acho que nunca vou saber. Você não sabe para onde a pobre Linda foi, mas *sabe* onde está o irmão dela. Ele está em regiões livres, e esse é o lugar certo. Não resmungue sobre os feitos do Senhor, se ajoelhe e agradeça a Ele por sua bondade."

O que a pobre Aggie acabara de dizer era um tapa no meu egoísmo. Ela se deleitou com a fuga de alguém que era apenas seu colega de cativeiro, enquanto sua própria irmã só pensava no que a boa fortuna dele podia custar a seus filhos. Ajoelhei e rezei a Deus pedindo perdão e agradeci a Ele por uma pessoa da minha família ter sido salva das garras da escravidão.

Não demorou muito até recebermos uma carta de William. Ele escreveu que o sr. Sands sempre o tratara com bondade e que ele tinha tentado cumprir sua obrigação em relação a ele com lealdade. Desde menino, porém, ele ansiava pela liberdade e já havia passado por coisas suficientes para se convencer de que era melhor não deixar passar a chance que se oferecia. Concluiu dizendo: "Não se preocupe comigo, querida avó. Vou pensar sempre em você, e isso vai me incentivar a trabalhar com afinco e tentar fazer o que é certo. Quando tiver ganhado dinheiro suficiente para dar uma casa para você, talvez possa vir para o Norte, e vamos viver todos juntos e felizes".

O sr. Sands esmiuçou a tio Phillip os detalhes a respeito da partida de William. Contou: "Confiei nele como se fosse um irmão, tratei-o com a mesma bondade. Os abolicionistas conversaram com ele em vários lugares, mas eu não fazia ideia de que seriam capazes de atraí-lo. No entanto, não culpo William. Ele é jovem e desapegado, e aqueles tratantes do Norte o ludibriaram. Devo confessar que o patife foi muito ousado. Eu vi quando ele descia as escadas de Astor House com o baú nas costas e perguntei aonde estava indo. Ele disse que ia trocar o velho baú. Estava mesmo bem gasto, falei, e perguntei se não precisava de algum dinheiro. Ele disse que não, agradeceu e se foi. E não voltou na hora que eu esperava, mas o esperei com paciência. Finalmente fui verificar se nossos baús estavam arrumados, prontos para a viagem. Encontrei os baús trancados e um recado selado na mesa me informava onde encontrar as chaves. O sujeito até tentou ser religioso. Escreveu que esperava que Deus sempre me abençoasse e que me recompensasse por minha bondade, que não era o caso de não querer me servir, mas ele queria ser um homem livre e, se eu achava que ele havia errado, esperava ser perdoado. Eu tinha a intenção de lhe dar sua liberdade daqui a cinco anos. Ele podia ter confiado em mim. Ele se mostrou mal-agradecido, mas não vou atrás dele nem vou mandar buscá-lo. Tenho certeza de que ele logo vai voltar para mim".

Depois ouvi um relato feito pelo próprio William. Ele não tinha sido atraído por abolicionistas. Não precisava das informações que eles poderiam lhe dar a respeito da escravidão para estimular seu desejo de liberdade. Ele olhou para suas mãos e se lembrou que no passado estiveram acorrentadas. Que garantia tinha que não voltariam a ser? O sr. Sands era bom com ele, mas poderia postergar indefinidamente a promessa que fizera de lhe dar a liberdade. Poderia sofrer acanhamentos pecuniários e suas propriedades poderiam ser apreendidas por credores, ou até poderia morrer sem tomar nenhuma providência a favor dele. William sabia de inúmeros casos de senhores de escravos bondosos que tinham passado por dificuldades e, prudente, resolveu se assegurar da oportunidade que se apresentava para ser dono de si mesmo. Tinha escrúpulos de tomar dinheiro de seu senhor sob qualquer pretexto falso, então vendeu suas melhores roupas para pagar a passagem para Boston. Os senhores de escravos o consideraram um desgraçado indigno e mal-agradecido por se aproveitar da indulgência de seu senhor. O que *eles* teriam feito sob circunstâncias semelhantes?

Quando a família do dr. Flint soube que William abandonara o sr. Sands, deram muita risada. A sra. Flint externou suas costumeiras manifestações de sentimento cristão ao dizer: "Fico contente. Espero que ele nunca mais o recupere. Gosto de ver quando as pessoas são pagas na mesma moeda. Acredito que os filhos de Linda vão ter de pagar por isso. Ficaria contente de vê-los mais uma vez nas mãos do especulador, porque estou cansada de ver aqueles pretinhos marchando de um lado para outro pelas ruas".

XXVII.
Novo destino para as crianças

A sra. Flint proclamou sua intenção de informar à sra. Sands quem era o pai dos meus filhos. Da mesma maneira, ela se propôs a lhe contar que diaba ardilosa eu era, que eu tinha causado muitos problemas para a família dela, que, quando o sr. Sands estava no Norte, ela não tinha dúvidas de que eu havia ido atrás dele disfarçada e convencera William a fugir. Tinha certo motivo para alimentar tal ideia, porque eu escrevia do Norte de vez em quando, postando minhas cartas de vários lugares. Muitas delas caíram nas mãos do dr. Flint, como eu esperava que caíssem, e ele deve ter chegado à conclusão de que eu viajava bastante. Ele estava sempre de olho nos meus filhos, achando que no fim eles iriam levar à minha captura.

Outra provação inesperada estava reservada para mim. Um dia, quando o sr. Sands e sua esposa estavam caminhando pela rua, encontraram Benny. A senhora gostou dele e exclamou: "Que pretinho lindo! A quem ele pertence?".

Benny não escutou a resposta, mas voltou para casa indignado com a senhora desconhecida, porque ela o chamara de pretinho. Passados alguns dias, o sr. Sands procurou minha avó e falou que queria levar as crianças para a casa dele. Disse que tinha informado à esposa sobre sua relação com elas e contou que as crianças não tinham mãe, e ela quis vê-los.

Quando ele saiu, minha avó veio me perguntar o que eu faria. A questão parecia uma galhofa. O que eu *podia* fazer? Elas eram escravas do sr. Sands, e a mãe delas, a qual ele dissera à esposa que estava morta, era escrava. Talvez achasse que eu estivesse morta mesmo. Fiquei magoada e confusa demais para chegar a qualquer conclusão, e as crianças foram levadas sem meu conhecimento.

Uma irmã da sra. Sands, do Illinois, estava hospedada na casa dela. Sem filhos, ficou tão apegada a Ellen que se ofereceu para adotá-la e criá-la como uma filha. A sra. Sands quis ficar com Benjamin. Quando minha avó me contou, senti um abalo quase insuportável. Seria essa minha recompensa por ter sofrido em nome da liberdade dos meus filhos? É verdade, a perspectiva *parecia* justa, mas eu sabia muito bem como os senhores de escravos não levavam a sério as "relações paternais ou maternais". Se surgissem problemas pecuniários, ou se a nova esposa exigisse mais dinheiro do que fora poupado, meus filhos poderiam ser considerados meios convenientes de levantar fundos. Não tinha confiança em ti, ó Escravidão! Nunca conheceria a paz até que meus filhos estivessem emancipados com todas as formalidades exigidas pela lei.

Eu era orgulhosa demais para pedir ao sr. Sands que fizesse algo em meu próprio benefício, mas era capaz de suplicar por meus filhos. Decidi lembrá-lo da promessa que ele tinha feito e apelar para a honra dele para que fosse cumprida. Convenci minha avó a ir falar com ele e lhe dizer que eu não estava morta, e que eu sinceramente cobrava que ele mantivesse a promessa que me fizera; que eu ouvira falar das recentes propostas relativas aos meus filhos e não me sentia à vontade de aceitá-las, que ele prometera emancipá-los e que estava na hora de realizar sua intenção. Sabia que havia algum risco de eu assim revelar que estava nas redondezas, mas o que uma mãe não faz pelos filhos? Ele recebeu a mensagem com surpresa e disse: "As crianças são livres. Nunca tive a intenção de reivindicá-las como escravos. Linda pode decidir o destino delas. Na minha opinião, devem ser enviadas para o Norte. Não acho que estejam muito seguras aqui. O dr. Flint se gaba de elas ainda estarem sob seu mando. Alega que eram propriedade da sua filha, e ela era menor quando foram vendidas, por isso o contrato não tem valor legal".

Então, assim, depois de tudo que eu tinha passado pelo bem deles, meus pobres filhos estavam entre dois fogos, entre meu antigo senhor e o novo senhor deles! E eu estava impotente. Não havia proteção da lei a que eu pudesse recorrer. O sr. Sands propôs que no momento Ellen ficasse com alguns parentes seus que tinham se mudado para o Brooklyn, em Long Island. Prometeu que ela seria bem cuidada e enviada para a escola. Consenti, achando que era a melhor solução para ela. Minha avó, é claro, negociou tudo, e a sra. Sands não soube de mais ninguém envolvido na transação. Ela propôs que Ellen fosse com eles para Washington e ficasse lá até que surgisse uma boa oportunidade de mandá-la, com amigos, para o Brooklyn. Ela teve uma filhinha. Eu a avistei quando a babá passou com ela no colo. Não foi agradável pensar que a filha da mulher cativa fosse cuidar da sua irmã nascida livre, mas não havia alternativa. Ellen foi preparada para a viagem. Ah, como pesou no meu coração mandá-la embora, tão pequena, sozinha, entre desconhecidos! Sem o amor da mãe para protegê-la das tempestades da vida, quase sem lembrança de ter mãe! Me perguntava se ela e Benny teriam por mim a afeição natural que as crianças sentem pela mãe. Pensava comigo mesma que talvez nunca mais fosse ver minha filha, e ansiei que ela me visse antes de partir para que pudesse levar minha imagem na memória. Parecia cruel que ela me visse em meu calabouço. Já era tristeza suficiente para seu jovem coração saber que sua mãe era vítima da escravidão, desnecessário ver o esconderijo horroroso a que fora obrigada a suportar. Implorei que me deixassem passar a noite com minha menininha em algum cômodo. Acharam que eu era louca por confiar um segredo tão perigoso a uma criança tão pequena. Eu disse que havia observado seu caráter e tinha certeza de que ela não iria me trair, que eu estava determinada a falar com ela e que, se eles não fossem ajudar, eu ia tomar minhas próprias providências para tanto. Reclamaram da temeridade de tal procedimento, mas, percebendo que não iam me demover, cederam. Deslizei para o depósito e meu tio ficou de vigia no portão enquanto eu atravessava o pátio e subia a escada para o quarto que eu costumava ocupar. Fazia mais de cinco anos que eu não o via, e agora as memórias me arrebatavam! Ali eu havia me abrigado quando minha senhora me expulsou de sua casa; ali meu velho tirano tinha ido caçoar de mim, me insultar e me xingar; ali peguei meus filhos no colo pela primeira vez; ali eu tinha cuidado deles, todos os dias, com um amor mais profundo e mais triste; ali ajoelhara a Deus, com o coração angustiado, pedindo que perdoasse o erro que eu havia cometido. Como tudo isso voltou de modo vívido! E depois desse intervalo longo e melancólico, fiquei ali parada, destroçada!

Em meio a essas meditações, ouvi passos na escada. A porta se abriu e meu tio Phillip entrou, puxando Ellen pela mão. Eu a abracei e disse: "Ellen, minha filha querida, eu sou sua mãe". Ela recuou um pouco e olhou para mim; então, com uma segurança doce, ela encostou a bochecha na minha e eu a apertei contra o coração que havia tanto tempo estava desolado. Ela foi a primeira a falar; ergueu a cabeça e perguntou: "Você é *mesmo* minha mãe?". Respondi que sim, que durante todo o tempo que não tinha me visto, eu a amara com toda a ternura e agora que ela estava indo embora eu quis vê-la e conversar com ela, para que pudesse se lembrar de mim. Com um soluço na voz, ela disse: "Fico feliz por você ter vindo me ver, mas por que nunca veio antes? O Benny e eu queríamos tanto ver você! Ele se lembra de você, e às vezes me fala de você. Por que não veio para casa quando o dr. Flint foi te buscar?".

Eu perguntei: "Eu não pude vir antes, querida. Mas agora que estou aqui com você, diga se você quer ir embora". "Não sei", ela respondeu, chorando. "Minha avó diz que não devo chorar, que eu vou para um lugar bom, onde vou poder aprender a ler e a escrever, e que com o tempo vou poder escrever uma carta para ela. Mas vou ficar sem o Benny, sem minha avó, sem o tio Phillip ou qualquer outra pessoa para me amar. Você não pode vir comigo? Ah, venha *sim*, minha mãe querida!"

Não podia ir agora, eu disse, mas algum dia iria até ela, e então ela, Benny e eu moraríamos juntos e seríamos felizes. Ela queria correr e trazer Benny para me ver agora. Em pouco tempo ele iria para o Norte com o tio Phillip, falei, e então eu iria vê-lo antes de ele partir. Perguntei se queria que eu ficasse a noite toda e dormisse com ela. "Ah, sim", respondeu. Então se virou para o tio e pediu, implorando: "*Posso* ficar? Por favor, tio! Ela é minha mãe". Ele pôs a mão na cabeça dela e afirmou, em tom solene: "Ellen, este é o segredo que você prometeu à sua avó que nunca iria contar. Se algum dia falar disso para alguém, nunca mais vão deixar você ver sua avó, e sua mãe nunca poderá ir ao Brooklyn". "Tio", ela respondeu, "eu nunca vou contar." Meu tio disse que ela podia ficar comigo e, quando ele saiu, eu a abracei e contei que era escrava, e essa era a razão pela qual ela nunca devia dizer que me viu. Pedi que fosse uma boa menina, que tentasse agradar às pessoas no lugar para onde ia, e disse que Deus iria arrumar amigos para ela. Que fizesse suas orações e se lembrasse sempre de orar por sua pobre mãe, e que Deus permitiria que voltássemos a nos encontrar. Ela chorou, e eu nada fiz para deter suas lágrimas. Talvez ela nunca mais tivesse a oportunidade de derramar lágrimas no peito da mãe. Ela passou a noite toda aninhada em meus braços, e não tive vontade de cair no sono. Os instantes eram preciosos demais para perder qualquer um deles. Um momento, achando que ela estivesse dormindo, beijei sua testa de leve. "Não estou dormindo, mãe", ela disse.

Antes do amanhecer vieram me buscar para me levar de volta ao esconderijo. Puxei de lado a cortina da janela para olhar para a minha filha pela última vez. O luar brilhou em seu rostinho e eu me debrucei por cima dela, como tinha feito anos antes, naquela noite terrível em que fugi. Abracei-a bem apertado contra meu coração que batia forte, e lágrimas, tristes demais para olhos tão jovens derramarem, escorreram por suas bochechas quando me deu o último beijo e sussurrou no meu ouvido: "Mãe, eu nunca vou contar". E ela nunca contou.

Quando voltei ao esconderijo, caí na cama e fiquei chorando, sozinha na escuridão. Parecia que meu coração ia explodir. Quando chegou a hora da partida de Ellen, escutei as vizinhas e amigas dizendo a ela: "Adeus, Ellen. Espero que sua pobre mãe a encontre. Como você *vai* ficar feliz de vê-la!". Ela respondia: "Sim, senhora", e elas mal sonhavam que a menina carregava em seu jovem coração um segredo tão pesado. Ellen era uma criança afetuosa, mas naturalmente muito reservada, exceto com as pessoas que amava, e eu tinha certeza de que meu segredo estaria seguro. Ouvi o portão se fechar atrás dela sentindo o que apenas uma mãe escrava é capaz de experimentar. Durante o dia, meus pensamentos eram muito tristes. Às vezes temia ter sido muito egoísta por não ter desistido de meu direito sobre ela e não ter permitido que fosse para o Illinois para ser adotada pela irmã da sra. Sands. Foi minha experiência com a escravidão que me fez relutar. Temia que pudessem surgir circunstâncias que fariam com que ela fosse mandada de volta. Tinha certeza de que iria para Nova York, e então poderia cuidar dela e, em certo grau, protegê-la.

Só depois de Ellen ter ido embora a família do dr. Flint tomou conhecimento do arranjo, e a notícia os deixou imensamente desgostosos. A sra. Flint fez uma visita à irmã da sra. Sands para esclarecer a questão. Ela expressou sua opinião de modo muito livre em relação ao respeito que o sr. Sands demonstrava pela esposa e ao caráter dele ao reconhecer esses "pretinhos". Já em relação a Ellen ter sido mandada para longe, ela declarou que era tão justo quanto se ele chegasse e levasse um móvel da sala dela. Disse que a filha não tinha idade para assinar o recibo de venda e que as crianças eram sua propriedade e que, quando chegasse à maioridade ou se casasse, poderia pegá-los de volta, em qualquer lugar em que pudesse pôr as mãos neles.

A srta. Emily Flint, a menininha que tinha me herdado, estava com dezesseis anos. A mãe considerava correto e honrável que ela, ou seu futuro marido, roubassem meus filhos, mas não entendia como alguém era capaz de andar com a cabeça erguida na sociedade respeitável depois de ter comprado os próprios filhos, como o sr. Sands tinha feito. O dr. Flint falou muito pouco. Talvez pensasse que se ficasse quieto fosse menos provável Benny ser mandado para longe. Uma das minhas cartas que caiu nas mãos dele tinha sido datada do Canadá; ele agora raramente falava de mim. Esse estado de coisas me permitiu me esgueirar para o depósito com mais frequência; lá eu podia ficar em pé e mexer as pernas mais livremente.

Dias, semanas e meses se passaram, e não chegava nenhuma notícia de Ellen. Mandei uma carta para o Brooklyn, em nome da minha avó, perguntando se ela havia chegado. Veio a resposta negativa. Escrevi para Washington, não recebi resposta. Lá deveria estar uma pessoa que poderia ser solidária com a ansiedade dos amigos da criança, mas os elos de uma relação como a que ele tinha formado comigo se rompem e são descartados como lixo com facilidade. E no entanto, como ele havia falado, no passado, de maneira protetora e convincente com a pobre e impotente menina escrava! E como eu confiara nele completamente! Mas agora a desconfiança me obscurecia a visão. Será que minha filha estava morta, ou será que tinham me enganado e ela havia sido vendida?

Se as memórias secretas de vários membros do Congresso fossem publicadas, seriam revelados detalhes curiosos. Certa vez vi a carta de um membro do Congresso a uma escrava que era mãe de seis dos seus filhos. Ele escreveu para requisitar que ela mandasse os filhos para longe da casa grande antes que ele estivesse de volta, já que esperava chegar na companhia de amigos. A mulher não sabia ler e foi obrigada a pedir a alguém que lesse a carta. A existência dos filhos negros não preocupava esse cavalheiro, era só o medo de que os amigos pudessem reconhecer nos traços deles uma semelhança com o senhor.

Passados seis meses, chegou uma carta do Brooklyn para a minha avó. Tinha sido escrita por uma moça da família, anunciando que Ellen acabara de chegar. Continha a seguinte mensagem dela: "Eu tento fazer bem o que você me disse e oro por você toda noite e toda manhã". Compreendi que essas palavras eram dirigidas a mim e foram um bálsamo para o meu coração. A autora terminou a carta dizendo: "Ellen é uma menininha agradável, e vamos gostar de tê-la conosco. Meu primo, o sr. Sands, deu Ellen para mim, para ser minha pequena aia. Vou mandá-la para a escola e espero que um dia ela possa escrever para você ela mesma". Essa carta me deixou perplexa e preocupada. Será que o pai da minha filha simplesmente a deixara lá até que tivesse idade bastante para se sustentar? Ou será que a tinha dado para sua prima como se fosse um bem? Se a última hipótese estivesse correta, a prima dele poderia voltar ao Sul a qualquer momento e tomar Ellen como escrava.[8] Tentei afastar de mim a ideia dolorosa de que algo assim tão injusto tivesse sido feito conosco. Disse a mim mesma: "Certamente deve existir *alguma* justiça no homem", então lembrei, com um suspiro, como a escravidão pervertia todos os sentimentos naturais do coração humano. Senti uma pontada ao olhar para o meu menino com o coração tão leve. Ele acreditava ser livre, e vê-lo sob a opressão da escravidão seria mais do que eu era capaz de suportar. Como ansiava por vê-lo a salvo, longe do alcance de seu jugo!

XXVIII.
Tia Nancy

Já mencionei minha tia maravilhosa que era escrava na família do dr. Flint e que tinha sido meu refúgio durante as perseguições vergonhosas que sofri dele. Essa tia havia se casado aos vinte anos, quer dizer, até onde uma escrava *pode* se casar. Ela teve o consentimento do senhor e da senhora dela, e um pastor executou a cerimônia. Mas foi mera formalidade sem qualquer valor legal. Se quisessem, o senhor ou a senhora dela poderiam anular o documento a qualquer hora. Ela sempre dormira no chão, perto da porta dos aposentos da sra. Flint, para poder estar à sua disposição. Quando casou, disseram que ela poderia usar um quartinho numa cabaninha perto da casa. A mãe e o marido dela mobiliaram a casa. Ele era marinheiro e tinha permissão para dormir ali quando estava em terra. Na noite do casamento, porém, ordenaram à noiva que retomasse seu posto no chão da entrada do quarto.

A sra. Flint, na época, não tinha filhos, mas estava grávida — e se quisesse beber água à noite, como faria sem uma escrava para servi-la? Então minha tia foi obrigada a se deitar à porta dela, até que um dia, à meia-noite, teve de ir embora para dar à luz um bebê prematuro. Passadas duas semanas, teve de reassumir seu lugar no chão porque o bebê da sra. Flint exigia a atenção dela. Tia Nancy ocupou seu posto durante verões e invernos, ao longo dos quais deu à luz seis bebês prematuros e, durante todo o tempo, foi empregada como babá noturna dos filhos da sra. Flint. Finalmente, o trabalho duro o dia todo e a privação de descanso à noite acabaram com sua constituição, e o dr. Flint declarou que seria impossível que ela um dia se tornasse mãe de uma criança viva. O medo de perder uma servente tão valiosa por morte então o levou a permitir que ela dormisse em seu quartinho na cabaninha, salvo se houvesse alguém doente na família. Depois disso, ela teve dois bebês fracos, um morreu após alguns dias e o outro em quatro semanas. Lembro muito bem do seu pesar paciente com o último bebê morto nos braços. "Eu queria que ele tivesse sobrevivido", ela disse. "Não é o desejo de Deus que nenhum de meus filhos sobreviva. Mas vou me esforçar para estar à altura de encontrar suas pequenas almas no céu."

Tia Nancy era arrumadeira e aia na família do dr. Flint. De fato, ela era a *faz-tudo* da casa. Nada ia bem sem ela. Ela era irmã gêmea da minha mãe e, até onde podia, fazia as vezes de mãe para nós, órfãos. Dormi com ela todo o tempo em que servi na casa do meu antigo senhor, e a ligação entre nós era muito forte. Quando meus amigos tentavam me convencer a não fugir, ela sempre me incentivava. Quando achavam que era melhor eu voltar e pedir o perdão do meu senhor porque não havia possibilidade de fuga, ela mandava me dizer para não desistir nunca. Se tivesse perseverança, ela falava, talvez pudesse obter a liberdade dos meus filhos; e mesmo que eu perecesse fazendo isso, era melhor do que deixá-los gemendo sob as mesmas perseguições que tinham destruído minha vida. Depois que fui trancada na cela escura, ela vinha escondida, sempre que podia, me trazer notícias e dizer algo para me animar. Quantas vezes me ajoelhei para escutar suas palavras de consolo, sussurradas através de uma fresta! "Estou velha e não tenho mais muito tempo de vida", ela costumava dizer. "E eu morreria feliz se apenas pudesse ver você e as crianças livres. Você deve orar a Deus, Linda, como eu faço por você, para que Ele a guie para fora dessa escuridão." Eu implorava que ela não se preocupasse por minha causa, que cedo ou tarde haveria um fim para todo o sofrimento, e eu sempre me lembraria dela como a boa amiga que tinha sido o conforto da minha vida. Uma palavra dela sempre me fortalecia, e não apenas a mim. Toda a família confiava em sua opinião e era guiada por seus conselhos.

Fazia seis anos que eu estava na cela quando minha avó foi chamada para a beira do leito de tia Nancy, a última filha que lhe sobrara. Ela estava muito doente e disseram que iria morrer. Fazia muitos anos que minha avó não entrava na casa do dr. Flint. A família a tratara com crueldade, mas agora ela não se importava com isso. Ficou agradecida por ter permissão para permanecer ao lado do leito de morte da filha. Elas sempre tinham sido dedicadas uma à outra e agora estavam ali, se olhando nos olhos, ansiando por falar sobre o segredo que pesava tanto no coração das duas. Minha tia foi acometida de paralisia e só viveu mais dois dias depois disso; no último, ficou sem falar. Antes de perder o poder da palavra, disse à sua mãe para não ficar triste se não pudessem mais se falar, que ela tentaria erguer a mão para mostrar que estava tudo bem com ela. Até o médico de coração de pedra ficou um pouco tocado quando viu a moribunda tentando sorrir para a mãe de idade avançada, ajoelhada a seu lado. Os olhos dele se umedeceram por um momento ao dizer que ela sempre havia sido uma servente fiel e que nunca seriam capazes de substituí-la. A sra. Flint se aproximou da cama, bastante afetada com a notícia. Enquanto minha avó estava lá sozinha com a falecida, o médico entrou com o filho mais novo, que sempre tinha sido o queridinho da tia Nancy e era muito apegado a ela. "Martha", ele disse, "tia Nancy amava este menino, e quando ele for à sua casa, espero que seja bondosa com ele, em nome dela." Ela respondeu: "Sua esposa foi minha filha postiça, dr. Flint, irmã postiça da minha Nancy tão infeliz, e o senhor pouco me conhece se acha que posso sentir qualquer outra coisa se não boa vontade para com os filhos dela".

"Gostaria que o passado pudesse ser esquecido e que pudéssemos nunca mais pensar nele", disse o dr. Flint. "E que Linda voltasse para preencher o lugar da tia. Ela valeria mais para nós do que todo o dinheiro que poderia ser pago por ela. Gostaria disso pelo seu bem também, Martha. Agora que Nancy foi tirada de você, ela seria um ótimo conforto na sua velhice."

Ele sabia que estava tocando numa ferida aberta. Quase engasgada de pesar, minha avó respondeu: "Não fui eu quem fiz Linda ir embora. Meus netos se foram, e dos meus nove filhos só sobrou um. Deus me ajude!".

Para mim, a morte dessa parente tão boa foi um pesar indizível. Eu sabia que ela havia sido assassinada lentamente, e sentia que meus problemas tinham ajudado a terminar o serviço. Depois que fiquei a par de sua doença, sempre prestava atenção nas notícias trazidas da casa grande, e a ideia de que eu não podia ir até ela me deixava completamente arrasada. Por fim, quando tio Phillip entrou em casa, ouvi alguém perguntar: "Como ela está?". E ele respondeu: "Ela morreu". Senti minha pequena cela rodopiar e não vi mais nada até abrir os olhos e encontrar tio Phillip debruçado por cima de mim. Eu não precisava fazer nenhuma pergunta. Ele sussurrou: "Linda, ela morreu feliz". Não consegui chorar. Meu olhar fixo o deixou preocupado. "Não fique *assim*", ele disse. "Não aumente as preocupações da minha pobre mãe. Lembre-se do quanto ela tem de suportar e que nós precisamos fazer todo o possível para reconfortá-la." Ah, sim, aquela abençoada avó, que por 73 anos suportara as tempestades furiosas de uma mãe escrava. Ela de fato precisava de consolo.

A sra. Flint deixara sem filhos a pobre irmã postiça, aparentemente sem nenhum remorso, e com seu egoísmo cruel, acabou com a saúde dela por anos de incessante trabalho pesado e não reconhecido, sem descanso adequado. Mas agora ela parecia muito sentimental. Suponho que se o corpo exaurido de sua servente fosse enterrado a seus pés, ela acharia ser uma bela ilustração do apego entre a senhora de escravos e a escrava. Ela mandou chamar o pastor e perguntou se ele fazia alguma objeção em enterrar tia Nancy no cemitério da família do médico. Nenhuma pessoa negra jamais tinha tido permissão para ser enterrada no cemitério dos brancos, e o ministro sabia que todos os falecidos da família de tia Nancy estavam deitados juntos no antigo cemitério dos escravos. Ele então respondeu: "Eu não faço objeção a atender seu pedido, mas talvez a *mãe* de tia Nancy possa escolher o local em que os restos mortais da filha devem ser depositados".

Nunca tinha ocorrido à sra. Flint que escravos pudessem ter sentimento. Quando minha avó foi consultada, ela na hora quis que Nancy repousasse com todo o resto da família, no lugar onde seu corpo velho seria enterrado. A sra. Flint graciosamente acatou o seu pedido, apesar de dizer como lhe doía ver Nancy enterrada longe *dela*. Ela poderia ter adicionado, em tom patético: "Por tanto tempo me *acostumei* a dormir com ela deitada perto de mim, no chão da entrada".

Meu tio Phillip pediu permissão para enterrar a irmã com seu próprio dinheiro, um favor que os senhores de escravos estão *sempre* prontos para conceder a escravos e seus parentes. As providências foram simples mas perfeitamente respeitáveis. Ela foi enterrada no Sabá, e o pastor da sra. Flint leu o serviço do funeral. Havia uma grande aglomeração de pessoas negras, cativas e livres, e alguns poucos brancos que sempre tinham sido simpáticos à nossa família. A carruagem do dr. Flint participou da procissão, e quando o corpo foi depositado em seu jazigo humilde, a senhora derramou uma lágrima e retornou à carruagem, provavelmente achando que tinha desempenhado seu papel com nobreza.

O evento foi comentado pelos escravos como um enterro muito grandioso. Viajantes do Norte de passagem poderiam descrever a homenagem de respeito à falecida humilde como uma bela característica da "instituição patriarcal", uma prova tocante do apego entre senhores de escravos e serventes, e a sra. Flint, de coração tão terno, teria confirmado essa impressão com um lencinho nos olhos. *Nós* poderíamos ter contado uma história diferente. Poderíamos ter oferecido um capítulo de injustiças e sofrimentos que lhes teria tocado o coração, se *tivessem* algum que sentisse algo pelas pessoas negras. Poderíamos ter contado como a pobre mãe escrava trabalhou duro, ano após ano, para ganhar oitocentos dólares a fim de comprar o direito de seu filho Phillip com seus próprios vencimentos, e como o mesmo Phillip pagou as despesas do enterro, que consideravam ser de tanto crédito ao senhor. Poderíamos também ter contado sobre uma jovem criatura infeliz e malograda, presa num túmulo vivo havia anos para evitar as torturas que lhe seriam infligidas caso se aventurasse a sair e olhar no rosto da amiga que se fora.

Pensei tudo isso e muito mais sentada em meu esconderijo, esperando a família voltar do túmulo, ora chorando, ora caindo no sono, sonhando coisas estranhas sobre os mortos e os vivos.

Foi triste testemunhar o luto e a desolação da minha avó. A vida toda ela fora tão forte para suportar tudo, e agora, como sempre, a fé lhe dava apoio. Mas sua vida soturna ficara ainda mais soturna, e a idade e as preocupações estavam deixando marcas profundas em seu rosto murcho. Ela tinha que dar umas batidinhas em quatro lugares diferentes para que eu entendesse que precisava ir até o alçapão, cada lugar significando um motivo diferente. Agora ela aparecia com mais frequência do que antes e me falava da filha morta entre lágrimas que escorriam por suas faces cavas. Disse tudo que podia para reconfortá-la, mas era triste pensar que eu, em vez de poder ajudá-la, era uma fonte constante de ansiedade e preocupação. Suas costas velhas e infelizes faziam jus a seu fardo, encurvadas mas inteiras.

XXIX.
Preparativos para a fuga

Não espero que os leitores me deem crédito quando afirmo que durante quase sete anos vivi naquele buraco lúgubre, tão pouco arejado e sem espaço para mexer as pernas. Mas é um fato, e para mim é um fato triste, já que meu corpo até hoje sofre os efeitos daquele longo aprisionamento, isso para não falar da minha alma. Membros da família que hoje vivem em Nova York e Boston podem testemunhar a verdade do que digo.

Incontáveis foram as noites em que fiquei até bem tarde debruçada sobre aquele buraquinho do qual mal podia vislumbrar uma estrela piscando. Ali, ouvi as patrulhas e os caçadores de escravos discutindo a captura de fugidos, ciente de que ficariam felizes se me pegassem.

Estação após estação, ano após ano, espiei o rosto dos meus filhos e ouvi suas vozes doces com o coração sempre ansiando por dizer: "Sua mãe está aqui". Às vezes parecia que haviam se passado eras desde que eu tinha entrado naquela existência monótona e lúgubre. Às vezes ficava entorpecida e apática; outras, impaciente para saber quando esses anos obscuros acabariam e eu poderia mais uma vez ter permissão para sentir o sol e respirar o ar puro.

Depois que Ellen nos deixou, essa sensação cresceu. O sr. Sands tinha concordado que Benny poderia ir para o Norte quando tio Phillip pudesse ir com ele, e eu estava ansiosa para ir também, para cuidar dos meus filhos e protegê-los na medida do possível. Além do mais, se permanecesse na minha toca por muito mais tempo, era provável que fosse expulsa pela água, pois o telhado inclinado estava se deteriorando a olhos vistos e tio Phillip temia que, se removesse as telhas de madeira, alguém poderia me ver. Se chovia muito à noite, estendiam sobre o telhado esteiras e tapetes que no dia seguinte pareciam ter sido postos para fora para secar; cobrir o telhado durante o dia, porém, poderia chamar a atenção. E assim minhas roupas e meu colchão estavam sempre encharcados, o que aumentou muito as dores e sensações desagradáveis em minhas pernas rígidas tomadas por cãibras. Vários planos de fuga giravam em minha mente e eu às vezes os relatava à minha avó quando ela vinha sussurrar comigo no alçapão. Aquela mulher de idade e de coração bom era muito solidária com os fugidos. Conhecia muito bem as crueldades infligidas àqueles que tinham sido capturados. Na mesma hora sua memória voava ao sofrimento de seu filho inteligente e bonito, Benjamin, o mais novo e ousado da turma. Então, sempre que eu tocava no assunto, ela resmungava: "Ah, não pense nisso, menina. Você vai partir meu coração". Já não tinha minha boa e velha tia Nancy para me incentivar, mas meu irmão William e meus filhos o tempo todo me chamavam para o Norte.

E agora preciso recuar alguns meses na minha história. Mencionei que o 1º de janeiro era o dia de vender escravos ou arrendá-los a outros senhores. Se o tempo fosse contado em batidas do coração, aquele feriado tão alegre para as pessoas livres significariam anos de sofrimento para os pobres escravos. No Ano-Novo que precedeu a morte da minha tia, uma de minhas amigas, Fanny, seria vendida em leilão para pagar as dívidas de seu senhor. Passei o dia inteiro pensando nela e, à noite, estava ansiosa para saber o que havia acontecido. Fui informada de que ela fora vendida a um senhor, e suas quatro filhas pequenas para outro, num lugar muito distante; que ela fugira de seu comprador e ninguém a encontrava. Sua mãe era a velha Aggie de quem já falei. Ela morava numa pequena casa de cômodos que pertencia à minha avó, construída no mesmo terreno da casa da minha avó. Sua morada foi revistada e vigiada, e isso trouxe patrulhas para tão perto de mim que fui obrigada a ficar bem quieta em meu esconderijo. De algum modo os caçadores foram despistados e, pouco depois, Benny por acaso avistou Fanny na cabana de sua mãe. Ele contou à sua avó, que lhe disse para nunca falar sobre aquilo, explicando-lhe as consequências apavorantes, e ele nunca traiu sua confiança. Aggie mal sonhava que minha avó sabia onde sua filha estava escondida e que o perfil encurvado de sua vizinha se dobrava sob um fardo semelhante de ansiedade e medo, mas esses segredos perigosos aprofundavam a solidariedade entre as duas mães perseguidas.

Minha amiga Fanny e eu passamos muitas semanas escondidas uma da outra à distância de um grito, mas ela não sabia disso. Queria muito que ela compartilhasse do meu esconderijo, que me parecia um local mais seguro que o dela, mas já tinha causado tantos problemas à minha avó que seria errado pedir que corresse ainda mais riscos. Minha inquietação cresceu. Tinha vivido tempo demais com dores no corpo e angústia no espírito. Não passava um dia em que não temesse que, por algum acidente ou artifício, a escravidão conseguisse arrancar meus filhos de mim. Esse pensamento me deixava quase louca e determinada a me guiar pela estrela do Norte apesar de todos os riscos. Em meio a essa crise, a Providência abriu um caminho inesperado para a minha fuga. Meu amigo Peter apareceu certa noite e pediu para falar comigo. "Seu dia chegou, Linda", ele disse. "Descobri uma oportunidade de você ir para os Estados Livres. Você tem uma quinzena para decidir." A notícia parecia boa demais para ser verdade, mas Peter me explicou tudo e disse que bastava eu falar que iria. Ia responder com um sim cheio de alegria, mas pensei em Benny. A tentação era forte demais, eu disse, mas tinha um medo terrível do suposto mando do dr. Flint sobre meu filho e não poderia partir deixando o menino para trás. Peter argumentou muito. Uma chance tão boa podia nunca mais acontecer, Benny era livre e poderia ser mandado para mim, e, em nome do bem-estar dos meus filhos, eu não devia hesitar nem por um momento. Iria consultar tio Phillip, eu disse. Meu tio se animou com o plano e pediu que eu fosse de qualquer maneira. Prometeu, se sua vida fosse poupada, que ou iria levar ou mandar meu filho para mim assim que eu alcançasse um lugar seguro. Resolvi ir, mas achei que nada devia ser dito à minha avó até bem perto do momento da partida. Meu tio, porém, achou que ela iria sentir mais se eu fosse embora abruptamente. "Vou conversar com ela", ele disse, "e convencê-la de como isso é necessário, não apenas pelo seu bem, mas pelo dela também. É visível que ela está afundando sob os fardos." Eu não estava cega a isso. Sabia que me esconder era uma fonte constante de ansiedade e que, quanto mais envelhecia, mais ela ficava nervosa e temerosa de que me descobrissem. Meu tio conversou com ela e enfim conseguiu convencê-la de que era absolutamente necessário que eu aproveitasse a oportunidade oferecida de modo tão inesperado.

A ansiedade de me tornar uma mulher livre se mostrou quase excessiva para meu corpo fraco. A animação me estimulava e ao mesmo tempo me assustava. Tomei muitas providências para a viagem e para que meu filho me seguisse. Resolvi falar com ele antes de ir embora, assim poderia lhe fazer advertências, dar-lhe conselhos e dizer como iria esperar ansiosamente por ele no Norte. Minha avó me visitava escondida sempre que possível para sussurrar conselhos, e insistiu que escreveria ao dr. Flint assim que eu chegasse aos Estados Livres pedindo para me comprar. Disse que sacrificaria sua casa e tudo que tinha no mundo para me ver a salvo com meus filhos em qualquer parte do mundo. Se pudesse viver para saber *disso*, poderia morrer em paz. Prometi à velha e fiel amiga que escreveria assim que desembarcasse e que mandaria a carta de maneira segura para que chegasse até ela, mas na minha mente tomei a decisão de que nem mais um centavo de seu dinheiro ganho com tanto esforço deveria ser gasto para pagar a senhores de escravos gananciosos por aquilo que consideravam propriedade deles. E mesmo que eu não fosse contrária a comprar aquilo que já tinha direito a possuir, minha noção humanitária teria me impedido de aceitar a oferta generosa, à custa de expulsar de sua casa e de seu lar minha parente idosa quando ela tremia à beira da cova.

Eu fugiria num navio, mas vou me abster de mencionar os detalhes. Já estava pronta quando inesperadamente detiveram a embarcação por vários dias. Nesse ínterim chegou a notícia do assassinato horripilante de um escravo fugido chamado James. Charity, a mãe desse infeliz, era uma velha conhecida nossa. Narrei os detalhes chocantes da morte dele quando descrevi alguns dos senhores de escravos das redondezas. Minha avó, sempre de sensibilidade nervosa em relação aos fugidos, ficou tremendamente apavorada. Ela estava certa de que um destino parecido estaria à minha espera caso não desistisse do meu plano. Soluçou, gemeu e me implorou para não ir. Seu pavor foi um tanto contagioso e meu coração não estava à prova de sua agonia extrema. Embora profundamente decepcionada, prometi desistir do projeto.

Quando meu amigo Peter soube, ficou decepcionado e irritado. Disse que, a julgar por nossa experiência passada, demoraria muito tempo até que se apresentasse uma nova oportunidade. Respondi que a oportunidade não precisava ser descartada, que eu tinha uma amiga escondida por perto e que ela ficaria bem contente de tomar o lugar que havia sido providenciado para mim. Falei da pobre Fanny, e o nobre rapaz de bom coração, que nunca dava as costas para ninguém que estivesse em apuros, branco ou negro, expressou sua prontidão em ajudá-la. Aggie ficou muito surpresa quando descobriu que conhecíamos seu segredo. Ficou felicíssima de saber de tal oportunidade para Fanny e foram tomadas providências para que ela embarcasse no navio na noite seguinte. Ambas supunham que eu estava no Norte havia muito tempo, portanto meu nome não foi mencionado na transação. Fanny foi levada a bordo no horário determinado e escondida numa cabine muito pequena. Essa acomodação fora comprada a um preço que pagaria uma viagem à Inglaterra. Mas, quando alguém se propõe a ir para a bela e velha Inglaterra, calcula se tem condições de pagar o preço do prazer, ao passo que, ao fazer uma barganha para fugir da escravidão, a vítima trêmula está pronta para dizer: "Leve tudo que tenho, apenas não me traia!".

Na manhã seguinte, espiei pelo meu buraquinho e vi que estava escuro e nublado. À noite recebi a notícia de que o vento não estava a favor e o barco não tinha zarpado. Fiquei extremamente ansiosa por Fanny e também por Peter, que a meu pedido corria um risco tremendo. No dia seguinte, o vento e o clima permaneceram iguais. A pobre Fanny estava meio morta de medo quando a carregaram a bordo, e logo pude imaginar como ela devia estar sofrendo agora. Minha avó ia com frequência ao meu esconderijo para dizer como se sentia agradecida por eu não ter ido. Na terceira manhã, ela bateu para que eu descesse ao depósito. A pobre e velha sofredora estava cedendo sob o peso de suas preocupações. Agora se agitava com facilidade. Eu a encontrei num estado nervoso e inquieto, e não percebi que ela havia esquecido de trancar a porta atrás de si, como sempre fazia. Estava extremamente preocupada com a demora do navio. Tinha medo de que tudo fosse descoberto, e que então Fanny, Peter e eu fôssemos torturados até a morte, e que acabassem com Phillip, e que sua casa fosse demolida. Pobre Peter! Se ele fosse ter uma morte tão horrível quanto a que o pobre escravo James tivera, e tudo por sua bondade em tentar me ajudar, como isso seria terrível para todos nós! Infelizmente a ideia não era inusitada e me causou várias pontadas no coração. Tentei controlar minha ansiedade e falar com ela em tom reconfortante. Minha avó mencionou tia Nancy, a filha querida que ela enterrara havia pouco tempo, e então perdeu todo o controle sobre si mesma. Enquanto estava ali parada, tremendo e soluçando, uma voz chamou do pátio: "É você, tia Marthy?". Minha avó se sobressaltou e, na sua agitação, abriu a porta sem pensar em mim. Foi então que Jenny, a arrumadeira enxerida que tinha tentado abrir a porta do meu quarto quando eu estava escondida na casa da minha benfeitora branca, entrou no depósito. "Estava procurando você por toda parte, tia Marthy", ela disse. "Minha senhora quer uns biscoitos." Eu havia me escondido atrás de um barril que me cobria por completo, mas imaginei que Jenny estivesse olhando diretamente para lá, e meu coração bateu com violência. Minha avó no mesmo instante pensou no que fizera e saiu rápido com Jenny para pesar os biscoitos, trancando a porta atrás de si. Voltou em poucos minutos, e era o retrato do desespero. "Infeliz da minha menina!", ela exclamou. "Meu descuido acabou com você. O navio ainda não partiu. Arrume-se imediatamente e vá com Fanny. Não faço nenhuma objeção agora, porque não há como saber o que pode acontecer."

Chamaram tio Phillip, e ele concordou com a mãe em supor que Jenny iria passar a informação ao dr. Flint em menos de 24 horas. Ele aconselhou que, se possível, me embarcassem no navio; senão, era melhor que eu ficasse absolutamente imóvel em meu esconderijo, onde não poderiam me encontrar sem botar a casa abaixo. Meu tio disse que não poderia se envolver na questão porque na mesma hora suspeitariam dele, mas prometeu entrar em contato com Peter. Relutei em recorrer a ele mais uma vez, por já tê-lo envolvido demais, mas não havia alternativa. Por mais irritado que Peter tivesse ficado com minha indecisão, ele foi fiel à sua natureza generosa e disse na mesma hora que faria todo o possível para me ajudar, confiante de que eu me mostraria uma mulher mais forte dessa vez.

Ele seguiu imediatamente para o porto e descobriu que o vento tinha mudado e que o navio estava partindo devagar rio abaixo. Alegando uma necessidade urgente, ele ofereceu dois dólares a dois remadores para que alcançassem a embarcação. Como ele tinha a pele mais clara do que os dois remadores que contratou, quando o capitão os viu se aproximando com tanta rapidez achou que oficiais estavam perseguindo sua embarcação em busca da escrava fugida a bordo. Içou as velas, mas o bote se aproximou mesmo assim e o incansável Peter saltou a bordo.

O capitão na mesma hora o reconheceu. Peter pediu que descessem, sob o pretexto de falar de uma nota ruim que ele teria lhe dado. Quando explicou o que estava fazendo ali, o capitão respondeu: "Mas a mulher já está aqui, eu a alojei onde você ou o demônio teriam dificuldade de encontrar".

"Mas é outra mulher que quero trazer", Peter disse. "*Ela* corre grande perigo também, e você receberá uma quantia razoável se parar e a receber."

"Qual é o nome dela?", o capitão quis saber.

"Linda", ele respondeu.

"Pois esse é o nome da mulher que já está aqui", o capitão retrucou. "Santo Deus! Acredito que sua intenção seja me trair."

"Ah!", exclamou Peter, "Deus sabe que não iria prejudicar nem um fio de cabelo da sua cabeça. Sou grato demais a você. Mas é outra mulher que está em perigo. Seja humanitário e pare para que ela embarque!"

Depois de um tempo, chegaram a um acordo. Fanny, sem sonhar que eu estivesse em qualquer local da região, tinha tomado meu prenome, com o sobrenome Johnson. "Linda é um nome comum", disse Peter, "e a mulher que quero trazer é Linda Brent."

O capitão concordou em esperar em determinado local até a noite, e por seu atraso foi muito bem pago.

Claro que foi um dia de ansiedade para todos nós. Mas concluímos que, se Jenny havia me visto, ela seria esperta demais para deixar que sua senhora soubesse, e provavelmente não teria oportunidade de falar com a família do dr. Flint até a noite, porque eu sabia muito bem quais eram as regras naquela casa. Depois acreditei que ela não tivesse me visto porque nada aconteceu, e ela era uma daquelas pessoas desprezíveis que não hesitaria em trair uma colega por trinta moedas de prata.

Tomei todas as providências para embarcar assim que anoitecesse. Resolvi passar o intervalo até lá com meu filho. Fazia sete anos que eu não falava com ele, apesar de estarmos sob o mesmo teto e eu tê-lo visto todos os dias quando estava me sentindo bem o suficiente para me acomodar perto do buraquinho. Não ousava me aventurar para além do depósito, então o levaram para lá e nos trancaram juntos num lugar impossível de ser avistado da porta que dava para o pátio. Foi uma conversa inquietante para os dois. Depois de conversarmos e chorarmos juntos durante um tempinho, ele disse: "Mãe, estou contente por você ir embora. Gostaria de ir com você. Sabia que estava aqui e tive *tanto* medo que viessem pegar você!". Fiquei muito surpresa e perguntei como ele tinha ficado sabendo.

Ele respondeu: "Eu estava embaixo do beiral na véspera de Ellen ir embora, e ouvi alguém tossindo no depósito de madeira. Não sei o que me fez pensar que era você, mas pensei. Senti falta de Ellen na noite anterior à partida dela, e minha avó a trouxe de volta ao quarto no meio da noite, e achei que ela tivesse ido falar com *você* antes de ir embora, porque ouvi quando minha avó sussurrou para ela dormir e se lembrar de nunca contar para ninguém".

Perguntei se alguma vez ele tinha mencionado sua desconfiança à irmã. Nunca tinha dito nada, ele disse, mas, depois que ouviu a tosse, se a via brincando com outras crianças daquele lado da casa, sempre tentava fazer com que fossem para o lado oposto, temendo que também me escutassem tossir. Disse que tinha ficado de olho no dr. Flint e, sempre que o via conversando com um delegado ou com um patrulha, contava para a avó. Então me lembrei de que o vira demonstrar desconforto quando havia gente daquele lado da casa, e na época eu tinha ficado confusa quanto à razão de seu comportamento. Tal prudência pode parecer extraordinária para um menino de doze anos, mas os escravos, por estarem rodeados de mistérios, trapaças e perigos, aprendem cedo a ser desconfiados e estar sempre alertas, sendo prematuramente cuidadosos e ardilosos. Ele nunca tinha feito nenhuma pergunta à avó ou ao tio Phillip, e com frequência eu o escutava fazendo coro com outras crianças quando falavam que eu estava no Norte.

Contei que agora ia mesmo para os Estados Livres e que, se ele fosse um menino bom e honesto, e uma criança amorosa com a avó, o Senhor iria abençoá-lo e levá-lo até mim, e nós dois e Ellen viveríamos juntos. Ele começou a me contar que a avó não tinha comido nada o dia todo. Enquanto ele falava, a porta foi destrancada e ela entrou com um saquinho de dinheiro para mim. Implorei que ficasse com parte do dinheiro, pelo menos para pagar a viagem de Benny até o Norte, mas ela insistiu que eu levasse tudo, chorando copiosamente. "Você pode cair doente entre desconhecidos", disse, "e então seria mandada para a casa dos pobres para morrer." Ah, minha avó, tão boa!

Pela última vez subi ao meu cantinho. A aparência desoladora já não me dava calafrios, porque a luz da esperança se erguera em minha alma. No entanto, mesmo com a abençoada perspectiva da liberdade à minha frente, eu me sentia muito triste de abandonar para sempre o velho lar onde minha velha e querida avó me abrigara durante tanto tempo, onde eu havia sonhado meus primeiros sonhos jovens de amor e onde, depois que as ilusões se desvaneceram, meus filhos vieram se acomodar tão próximos do meu coração desolado. Quando a hora da minha partida se aproximava, desci para o depósito mais uma vez. Minha avó e Benny estavam lá. Ela pegou minha mão e disse: "Linda, vamos orar". Nós nos ajoelhamos, apertei meu filho junto ao peito e pus um braço ao redor da velha amiga fiel e amorosa que eu estava prestes a deixar para sempre. Em nenhuma outra ocasião tive a oportunidade de escutar uma súplica tão fervorosa por misericórdia e proteção. Fiquei emocionada até o fundo do coração e me senti inspirada por sua confiança em Deus.

Peter me esperava na rua. Logo eu estava ao seu lado, fraca de corpo, mas forte de resolução. Não olhei para trás para a velha casa, apesar de sentir que nunca mais a veria.

XXX.
Rumo ao Norte

Não seria capaz de descrever como alcançamos o porto. Meu cérebro era um turbilhão, minhas pernas cambaleavam. Em determinado lugar, encontramos tio Phillip, que tinha saído antes de nós e tomado um atalho para chegar primeiro e poder nos avisar a tempo se houvesse algum perigo. Um bote a remo estava a postos. Quando estava para embarcar, senti um leve puxão e, ao me virar, vi Benny pálido e com uma expressão ansiosa. Ele sussurrou no meu ouvido: "Estava espiando a janela do médico, e ele está em casa. Adeus, mãe. Não chore, mais tarde eu vou". E foi embora apressado. Apertei a mão do meu bom e tão amado tio e a de Peter, o amigo valente e generoso que tinha se oferecido para correr riscos tão terríveis e garantir minha segurança. Até hoje lembro como seu rosto iluminado transmitia alegria ao me contar que descobrira um método seguro para minha fuga. No entanto, aquele homem inteligente, empreendedor e de coração nobre era uma mercadoria! Sujeito às leis de um país que se classifica como civilizado, sujeito a ser vendido junto com cavalos e porcos! Nós nos despedimos em silêncio. O coração de todos estava pesado demais para palavras!

Rápido, o bote deslizou na água. Depois de um tempo, um dos marinheiros disse: "Não desanime, madame. Nós vamos levá-la em segurança a seu marido, em _____". A princípio não pude imaginar o que aquilo significava, mas tive a presença de espírito de pensar que provavelmente se referia a algo que o capitão havia lhes dito, então agradeci e disse que esperava que o clima fosse agradável durante a viagem.

Quando entrei no navio, o capitão se adiantou para me receber. Era um homem de idade, o semblante agradável. Fui conduzida a uma cabine que era uma caixinha, minha amiga Fanny estava lá. Ela tomou um susto, parecia ver um fantasma. Me olhou completamente atônita e exclamou: "Linda, será que é mesmo *você*? Ou será o seu fantasma?". Quando nos abraçamos com toda a força, meus sentimentos tão contidos transbordaram. Meus soluços chegaram aos ouvidos do capitão, que veio até nós e nos lembrou que, para a segurança dele, e para a nossa também, seria prudente não chamar a atenção de ninguém. Disse também que, quando houvesse alguma vela à vista, deveríamos ficar no andar de baixo, mas que em outros momentos ele não fazia objeção a permanecermos no convés. Garantiu que estaria de vigia e que, se agíssemos com prudência, não haveria perigo. Ele nos apresentara como se fôssemos mulheres a caminho de encontrar nossos maridos em ____. Agradecemos e prometemos respeitar com cuidado as orientações que ele nos tinha dado.

Fanny e eu então conversamos sozinhas, bem baixo e com discrição, em nossa pequena cabine. Ela me contou do sofrimento que tinha passado em sua fuga e sobre os terrores enquanto se escondia na casa da mãe. Acima de tudo, descreveu em detalhes a agonia da separação dos filhos naquele pavoroso dia do leilão. Fanny mal pôde acreditar quando falei do local em que vivera quase sete anos. "Nós temos as mesmas mágoas", eu disse. "Não", ela respondeu. "Você vai ver seus filhos em breve, e não há esperança de que eu algum dia volte a ter notícias dos meus."

O navio logo tomou seu rumo, mas avançávamos devagar. O vento não estava a favor e eu não teria me incomodado com isso se estivéssemos fora do alcance da cidade, mas até que houvesse várias milhas de água entre nós e nossos inimigos, ficamos constantemente apreensivas, com medo de que os delegados subissem a bordo. Eu também não me sentia muito à vontade com o capitão e seus homens. Desconhecia por completo essa classe de gente, e tinha ouvido dizer que marinheiros são rudes, às vezes, cruéis. Estávamos tão à mercê deles que, se fossem homens ruins, nossa situação seria aterrorizante. Agora que o capitão tinha sido pago por nossa passagem, será que não se sentiria tentado a ganhar mais dinheiro nos entregando a quem nos reclamasse como propriedade? Minha natureza era de predisposição à confiança, mas a escravidão me fizera suspeitar de todo mundo. Fanny não compartilhava da minha desconfiança. Receara no começo, disse, mas esteve a bordo por três dias enquanto a embarcação ficou ancorada e ninguém a traiu ou a tratou de outro modo que não fosse com gentileza.

O capitão logo veio nos aconselhar a ir para o convés para tomar ar fresco. Sua atitude simpática e respeitável, combinada ao relato de Fanny, me deixou confiante, e nós o acompanhamos. Ele nos instalou num assento confortável e de vez em quando vinha conversar conosco. Disse que havia nascido no Sul, que passara a maior parte da vida nos Estados Escravagistas e que recentemente tinha perdido um irmão que era mercador de escravos. "Mas", disse, "esse é um negócio deplorável e degradante, e eu sempre tive vergonha de reconhecer que meu irmão tinha ligação com isso." Quando passamos pelo pântano Snaky, ele apontou para o local e disse: "Há ali um território de escravos que desafia todas as leis". Pensei nos dias terríveis que havia passado ali e, apesar de não se chamar pântano Melancólico, senti muita melancolia ao olhar para ele.

Nunca vou me esquecer daquela noite. O ar morno da primavera era tão refrescante! E como posso descrever minhas sensações quando estávamos navegando pela baía de Chesapeake? Ah, o sol tão lindo! A brisa tão alegre! Podia aproveitar tudo sem medo nem restrição. Nunca havia percebido quão grandiosos são o ar e o sol até ter sido privada deles.

Dez dias depois de zarparmos, já nos aproximávamos da Filadélfia. Segundo o capitão, chegaríamos à noite, mas ele achava melhor esperar até de manhã e desembarcar em plena luz do dia, a fim de evitar suspeitas.

"O senhor sabe melhor do que eu. Mas vai permanecer a bordo para nos proteger?", perguntei.

Ele percebeu que eu estava cismada e disse que sentia muito, agora que tinha nos trazido ao fim da nossa viagem, por eu ainda confiar tão pouco nele. Ah, se algum dia ele tivesse sido escravo, saberia da dificuldade de confiar num branco. O capitão garantiu que poderíamos dormir a noite toda sem medo, que ele tomaria providências para que não ficássemos desprotegidas. Que seja dito em honra desse capitão, sulista como era, nem se Fanny e eu fôssemos damas brancas e nossa viagem estivesse dentro da lei, ele não poderia ter nos tratado com mais respeito. Meu amigo inteligente, Peter, havia estimado à perfeição o caráter do homem a cuja honra nos confiara.

Na manhã seguinte, já estava no convés assim que o dia amanheceu. Chamei Fanny para ver o sol nascer pela primeira vez da nossa vida em solo livre, coisa que eu *na hora* acreditei ser. Observamos o sol avermelhado, o grande globo que parecia subir devagar, diretamente da água. Logo as ondas começaram a brilhar e tudo refletiu aquele brilho lindo. À nossa frente se estendia a cidade de desconhecidos. Nós nos entreolhamos, e nossos olhos estavam lacrimejantes. Tínhamos fugido da escravidão e acreditávamos estar a salvo dos caçadores. Mas estávamos sozinhas no mundo e tínhamos deixado laços queridos para trás, laços rompidos com crueldade pelo demônio da Escravidão.

XXXI.
Incidentes na Filadélfia

Eu tinha ouvido dizer que os escravos contavam com muitos amigos no Norte. Estava confiante de que iríamos encontrar alguns. Enquanto isso, partiríamos do princípio de que, até prova em contrário, todos eram amigos. Fui falar com o bondoso capitão, agradeci por sua atenção, nunca deixaria de me sentir grata pelo serviço que ele nos prestara. Entreguei-lhe uma mensagem aos amigos que havia deixado em casa e ele prometeu que ela chegaria a seu destino. Embarcamos num bote a remo e em cerca de quinze minutos atracamos num cais de madeira na Filadélfia. Enquanto eu olhava ao redor, o capitão simpático tocou em meu ombro e disse: "Há um homem negro de aparência respeitável procurando por você. Vou falar com ele a respeito dos trens para Nova York e dizer que vocês querem ir direto para lá". Agradeci e pedi que indicasse algumas lojas onde pudesse comprar luvas e véus. Ele indicou e disse que conversaria com o homem negro até eu voltar. Me apressei o máximo que pude. O exercício constante a bordo da embarcação e a esfregação contínua com água salgada quase haviam restaurado o uso das minhas pernas. O barulho da cidade grande me confundia, mas encontrei as lojas e comprei alguns véus duplos e luvas, para Fanny e para mim. O vendedor me disse que o total era uma certa quantia de *levies*.[9] Nunca tinha ouvido aquela palavra, mas não disse nada. Se ele soubesse que eu era forasteira, pensei, poderia perguntar de onde eu tinha vindo. Eu lhe dei uma moeda de ouro e ao receber o troco descobri quanto valia um *levy*. Refiz o caminho até o porto, onde o capitão me apresentou ao homem negro como sendo o reverendo Jeremiah Durham, pastor da igreja Bethel, que me pegou pela mão como se fosse um velho amigo. Ele nos disse que era tarde demais para os trens matutinos com destino a Nova York, e que teríamos de esperar até a noite ou a manhã seguinte. Ele me convidou para ir à sua casa, me assegurando de que sua esposa me receberia com cordialidade, e ele providenciaria pouso para a minha amiga com um dos vizinhos. Agradeci tanta gentileza com desconhecidas e disse que, se precisasse me demorar, gostaria de procurar algumas pessoas que tinham vindo da nossa parte do país. O sr. Durham insistiu que eu almoçasse com ele, e então iria me ajudar a encontrar meus amigos. Os marinheiros se aproximaram para se despedir. Apertei a mão deles com lágrimas nos olhos. Todos tinham sido tão gentis e nos prestado um serviço maior do que jamais seriam capazes de conceber.

Nunca tinha visto cidade tão grande nem havia entrado em contato com tanta gente na rua. Parecia que as pessoas que passavam olhavam para nós com uma expressão de curiosidade. Meu rosto, cheio de bolhas e descascando porque me sentara ao convés, ao vento e ao sol, poderia identificar com facilidade a nação à qual eu pertencia.

A sra. Durham me recebeu com boas-vindas gentis, sem fazer nenhuma pergunta. Eu estava cansada e seus modos simpáticos foram um doce refresco. Deus a abençoe! Tinha certeza de que ela havia reconfortado outros corações exaustos antes de me receber com sua solidariedade. Ela estava rodeada pelo marido e pelos filhos numa casa sagrada pela proteção das leis. Pensei em meus próprios filhos e suspirei.

Depois do almoço, o sr. Durham me acompanhou em busca dos amigos que eu havia mencionado. Eles eram da minha cidade e eu ansiava por ver rostos conhecidos. Eles não estavam em casa, e nós retraçamos nossos passos pelas ruas deliciosamente limpas. No caminho, o sr. Durham observou que eu tinha falado a respeito de uma filha que esperava encontrar, que ele havia ficado surpreso porque eu parecia tão nova que ele me tomara por uma mulher solteira. Ele estava abordando um assunto ao qual eu era extremamente sensível. Ele iria perguntar sobre meu marido em seguida, supus, e se eu respondesse com sinceridade, o que ele pensaria de mim? Contei que tinha dois filhos, uma menina em Nova York e um menino no Sul. Ele fez mais algumas perguntas e eu relatei com franqueza alguns dos acontecimentos mais importantes da minha vida. Foi difícil fazer isso, mas não iria enganá-lo. Se ele tivesse o desejo de ser meu amigo, achei que devia saber o quanto eu era merecedora disso. "Peço perdão se pus seus sentimentos à prova", ele disse. "Não fiz perguntas por pura curiosidade. Só queria compreender sua situação para entender se posso ajudar você ou sua filhinha. Suas respostas diretas lhe dão crédito, mas não responda a qualquer um com tanta sinceridade. Isso pode dar a algumas pessoas sem coração pretexto para tratá-la com desprezo."

Aquela palavra, *desprezo*, me queimou feito carvão em brasa. Respondi: "Só Deus sabe o quanto sofri, e Ele, confio, vai me perdoar. Se tiver permissão para ficar com meus filhos, pretendo ser uma boa mãe e viver de modo que as pessoas não possam me tratar com desprezo".

"Respeito seus sentimentos", ele disse. "Deposite sua confiança em Deus, seja governada por bons princípios e amigos não lhe faltarão."

Quando chegamos à sua casa, fui para o meu quarto, feliz por me isolar do mundo por um tempo. As palavras do reverendo me tocaram fundo. Trouxeram à tona enormes sombras de meu passado pesaroso. Em meio às minhas reflexões, me sobressaltei com uma batida na porta. A sra. Durham entrou com o rosto irradiando bondade para dizer que no andar de baixo havia um amigo contrário à escravatura que gostaria de conversar comigo. Superei o pânico de falar com desconhecidos e a acompanhei. Foram feitas muitas perguntas em relação a minhas experiências e minha fuga, mas tive o cuidado de não dizer nada que pudesse ferir meus sentimentos. Como foi gratificante poder ser completamente compreendida apenas por aqueles que foram acostumados a ser tratados como se não estivessem incluídos no âmbito dos seres humanos pálidos. O amigo contrário à escravatura viera perguntar sobre meus planos e oferecer assistência, se necessário. Fanny estava acomodada com conforto, por ora, com um amigo do sr. Durham. A Anti-Slavery Society[10] concordou em pagar suas despesas para ir a Nova York. O mesmo me foi oferecido, mas recusei, pois minha avó tinha me dado o suficiente para pagar minhas despesas até o fim da viagem. Pediram que permanecêssemos na Filadélfia por alguns dias até que encontrassem um acompanhante adequado para nós. Aceitei de bom grado a proposta, porque tinha pavor de encontrar senhores de escravos e também certo medo de estradas de ferro. Nunca havia entrado num vagão de trem, e me parecia um acontecimento bem importante.

Naquela noite, busquei meu travesseiro com sentimentos que nunca tinha levado até ele antes. Acreditava de verdade que era uma mulher livre. Fiquei com os olhos abertos durante muito tempo e, assim que caí no sono, fui acordada por alarmes de incêndio. Levantei de um salto e me vesti apressada. De onde eu vim, todo mundo se apressava em se vestir em tais ocasiões. Para os brancos, um grande incêndio podia ser uma boa oportunidade de rebelião e era melhor os senhores estarem preparados; por isso as pessoas negras eram intimadas a trabalhar para apagar as chamas. Só havia uma carroça de bombeiro em nossa cidade, e as mulheres e crianças negras com frequência eram obrigadas a arrastá-la até a beira do rio para encher de água. A filha da sra. Durham dormia no mesmo quarto que eu e, ao ver que ela continuava a ressonar no meio de todo o barulho, achei que era minha obrigação acordá-la. "Qual é o problema?", ela perguntou, esfregando os olhos.

"Estão berrando fogo nas ruas, e o alarme está soando", respondi.

"E o que tem?", ela perguntou, sonolenta. "Estamos acostumados. Nunca nos levantamos, a não ser que o fogo esteja muito próximo. De que adiantaria?"

Fiquei bastante surpresa por não ser necessário ajudar a encher a carroça de bombeiro. Eu era uma criança ignorante, apenas começava a aprender como eram as coisas nas cidades grandes.

Quando amanheceu, ouvi mulheres anunciando peixe fresco, frutas silvestres, nabos e várias outras coisas. Tudo isso era novo para mim. Me vesti bem cedo e me postei à janela para observar aquela maré de vida desconhecida. A Filadélfia me parecia um lugar maravilhoso. À mesa do desjejum, deram risada da minha ideia de sair para arrastar a carroça de bombeiro, e eu me juntei aos gracejos.

Fui ver Fanny, e ela estava tão contente entre seus novos amigos que não tinha pressa de partir. Eu também estava muito contente com minha anfitriã tão boa. Ela aproveitara as vantagens da educação e era, de longe, muito superior a mim. Todos os dias, quase toda hora, eu aumentava meu pequeno estoque de conhecimento. Ela me levou para conhecer a cidade, avaliando o que era prudente ou não. Um dia visitamos o estúdio de um artista e ela me mostrou retratos de alguns de seus filhos. Nunca tinha visto uma pintura de pessoas negras, e me pareceram muito bonitas.

Ao final de cinco dias, uma das amigas da sra. Durham se ofereceu para nos acompanhar a Nova York na manhã seguinte.

Quando apertei a mão da minha boa anfitriã para me despedir, fiquei imaginando se o seu marido lhe contara o que havia revelado a ele. Supus que sim, mas ela não fez nenhuma menção ao assunto. Atribuí o silêncio delicado à solidariedade feminina.

Quando o sr. Durham entregou nossos bilhetes, disse: "Acredito que a viagem será desagradável, mas não pude obter bilhetes para os vagões de primeira classe".

Imaginando que não tivesse lhe dado dinheiro suficiente, ofereci mais. "Ah, não", ele disse. "Não poderia comprá-los por dinheiro nenhum. Viagens nos vagões de primeira classe não são permitidas a pessoas negras."

Foi o primeiro abalo em meu entusiasmo em relação aos Estados Livres. As pessoas negras tinham permissão de viajar numa caixa imunda, atrás dos brancos, no Sul, mas não tinham a obrigação de pagar pelo privilégio. Fiquei triste de ver como o Norte imitava os costumes da escravidão.

Fomos encaminhadas a um vagão grande e tosco, com janelas dos dois lados, altas demais para permitir olhar a paisagem sem ficar de pé. Estava apinhando de gente, aparentemente de todas as nações. Havia muitas camas e berços com bebês que berravam e esperneavam. Um em cada dois homens tinha um charuto ou cachimbo na boca, jarras de uísque circulavam livremente. Os vapores do uísque e a fumaça densa do tabaco me enjoaram, e minha mente ficou igualmente nauseada pelas piadas rudes e músicas obscenas. Foi uma viagem bem desagradável. Desde então, houve certa melhora nessas questões.

XXXII.
Reencontro de mãe e filha

Quando chegamos a Nova York, fiquei meio enlouquecida com a multidão de cocheiros gritando: "Carruagem, madame?". Barganhamos com um deles para nos levar à rua Sullivan por doze xelins. Um irlandês corpulento se intrometeu e disse: "Faço por seis xelins". A redução à metade do preço era significativa, e perguntamos se ele poderia nos levar na mesma hora. "Eu levo, moças, pode deixar", ele respondeu. Reparei que os cocheiros trocaram sorrisinhos e perguntei se o transporte dele era decente. "É, é decente, sim. De jeito nenhum eu levaria as moças num coche que não fosse decente." Demos a ele nossos recibos de bagagem. O irlandês foi buscar os volumes e logo voltou, dizendo: "Por aqui, por favor, moças". Nós o seguimos e encontramos nossos baús num carrinho de mão, e fomos convidadas a sentar em cima deles. Dissemos que não era o que tínhamos combinado e que ele devia descarregar os baús. Ele disse que só o faria se pagássemos os seis xelins. Na nossa situação não era prudente chamar a atenção, e eu estava prestes a pagar o que ele exigia quando um homem fez um gesto com a cabeça para que eu não o fizesse. Depois de uma longa confusão, nos livramos do irlandês e nossos baús foram presos a uma carrocinha. Haviam nos recomendado uma pensão na rua Sullivan, e para lá nós fomos. Ali, Fanny e eu nos separamos. A Anti-Slavery Society providenciou uma casa para ela, e depois fiquei sabendo que Fanny estava em boa situação. Mandei chamar um velho amigo da minha região que havia algum tempo estava fazendo negócios em Nova York. Ele veio imediatamente. Falei que queria ver minha filha e pedi que me ajudasse a organizar uma visita.

Recomendei que não deixasse a família saber que eu tinha acabado de chegar do Sul, pois me supunham no Norte havia sete anos. Ele contou que havia no Brooklyn uma mulher negra que tinha vindo da mesma cidade que eu, e era melhor que eu fosse à casa dela e fizesse com que minha filha me encontrasse lá. Aceitei a proposta, agradecida, e ele concordou em me acompanhar até o Brooklyn. Atravessamos com a balsa de Fulton, fomos até a avenida Myrtle e paramos na casa que ele apontou. Estava prestes a entrar quando passaram duas meninas. Meu amigo chamou a minha atenção para elas e reconheci a mais velha, Sarah, filha de uma mulher que tinha morado com minha avó, mas que fora embora do Sul havia anos. Surpresa e contente com esse encontro inesperado, eu a abracei e perguntei pela mãe dela.

"Você não reparou na outra menina", meu amigo disse. Me virei, e lá estava a minha Ellen! Apertei-a contra o peito e então a afastei para olhar bem para ela. Ellen havia mudado muito ao longo dos dois anos desde que não nos víamos. Olhos menos observadores do que os de uma mãe não poderiam ter divisado os sinais de negligência. Meu amigo nos convidou a todas a entrar na casa, mas Ellen disse que fora incumbida de um serviço, que o faria o mais rápido possível, então iria para casa pedir à sra. Hobbs permissão para me ver. Ficou combinado que eu a buscaria no dia seguinte. Sua companheira, Sarah, apressou-se a contar para a mãe da minha chegada. Quando entrei na casa, descobri que a dona estava ausente e esperei que voltasse. Antes de vê-la, escutei quando ela disse: "Onde está Linda Brent? Eu conheci o pai e a mãe dela". Logo Sarah chegou com a mãe. Então nós formamos um bom grupo, todas vindas do bairro da minha avó. Essas amigas se reuniram à minha volta e fizeram muitas perguntas. Deram risada, choraram e gritaram. Agradeceram a Deus por eu ter escapado de meus perseguidores e estar a salvo em Long Island. Foi um dia de muita animação. Quanta diferença dos dias silenciosos no meu esconderijo!

O dia seguinte era domingo. Ao acordar, meus primeiros pensamentos se voltaram ao bilhete que deveria enviar à sra. Hobbs, com quem Ellen morava. Era evidente que eu tinha acabado de chegar aos arredores, caso contrário teria perguntado por minha filha antes. Não poderia demonstrar que havia acabado de chegar do Sul, pois a faria desconfiar que eu tinha sido abrigada lá, e isso causaria problemas a várias pessoas, quando não a destruição delas.

Gosto de ser direta, sempre reluto em recorrer a subterfúgios. Quando o faço, culpo esse comportamento à escravidão. Um sistema de violência e injustiça que só me deixava a alternativa de representar uma falsidade. Comecei minha nota afirmando que havia chegado recentemente do Canadá e tinha um grande desejo de que minha filha viesse me ver. Ellen veio com um recado da sra. Hobbs me convidando para ir à sua casa e garantindo que eu nada deveria temer. A conversa que tive com minha filha não me deixou à vontade. Quando perguntei se ela era bem tratada, ela respondeu que sim, mas não havia animação em seu tom de voz, senti que ela falou aquilo porque não queria que eu me preocupasse. Antes de me deixar, ela perguntou, muito séria: "Mãe, você vai me levar para morar com você?". Fiquei triste ao pensar que não lhe poderia oferecer um lar até conseguir trabalho e ter meios para isso, o que poderia demorar muito. Quando ela foi enviada para a sra. Hobbs, o combinado era que a mandariam para a escola. Ela já estava lá fazia dois anos, e agora, com nove anos, mal conhecia as letras. Não havia desculpa para isso, pois existiam boas escolas públicas no Brooklyn, às quais Ellen poderia ter sido mandada sem despesa alguma.

Ellen ficou comigo até escurecer e eu a acompanhei até sua casa. Fui recebida com simpatia pela família e todos foram unânimes em dizer que Ellen era uma boa menina, prestativa. A sra. Hobbs então me olhou com frieza e disse: "Suponho que você saiba que meu primo, o sr. Sands, *deu* Ellen à minha filha mais velha. Ela será uma boa aia de companhia quando crescer". Não respondi. Como era *possível*, ela, que conhecia por experiência a força do amor de uma mãe e estava perfeitamente ciente do vínculo do sr. Sands com meus filhos... como era *possível* que me olhasse nos olhos enquanto cravava tal adaga em meu coração?

Já não me surpreendia que a tivessem mantido em tal estado de ignorância. O sr. Hobbs havia sido rico, mas tinha ido à falência e posteriormente obtivera uma situação subordinada na Casa da Alfândega. Talvez esperassem retornar ao Sul algum dia, e o conhecimento de Ellen era bastante para sua condição de escrava. Eu estava impaciente para trabalhar e ganhar dinheiro para dar um jeito na posição incerta dos meus filhos. O sr. Sands não manteve sua promessa de emancipá-los. Eu também havia sido enganada a respeito de Ellen. Que segurança poderia ter em relação a Benjamin? Nenhuma.

Voltei para a casa da minha amiga num estado mental desconfortável. Para proteger meus filhos, era necessário que eu fosse dona de mim. Eu dizia a mim mesma que era livre e às vezes me sentia como tal, mas sabia que não era uma posição estável. Naquela noite sentei e escrevi uma carta civil ao dr. Flint, pedindo-lhe que estabelecesse os termos mínimos de acordo com os quais ele me venderia; e como por lei eu pertencia a sua filha, também escrevi a ela fazendo um pedido semelhante.

Desde que desembarquei no Norte, sempre me lembrava de meu querido irmão William. Perguntei aqui e ali por ele e, ao saber que estava em Boston, fui para lá. Quando cheguei, descobri que ele tinha ido para New Bedford. Escrevi para o endereço e me informaram que ele partira numa viagem de caça à baleia e só regressaria dali a alguns meses. Voltei a Nova York para conseguir emprego perto de Ellen. Recebi a resposta do dr. Flint, que me desencorajou por completo. Ele me aconselhou a voltar e a me submeter a meus proprietários por direito, e assim qualquer pedido que eu fizesse seria concedido. Emprestei essa carta a um amigo, que a perdeu; senão, apresentaria uma cópia a meus leitores.

XXXIII.
Um lar oferecido

Agora minha maior ansiedade era conseguir emprego. Minha saúde tinha melhorado muito, apesar do incômodo das pernas, que inchavam sempre que eu andava muito. A maior dificuldade no meu caminho era que as pessoas que empregavam desconhecidos exigiam uma recomendação e, na minha posição peculiar, eu não podia, é claro, obter certificados das famílias a que tinha servido com tanta lealdade.

Um dia, uma conhecida me falou de uma dama que precisava de uma babá para seu bebê, e eu imediatamente me ofereci para o posto. A dama disse que preferia alguém que tivesse sido mãe e estivesse acostumada a cuidar de crianças pequenas. Falei que tinha criado dois bebês meus. Ela me fez muitas perguntas, mas, para meu grande alívio, não exigiu recomendação de empregadores anteriores. Disse que era inglesa, e essa foi uma circunstância agradável para mim, porque ouvira dizer que os ingleses tinham menos preconceito de cor do que os americanos. Ficou combinado que faríamos uma experiência de uma semana. O teste se comprovou satisfatório para ambas as partes, e fui contratada por um mês.

O Pai do céu foi muito misericordioso ao me conduzir a esse lugar. A sra. Bruce era boa e gentil, e se comprovou uma amiga verdadeira e solidária. Antes que terminasse o mês estipulado, a necessidade de subir e descer escadas com frequência fez minhas pernas incharem tão dolorosamente que fiquei incapaz de desempenhar minhas obrigações. Muitas teriam me dispensado sem pensar duas vezes, mas a sra. Bruce tomou providências para me poupar dos degraus e contratou um médico para cuidar de mim. Eu ainda não tinha contado que era escrava fugida. Ela reparou que eu estava sempre triste e, gentil, perguntou qual era a causa. Mencionei a separação de filhos e parentes que me eram queridos, mas nada disse a respeito da sensação constante de insegurança que me oprimia o espírito. Ansiava por alguém a quem fazer confidências, mas havia sido tão enganada pelos brancos que tinha perdido toda a confiança neles. Se me dirigiam palavras gentis, achava que era por algum motivo egoísta. Tinha entrado nessa família com os sentimentos de desconfiança que trouxera comigo da escravidão, mas quando seis meses haviam se passado, percebi que o comportamento gentil da sra. Bruce e os sorrisos de seu adorável bebê estavam derretendo meu coração gelado. Minha mente estreita também começou a se expandir sob as influências da sua conversa inteligente, além das oportunidades de ler, que me eram dadas de bom grado sempre que tinha alguma folga das minhas obrigações. Aos poucos fui ficando mais cheia de energia e mais alegre.

A velha sensação de insegurança, sobretudo em relação a meus filhos, com frequência lançava sua sombra sobre minha luz do sol. A sra. Bruce ofereceu um lar para Ellen; mas, por mais agradável que pudesse ser, não ousei aceitar, temendo ofender a família Hobbs. Só de saberem da minha situação precária, eu me colocava sob seu jugo, e sentia que era importante para mim estar nas graças deles até que, à força de trabalho e economia, pudesse dar um lar para meus filhos. Estava longe de me sentir satisfeita com a situação de Ellen. Ela não era bem cuidada. Às vezes ia a Nova York me visitar, em geral com um pedido da sra. Hobbs para que eu lhe comprasse um par de sapatos ou alguma roupa. Isso vinha acompanhado de uma promessa de pagamento quando o salário do sr. Hobbs na

Casa da Alfândega fosse pago, mas, de algum modo, o dia do pagamento nunca chegava. Assim, muitos dólares dos meus vencimentos foram gastos para manter minha filha vestida com conforto. Isso, no entanto, era o de menos em comparação com o medo de que seus constrangimentos pecuniários pudessem induzi-los a vender minha filhinha preciosa. Sabia que estavam em permanente comunicação com pessoas do Sul e tinham oportunidades frequentes de fazer isso. Já mencionei que, quando o dr. Flint pôs Ellen na cadeia, aos dois anos de idade, ela teve uma inflamação nos olhos provocada pelo sarampo. Essa doença ainda lhe causava problemas, e a bondosa sra. Bruce propôs que ela passasse um tempo em Nova York para ficar sob os cuidados do dr. Elliott, um oculista famoso. Não me ocorreu que poderia ser impróprio uma mãe fazer tal pedido, mas a sra. Hobbs se zangou e não permitiu que ela fosse. Dada minha situação, não seria uma atitude política insistir. Não reclamei, mas ansiava por ser inteiramente livre para desempenhar o papel de mãe para meus filhos. Na vez seguinte que fui ao Brooklyn, a sra. Hobbs, como que para se desculpar de sua intransigência, disse que tinha contratado seu próprio médico para cuidar dos olhos de Ellen, e que sua recusa anterior se devera a seu temor de Ellen não estar segura em Nova York. Aceitei a explicação em silêncio, mas a sra. Hobbs tinha me dito que minha filha *pertencia* à filha dela, e eu desconfiava que sua real motivação era o medo de que eu a afastasse de sua propriedade. Posso ter sido injusta, mas meu conhecimento dos sulistas me impedia de me sentir de outra maneira.

O doce e o amargo se misturavam na xícara da minha vida, e eu me sentia agradecida por ter deixado de ser inteiramente amarga. Adorava o bebê da sra. Bruce. Quando dava risadinhas e gritinhos, e punha os bracinhos macios ao redor do meu pescoço, eu lembrava do tempo em que Benny e Ellen eram bebês e meu coração ferido se acalmava. Certa manhã ensolarada, enquanto estava à janela embalando o bebê nos braços, minha atenção foi atraída por um rapaz com roupas de marinheiro que observava com atenção cada casa por que passava. Olhei bem para ele. Será que podia ser meu irmão William? *Tinha* que ser — e, no entanto, como ele mudara! Acomodei o bebê em segurança, desci a escada voando, abri a porta da frente, chamei o marinheiro e, em menos de um minuto, estava abraçada a meu irmão. Tínhamos tanto a contar um ao outro! Como demos risada, e como choramos com as aventuras um do outro! Eu o levei ao Brooklyn e mais uma vez o vi com Ellen, a criança querida que ele tinha amado e cuidado com tanto carinho enquanto eu estava trancada em meu esconderijo miserável. Ele passou uma semana em Nova York. Seus antigos sentimentos de afeição por mim e Ellen estavam tão vivos como sempre. Não há laços tão fortes quanto os que são criados no sofrimento conjunto.

XXXIV.
O velho inimigo, mais uma vez

Minha jovem senhora, a srta. Emily Flint, não respondeu à minha carta que pedia que ela consentisse em minha venda. Mas, depois de um tempo, recebi uma resposta que supostamente teria sido escrita por seu irmão mais novo. Para entender corretamente o conteúdo dessa carta, o leitor deve ter em mente que a família Flint me supunha no Norte havia muitos anos. Eles não faziam ideia de que eu estivesse a par das três viagens do médico a Nova York à minha procura, que eu tinha ouvido a voz dele ao pedir quinhentos dólares para isso e que eu o vira passar a caminho do barco a vapor. Também não sabiam que os detalhes da morte de tia Nancy e do enterro me haviam sido relatados à época do ocorrido. Guardei a carta, cuja cópia anexo aqui:

Minha irmã recebeu sua carta há alguns dias. Depois de lê-la, concluo que você tem o desejo de retornar a seu local de nascimento, entre seus amigos e parentes. Ficamos todos contentes com o conteúdo da carta, e permita-me assegurá-la de que, se algum membro da família tivesse tido algum ressentimento contra você, isso teria sido coisa do passado. Nós todos nos solidarizamos com sua condição desafortunada e estamos prontos para fazer tudo que pudermos a fim de deixá-la contente e feliz. É difícil que você volte como uma pessoa livre. Se fosse comprada por sua avó, duvido que obteria permissão para permanecer aqui, apesar de estar dentro da lei. Se uma servente tivesse permissão de comprar a si mesma depois de se ausentar de seus donos por tanto tempo e retornar livre, o efeito seria danoso. Por sua carta, acho que sua situação deve ser difícil e desconfortável. Venha para casa. Está em seu poder ser reinstalada entre seus afetos. Nós a receberíamos de braços abertos e com lágrimas de alegria. Não precisa temer nenhum tratamento indelicado, já que não incorremos em nenhum gasto ou incômodo para recuperá-la. Se tivéssemos feito isso, talvez nos sentíssemos de outra maneira. Você sabe que minha irmã sempre foi apegada a você e que nunca a tratamos como escrava. Você nunca foi escalada para o trabalho pesado nem exposta ao trabalho no campo. Ao contrário, foi acolhida dentro de casa e tratada como uma de nós, é quase tão livre quanto nós, e nós, pelo menos, sentimos que você se desgraçou ao fugir. Acreditar que você possa ser convencida a voltar para casa voluntariamente me levou a lhe escrever em nome de minha irmã. A família ficará contente de vê-la, e sua velha e infeliz avó expressou grande desejo de que você retornasse depois que lemos sua carta a ela. Em sua idade avançada, ela precisa do consolo de ter os filhos a seu redor. Você sem dúvida ficou sabendo da morte de sua tia. Ela foi uma servente leal e uma integrante fiel da Igreja episcopal. Em sua vida cristã, ela nos ensinou como viver — e, ah, a que preço tão alto, ela nos ensinou como morrer! Se você pudesse ter nos visto ao redor de seu leito de morte, com a mãe dela, todos chorando copiosamente, iria pensar que o mesmo vínculo do fundo do coração que existe entre mãe e filha existia entre senhor e servente. Mas esse assunto é muito doloroso para ser estendido. Devo finalizar esta carta. Se está contente em ficar longe de sua avó idosa, de seu filho e dos amigos que a amam, fique onde está. Nós nunca vamos nos dar ao trabalho de apreendê-la. Mas se preferir vir para casa, vamos fazer o possível para deixá-la feliz. Se não desejar permanecer na família, sei que meu pai, persuadido por nós, será induzido a permitir que você seja comprada por qualquer pessoa de nossa comunidade, à sua escolha. Por favor, responda o mais rápido possível e nos informe de sua decisão. Minha irmã lhe manda muitas lembranças. Até lá, acredite que sou seu amigo sincero e que lhe desejo tudo de bom.

A carta foi assinada pelo irmão de Emily, que ainda era um mero garoto. Percebi, pelo estilo, que não tinha sido escrita por alguém de sua idade e, apesar de a letra estar disfarçada, ela me fizera ficar triste demais, em anos anteriores, para que eu não reconhecesse a caligrafia do dr. Flint. Ah, a hipocrisia dos senhores de escravos! Será que a velha raposa me supunha tola o bastante para cair em tal armadilha? Na verdade, ele confiava demais na "estupidez da raça africana". Não enviei à família Flint nenhum agradecimento por seu convite cordial — sem dúvida um descuido que me fez ser acusada de vil ingratidão.

Pouco depois, um de meus amigos no Sul me escreveu informando que o dr. Flint estava prestes a visitar o Norte. A carta atrasara, e supus que ele já devia estar a caminho. A sra. Bruce não sabia que eu era fugida. Inventei que um assunto importante me chamava a Boston, onde meu irmão estava, e pedi permissão para deixar uma amiga em meu lugar durante duas semanas. Iniciei minha jornada no mesmo instante; assim que cheguei, escrevi à minha avó que, se Benny viesse, devia ser mandado a Boston. Sabia que ela só estava esperando por uma boa chance de enviá-lo para o Norte e, felizmente, ela podia, legalmente, fazê-lo sem pedir permissão a ninguém. Ela era uma mulher livre, e quando meus filhos foram comprados, o sr. Sands preferiu fazer o recibo de venda em nome dela. Houve conjecturas de que ele antecipara o dinheiro, mas não era certo. No Sul, um cavalheiro pode ter um bando de filhos negros sem nenhum contratempo, mas caso se fique sabendo que ele os comprou com a intenção de libertá-los, o exemplo pode ser visto como perigoso à "instituição peculiar" e ele se torna malquisto.

Houve uma boa oportunidade de enviar Benny num navio que ia diretamente a Nova York. Ele embarcou com uma carta para um amigo, que recebeu o pedido de enviá-lo a Boston. Um dia, cedo pela manhã, bateram forte na minha porta, e Benjamin entrou apressado, sem fôlego. "Ah, mãe!", ele exclamou. "Estou aqui! Corri o caminho todo e estou sozinho. Como você está?"

Ah, leitores, podem imaginar minha alegria? Não, não podem, a menos que tenham sido mãe escrava. Benjamin tagarelou sem parar, o mais rápido que sua língua conseguia. "Mãe, por que não traz Ellen para cá? Fui até o Brooklyn visitá-la e ela ficou muito mal quando me despedi. Ela disse: 'Ah, Ben, queria ir também!'. Achei que ela soubesse tanto quanto eu, mas ela não sabe, porque eu sei ler e ela não. E, mãe, perdi todas as minhas roupas no caminho. Como faço para conseguir outras? Suponho que os meninos livres podem se virar aqui no Norte tanto quanto os meninos brancos."

Me senti mal em dizer ao rapazinho entusiasmado e alegre como ele estava enganado. Fomos a um alfaiate e providenciei uma muda de roupa. Passamos o resto do dia fazendo perguntas um ao outro, com o desejo constantemente repetido de que a boa e velha avó estivesse conosco, e pedidos frequentes de Benny para que eu escrevesse a ela imediatamente, contando tudo sobre sua viagem e sua jornada até Boston.

O dr. Flint foi a Nova York e fez todo o esforço para me ver e me convidar a voltar com ele, mas, como não pôde descobrir onde eu estava, suas intenções hospitaleiras foram frustradas, e a família afetuosa, que me esperava "de braços abertos", estava fadada à decepção.

Assim que soube que ele estava a salvo em casa, deixei Benjamin sob os cuidados de meu irmão William e retornei à sra.

Bruce. Ali permaneci por todo o inverno e a primavera, esforçando-me para cumprir minhas obrigações com lealdade e encontrando uma boa dose de alegria nas atrações da bebê Mary, na bondade cheia de consideração de sua mãe excelente e nos encontros ocasionais com minha filha querida.

Quando o verão chegou, porém, o velho sentimento de insegurança voltou a me assombrar. Precisava levar a pequena Mary para se exercitar e tomar ar fresco, e a cidade estava apinhada de sulistas, sendo que alguns deles poderiam me reconhecer. O clima quente traz cobras e senhores de escravos, e eu gosto de uma classe de criaturas venenosas tão pouco quanto gosto da outra. Que conforto é ter liberdade para *dizer* isso!

XXXV.
Preconceito de cor

Foi um alívio assistir aos preparativos para deixar a cidade. Fomos para Albany a bordo do vapor *Knickerbocker*. Quando soou o gongo para o chá, a sra. Bruce disse: "Linda, está tarde, e é melhor você e o bebê virem à mesa comigo". Eu respondi: "Sei que está na hora do jantar do bebê, mas prefiro não acompanhá-la, por favor. Tenho medo de ser insultada". "Ah, não, não se estiver *comigo*", ela respondeu. Vi várias babás brancas em companhia de suas damas e me aventurei a fazer a mesma coisa. Sentamos na extremidade da mesa. Assim que sentei, uma voz enfezada disse: "Levante-se! Você sabe muito bem que não tem permissão para sentar aqui". Ergui os olhos e, para minha surpresa e indignação, vi que o interlocutor era um homem negro. Se sua posição o obrigava a fazer respeitar as regras do navio, ele podia pelo menos ter feito isso com educação. Respondi: "Não vou me levantar a menos que o capitão venha me tirar daqui". Nenhuma xícara de chá me foi oferecida, mas a sra. Bruce me entregou a dela e pediu outra. Olhei para ver se outras babás eram tratadas de maneira semelhante. Todas eram atendidas adequadamente.

Na manhã seguinte, quando paramos em Troy para o desjejum, todos se apressavam para a mesa. A sra. Bruce disse: "Tome meu braço, Linda, e vamos entrar juntas". O gerente a escutou e disse: "Madame, vai permitir que sua babá tome o desjejum com minha família?". Sabia que isso se devia à minha cor de pele, mas ele falou com muita cortesia, e, portanto, não me incomodei.

Em Saratoga, descobrimos que o Hotel United States estava lotado, e o sr. Bruce negociou um dos chalés que pertenciam ao hotel. Eu havia pensado, contente, que iria para a tranquilidade do interior, onde veria poucas pessoas, mas lá me vi no meio de um enxame de sulistas. Olhei ao redor com medo, tremendo, apavorada com a possibilidade de encontrar alguém que me reconhecesse. Me alegrei ao saber que nossa estadia seria curta.

Logo voltamos a Nova York a fim de tomar as providências para passar o resto do verão em Rockaway. Enquanto a lavadeira organizava as roupas, aproveitei a oportunidade de ir ao Brooklyn ver Ellen. Eu a encontrei indo ao mercado, e as primeiras palavras que ela me disse foram: "Ah, mãe, não vá à casa da sra. Hobbs. O irmão dela, o sr. Thorne, chegou do Sul e pode contar para todo mundo onde você está". Aceitei o aviso. Disse que ia viajar com a sra. Bruce no dia seguinte e tentaria visitá-la na volta.

Por estar servindo à raça anglo-saxã, não fui enfiada numa "carro de Jim Crow"[11] em nosso caminho para Rockaway nem fui convidada a percorrer as ruas em cima de baús num carrinho de mão, mas em todo lugar encontrei as mesmas manifestações desse preconceito cruel, que desanima tanto os sentimentos e reprime as energias das pessoas negras. Chegamos a Rockaway antes de escurecer e nos hospedamos no Pavilion — um hotel grande, situado num lindo local à beira-mar —, uma bela propriedade que estava na moda. Havia trinta ou quarenta babás lá, de uma grande variedade de nações. Algumas das damas tinham aias e cocheiros negros, mas eu era a única babá tingida pelo sangue da África. Quando soou o sinal do chá,[12] peguei a pequena Mary e segui as outras babás. O jantar foi servido num salão comprido. Um rapaz que era responsável pela ordenação das coisas deu a volta na mesa duas ou três vezes até finalmente me apontar um assento na extremidade mais baixa. Só havia uma cadeira, eu me sentei e peguei a criança no colo.

Com isso, o rapaz veio até mim e disse, da maneira mais afável possível: "Por favor, pode sentar a menininha na cadeira e ficar em pé atrás dela para alimentá-la? Depois que terminarem, você será levada até a cozinha, onde receberá um bom jantar".

Isso foi o cúmulo! Foi difícil manter o autocontrole quando olhei ao redor e vi mulheres que eram babás, como eu, e apenas um tom de pele mais clara do que a minha, me olhando com ar desafiador, como se minha presença fosse contaminá-las. No entanto, não disse nada. Peguei a criança no colo, saí do salão e me recusei a voltar para a mesa. O sr. Bruce ordenou que as refeições fossem enviadas ao quarto para a pequena Mary e para mim. Isso funcionou por alguns dias, mas os garçons do estabelecimento eram brancos e logo começaram a reclamar, dizendo que não tinham sido contratados para servir negros. O gerente pediu ao sr. Bruce que me instruísse para descer para as refeições, pois seus empregados tinham se rebelado, e os serventes negros de outros hóspedes estavam insatisfeitos porque não eram tratados da mesma maneira.

Minha resposta foi que os serventes negros deviam ficar insatisfeitos *consigo mesmos* por não terem respeito próprio e se submeterem a tal tratamento, que não havia diferença no preço da hospedagem para serventes brancos e negros, e que não havia justificativa para a diferença de tratamento. Fiquei lá mais um mês depois disso, e ao perceberem minha determinação em defender meus direitos, resolveram me tratar bem. Quando todo homem e toda mulher negra fizer isso, não seremos mais pisoteados por nossos opressores.

XXXVI.
Escapando por um triz

Depois de voltar a Nova York, aproveitei a primeira oportunidade para ir ver Ellen. Pedi que ela descesse, julgando que o irmão sulista da sra. Hobbs ainda pudesse estar lá; queria evitar vê-lo. Mas a sra. Hobbs foi até a cozinha e insistiu que eu subisse. "Meu irmão quer vê-la", ela disse, "e lamenta que você o evite. Ele sabe que você mora em Nova York. E me pediu para lhe dizer que é grato à boa e idosa Martha por tantos pequenos atos de bondade, e que não seria tão vil a ponto de trair a neta dela."

Esse sr. Thorne tinha ficado pobre e perdera o juízo muito antes de abandonar o Sul, e pessoas assim preferiam procurar um escravo leal para pedir um dólar emprestado ou fazer uma boa refeição a recorrer a alguém que considerasse um igual. Era a atos de bondade assim que ele afirmava ser grato à minha avó. Teria preferido que ele tivesse se mantido à distância, mas já que estava aqui, e sabia do meu paradeiro, concluí que não havia nenhuma vantagem em tentar evitá-lo; ao contrário, poderia assim reforçar sua resolução. Segui sua irmã escada acima. Ele me recebeu de maneira muito simpática, me cumprimentou por ter fugido da escravidão, e disse que esperava que eu estivesse num bom lugar, no qual me sentisse feliz.

Continuei visitando Ellen sempre que podia. Ela, uma criança boa e preocupada, nunca se esquecia da minha situação periclitante e sempre estava atenta à minha segurança. Nunca fazia nenhuma reclamação sobre seus desconfortos e problemas,

mas o olho atento da mãe logo percebeu que ela não estava feliz. Na ocasião de uma das minhas visitas, encontrei-a particularmente séria. Quando perguntei o que havia, ela disse que não havia nenhum problema. Mas insisti em saber o que a estava deixando tão sombria. Finalmente, descobri que ela estava incomodada pela constante devassidão na casa. Sempre a mandavam ao mercado para comprar rum e conhaque, e essa constância a envergonhava; o sr. Hobbs e o sr. Thorne bebiam muito, suas mãos tremiam tanto que precisavam pedir a ela para lhes servir o álcool. "Mas, apesar de tudo isso", ela disse, "o sr. Hobbs é bom para mim e não posso deixar de gostar dele. Tenho pena dele." Tentei reconfortá-la ao dizer que conseguira juntar cem dólares e que, em pouco tempo, esperava poder dar um lar para ela e Benjamin e mandá-los para a escola. Ela nunca queria que minhas preocupações aumentassem mais que o necessário, e só anos mais tarde descobri que a intemperança do sr. Thorne não era o único incômodo que ela sofria. Apesar de ele declarar tanta gratidão pela minha avó a ponto de não prejudicar qualquer um de seus descendentes, ele derramava linguagem vil nos ouvidos da inocente bisneta de "tia Martha".

Costumava passar o domingo à tarde no Brooklyn. Num deles, encontrei Ellen, ansiosa, à minha espera, perto da casa. "Ah, mãe", ela disse, "estou aqui esperando por você faz muito tempo. Acho que o sr. Thorne escreveu para dizer ao dr. Flint onde você está. Entre logo. A sra. Hobbs vai lhe contar tudo!"

Logo me contaram a história. No dia anterior, enquanto as crianças brincavam no bosque de videiras, o sr. Thorne saiu com uma carta na mão, que rasgou e jogou para cima. Naquele momento Ellen estava varrendo o pátio e, cheia de desconfianças em relação a ele, pegou os pedaços, mostrou para as crianças e perguntou: "Para quem o sr. Thorne estava escrevendo?".

"Tenho certeza de que não sei nem quero saber", respondeu a criança mais velha. "E não sei por que isso é da sua conta."

"Mas é da minha conta, sim", respondeu Ellen. "Porque tenho medo de que ele ande escrevendo para o Sul sobre minha mãe."

Elas deram risada e a chamaram de boba, mas de bom grado juntaram os fragmentos para decifrá-los. Assim que foram arranjados, a menina pequena exclamou: "Ellen, acho que você tem razão".

O conteúdo da carta do sr. Thorne, até onde sou capaz de lembrar, era o seguinte: "Eu vi sua escrava, Linda, e conversei com ela. Ela pode ser levada com muita facilidade se você agir com prudência. Há número suficiente de nós aqui para, sob juramento, reconhecer a identidade dela como sua propriedade. Sou patriota, amo meu país e faço isso como um ato de justiça às leis". Ele concluía informando ao médico a rua e o número onde eu morava. As crianças levaram os pedaços à sra. Hobbs, que imediatamente foi ao quarto do irmão pedir explicações. Não o encontraram. Os serventes disseram que o tinham visto sair com uma carta na mão e supunham que ele tivesse ido ao correio. A inferência natural foi que ele enviara ao dr. Flint uma cópia daqueles fragmentos. Quando ele voltou, a irmã o acusou desse ato, e ele não negou. Foi imediatamente para o seu quarto e, na manhã seguinte, não estava mais lá. Partira para Nova York antes que alguém da família acordasse.

Era evidente que eu não tinha tempo a perder, e me apressei em voltar à cidade com o coração pesado. Mais uma vez seria arrancada de um lar confortável, e todos os planos para o bem-estar dos meus filhos seriam frustrados por aquele demônio da escravidão! Agora me arrependia por nunca ter contado minha história à sra. Bruce. Não escondi só por ser uma fugida, mas porque isso a teria deixado ansiosa,; isso, porém, teria despertado solidariedade em seu bom coração. Eu valorizava sua opinião positiva e tinha medo de perdê-la se contasse todos os detalhes da minha experiência triste. Mas agora sentia ser necessário que ela soubesse qual era minha situação. Já a deixara uma vez de maneira abrupta, sem explicar a razão, e não seria apropriado fazer isso de novo. Voltei para casa decidida a contar tudo na manhã seguinte. Mas minha tristeza atraiu sua atenção e, em resposta às suas perguntas gentis, abri meu coração antes de ir dormir. Ela escutou com verdadeira solidariedade feminina e disse que faria o possível para me proteger. Como meu coração a abençoou!

No dia seguinte, cedo, o juiz Vanderpool e o advogado Hopper foram consultados. Disseram que era melhor eu sair da cidade logo, já que o risco seria maior se o caso fosse a julgamento. A sra. Bruce me levou de carruagem à casa de uma amiga dela, onde garantiu que eu estaria a salvo até que meu irmão pudesse chegar, dali a alguns dias. Enquanto isso, meus pensamentos estavam bem ocupados com Ellen. Embora ela fosse minha por nascimento e também pela lei do Sul, já que minha avó tinha o recibo de venda comprovando, não a sentia a salvo, a menos que estivesse comigo. A sra. Hobbs, desconfortável com a traição do irmão, cedeu às minhas súplicas sob a condição de que Ellen voltasse após dez dias. Evitei fazer qualquer promessa. Ela chegou com roupas muito fininhas, apertadas, e com uma bolsa escolar no braço, com alguns itens. Era fim de outubro, e eu sabia que ela devia estar com frio; sem coragem de sair para comprar nada, peguei minha própria saia de flanela e a transformei numa saia para ela. A bondosa sra. Bruce veio se despedir de mim e, quando viu que eu tinha tirado minha própria roupa para dar à minha filha, ficou com os olhos cheios de lágrimas. Ela disse: "Espere aqui, Linda", e saiu. Logo voltou com um belo xale e um capuz quente para Ellen. De verdade, para almas como a dela existe o reino do céu.

Meu irmão chegou a Nova York na quarta-feira. O advogado Hopper nos aconselhou a ir para Boston pela rota de Stonington,[13] já que havia menos viajantes do Sul naquela direção. A sra.

Bruce orientou os serventes a dizer, a qualquer um que perguntasse, que eu havia, sim, morado ali, mas que tinha deixado a cidade.

Chegamos em segurança ao barco a vapor *Rhode Island*. Embora o barco empregasse trabalhadores negros, eu sabia que passageiros negros não eram admitidos na cabine. Queria muito a reclusão da cabine, não apenas pela exposição ao ar da noite, mas para evitar ser observada. O advogado Hopper estava a bordo, esperando por nós. Ele conversou com a atendente e pediu, como favor pessoal, que ela nos tratasse bem. Ele me disse: "Vá falar com o capitão pessoalmente daqui a um tempo. Leve sua filha junto, e tenho certeza de que ele não vai permitir que ela durma no convés". Com essas palavras gentis e um aperto de mão, ele partiu.

O navio logo estava a caminho, me conduzindo com rapidez para longe da casa onde eu tinha esperado encontrar segurança e descanso. Meu irmão me deixara sozinha para comprar as passagens, achando que eu teria mais sucesso do que ele. Quando a atendente veio falar comigo, paguei o que ela pediu e ela me entregou três passagens com os cantos cortados. Da maneira mais despretensiosa, eu disse: "A senhora cometeu um erro, pedi passagens de cabine. Não posso dormir no convés com minha filha pequena". Ela me garantiu que não havia erro. Disse que em algumas rotas as pessoas negras tinham permissão para dormir na cabine, mas não naquela, muito usada pelos ricos. Pedi que ela me levasse até a sala do capitão, e ela disse que faria isso depois do chá. Quando chegou a hora, peguei Ellen pela mão e fui falar com o capitão, pedindo-lhe com educação que mudasse nossas passagens, já que ficaríamos muito desconfortáveis no convés. Ele disse que isso seria contrário ao costume, mas providenciaria catres para nós nos andares inferiores; também tentaria obter para nós assentos confortáveis no trem — disso ele não tinha certeza, mas iria conversar com o condutor a respeito quando o navio chegasse ao destino. Agradeci e voltei ao setor das mulheres. Ele se aproximou mais tarde e disse que o condutor do trem estava a bordo, que havia lhe falado, e ele tinha prometido tomar conta de nós. Fiquei muito surpresa de receber tanta gentileza. Não sei se o rostinho da minha filhinha tinha conquistado o coração dele ou se a atendente inferiu dos modos do advogado Hopper que eu era fugida e requisitara isso a ele em meu nome.

Quando o barco chegou a Stonington, o condutor manteve sua promessa e nos dispôs em assentos no primeiro vagão, o mais próximo da locomotiva. Ele nos pediu para tomar assentos ao lado da porta, mas, quando ele saiu, resolvemos nos mudar para a outra extremidade do vagão. Nenhuma grosseria nos foi dirigida, e chegamos a Boston em segurança.

O dia depois da chegada foi um dos mais felizes da minha vida. Parecia que eu estava além do alcance dos cães de caça, e, pela primeira vez em muitos anos, tinha meus dois filhos comigo. Eles aproveitaram muito o reencontro e deram risadas e conversaram com alegria. Eu os observei com o coração transbordando. Cada movimento deles me deliciava.

Não me sentia segura em Nova York e aceitei a oferta de uma amiga para dividir as despesas de uma casa. Argumentei com a sra. Hobbs que Ellen precisava ter um pouco de estudo e, por esse motivo, deveria ficar comigo. Ela sentia vergonha de ser incapaz de ler ou escrever na sua idade, então, em vez de mandá-la para a escola com Benny, eu a ensinei por conta própria até ela estar pronta para entrar na escola intermediária. O inverno passou de maneira agradável enquanto eu me ocupava com minhas agulhas, e meus filhos, com os livros deles.

XXXVII.
Visita à Inglaterra

Na primavera, recebi uma notícia triste. A sra. Bruce havia morrido. Nunca mais, neste mundo, eu veria seu rosto gentil nem ouviria sua voz solidária. Tinha perdido uma amiga excelente, e a pequena Mary perdera uma mãe cheia de ternura. O sr. Bruce desejava que a criança visitasse alguns dos parentes da mãe na Inglaterra e quis que eu cuidasse dela. A pequenina sem mãe estava acostumada comigo e era apegada a mim, e pensei que ela ficaria mais contente sob meus cuidados do que com uma desconhecida. Eu também podia ganhar mais do que conseguia com a costura. Botei Benny para trabalhar e deixei Ellen com minha amiga.

Partimos de Nova York e chegamos a Liverpool depois de uma viagem agradável de doze dias. Seguimos diretamente para Londres e nos hospedamos no Hotel Adelaide. O jantar me pareceu menos luxuoso do que as refeições nos hotéis americanos, mas minha situação era indescritivelmente melhor. Pela primeira vez na vida estava num lugar onde era tratada de acordo com minha conduta, sem referência à minha cor de pele. Parecia que uma enorme pedra fora retirada de cima de meu peito. Acomodada num bom quarto com a pequenina por quem era responsável, deitei a cabeça no travesseiro com a deliciosa consciência da liberdade pura e legítima.

Como eu tinha de tomar conta da criança o tempo todo, tive pouca oportunidade de conhecer as maravilhas daquela grande cidade, mas observei o fluxo de vida que corria pelas ruas e descobri um estranho contraste com a estagnação de nossas cidadezinhas do Sul. O sr. Bruce levou a filhinha para passar alguns dias em Oxford Crescent, e, claro, foi necessário que eu a acompanhasse. Ouvira falar muito do método sistemático da educação inglesa e tinha o desejo de que minha querida Mary fosse logo encaminhada para tal propriedade. Observei com atenção seus amiguinhos de brincadeiras e as suas babás, pronta para aprender lições sobre a ciência da boa administração. As crianças eram mais rosadas do que as americanas, mas não vi outras diferenças materiais em outros aspectos. Eram todas crianças — às vezes dóceis, às vezes difíceis.

Em seguida fomos para Steventon, em Berkshire. Uma cidadezinha considerada a mais pobre do país. Vi homens trabalhando nas plantações por seis xelins por semana e mulheres, por seis ou sete pence por dia, com o que pagavam seu sustento. Claro que viviam de maneira primitiva, não podia ser diferente, uma vez que a remuneração de uma mulher por um dia inteiro de trabalho não era suficiente para comprar nem meio quilo de carne. O aluguel era baixo, as roupas, feitas dos tecidos mais baratos, apesar de muito melhores do que poderiam ser obtidos nos Estados Unidos pela mesma quantia. Tinha ouvido falar muito da opressão dos pobres na Europa. As pessoas que via ao meu redor estavam, muitas delas, entre as mais pobres das pobres. Mas quando eu as visitava em seus chalezinhos com telhado de sapê, sentia que a condição delas, mesmo as mais humildes e ignorantes, era amplamente superior à dos escravos mais favorecidos da América. Elas trabalhavam com afinco, mas não eram obrigadas a labutar enquanto as estrelas brilhavam no céu, forçadas e chicoteadas por um feitor, no calor e no frio, até que as estrelas voltassem a sair. As casas eram muito humildes, mas estavam protegidas pela lei. Nenhuma patrulha insolente iria surgir, na calada da noite, e açoitá-las a seu bel-prazer. O pai, quando fechava a porta do chalé, sentia-se seguro com a família a seu lado. Nenhum senhor ou feitor podia aparecer e lhe tirar a esposa ou a filha. Eles precisavam se separar para ganhar o sustento, mas os pais sabiam para onde os filhos iam e podiam se comunicar com eles por cartas. As relações de marido e mulher, pais e filhos, eram sagradas demais, nem o nobre mais rico da região poderia desrespeitá-las com impunidade. Muito estava sendo feito para iluminar essa população carente. Estabeleceram-se escolas, as sociedades benevolentes atuavam para melhorar as condições das pessoas. Não havia lei que as proibisse de aprender a ler e a escrever, e se elas ajudassem umas às outras a decifrar a Bíblia, não corriam o risco de receber 39 açoitadas, como aconteceu comigo e com o infeliz, piedoso e velho tio Fred. Repito que o mais ignorante e o mais miserável desses camponeses estava mil vezes melhor do que o escravo americano mais bem tratado.

Não nego que os pobres sejam oprimidos na Europa. Não estou disposta a pintar a condição deles em tons tão róseos quanto a honorável srta. Murray[14] pinta a condição dos escravos nos Estados Unidos. Uma pequena parte da *minha* experiência permitiria a ela ler suas próprias páginas com olhos ungidos. Se pusesse de lado seu livro e, em vez de visitar pessoas elegantes, se empregasse como uma pobre governanta em alguma fazenda da Louisiana ou do Alabama, ela veria e escutaria coisas que a fariam contar uma história bem diferente.

Minha visita à Inglaterra foi um acontecimento memorável em minha vida, naquele país fui marcada por fortes experiências religiosas. A maneira cheia de desprezo com que a comunhão era ministrada às pessoas negras em meu país natal, a adesão à igreja de pessoas como o dr. Flint e outros, a compra e venda de escravos por ministros professados do evangelho me fizeram ter preconceito contra a Igreja episcopal. A meus olhos, o serviço se mostrava uma pilhéria hipócrita. Mas meu lar em Steventon era com a família de um clérigo que era um verdadeiro discípulo de Jesus. A beleza de seu dia a dia me inspirou com a fé na autenticidade dos ensinamentos cristãos. A graça penetrou meu coração, e me ajoelhei à mesa da comunhão, acredito, com a verdadeira humildade da alma.

Permaneci dez meses no exterior, bem mais do que esperava. Durante todo esse tempo, nunca presenciei nenhum preconceito de cor, mínimo que fosse. De fato, me esqueci dele completamente até que chegou a hora de voltarmos para a América.

XXXVIII.
Novos convites para ir ao Sul

A travessia de inverno foi tediosa e, à distância, espectros pareciam se erguer do litoral dos Estados Unidos. É muito triste ter medo do próprio país. Chegamos a Nova York em segurança, e me apressei a ir a Boston cuidar dos meus filhos. Encontrei Ellen bem e se aprimorando na escola, mas Benny não estava para me dar as boas-vindas. Viajara para aprender uma profissão, e durante vários meses tudo havia funcionado bem. O mestre gostava de Benny, que era um dos seus favoritos entre os colegas aprendizes, mas um dia ele, por acidente, descobriu um fato de que nunca tinham desconfiado antes — Benny era mestiço! No mesmo instante isso o transformou num ser diferente. Alguns dos aprendizes eram americanos, outros, irlandeses nascidos na América, e para eles era ofensivo ter um "preto" entre eles, depois de ficarem sabendo que Benny *era* "preto". Começaram a tratá-lo com escárnio silencioso e, ao descobrir que ele pagava na mesma moeda, recorreram a insultos e xingamentos. Ele era um garoto brioso demais para suportar isso e foi embora. Por ter o desejo de fazer algo para se sustentar e sem ter ninguém para aconselhá-lo, embarcou numa viagem de caça à baleia. Quando recebi essas informações, derramei muitas lágrimas e me censurei com amargor por tê-lo abandonado durante tanto tempo. Mas tivera a melhor das intenções, e agora a única coisa que eu podia fazer era rezar para o Pai do céu guiá-lo e protegê-lo.

Não muito tempo depois da minha volta, recebi a seguinte carta da srta. Emily Flint, agora sra. Dodge:

Aqui vai reconhecer a mão da sua amiga e senhora. Ao receber a notícia de que você tinha viajado com uma família para a Europa, esperei para saber do seu retorno antes de escrever. Deveria ter respondido à carta que você me escreveu há muito tempo, mas, como não podia agir independentemente do meu pai, sabia que nada de satisfatório poderia ter sido feito a você. Havia pessoas aqui que estavam dispostas a comprá-la e correr o risco de ir buscá-la. E nisso eu não consentiria. Sempre fui apegada a você e não gostaria de vê-la escrava de outra pessoa ou tratada com maldade. Agora estou casada e posso protegê-la. Meu marido espera se mudar para a Virgínia na primavera, onde pensamos nos estabelecer. Estou muito ansiosa para que você venha morar comigo. Se não estiver disposta a vir, pode comprar a si mesma, mas eu preferiria tê-la comigo. Se vier, você pode, se quiser, passar um mês com sua avó e amigos e depois ir até mim em Norfolk, Virgínia. Pense sobre o assunto e escreva assim que puder para me informar da conclusão. Espero que seus filhos estejam bem. Permaneço sua amiga e senhora.

Claro que não respondi com agradecimentos a esse convite cordial. E me senti insultada por ser considerada idiota o bastante para ser pega por tais promessas.

*"Come up into my parlor," said the spider to the fly;
"'Tis the prettiest little parlor that ever you did spy."**

Era evidente que a família do dr. Flint estava a par dos meus movimentos, já que sabiam da minha viagem à Europa. Previa

---

* Do poema "The Spider and the Fly" [A aranha e a mosca], de Mary Howitt (1799-1888). Tradução livre: "'Venha à minha sala', disse a aranha à mosca;/ 'Esta é a sala mais linda que você já viu'".

mais problemas por causa deles, mas, tendo escapado até então, esperava ter o mesmo sucesso no futuro. O dinheiro que ganhara, queria empenhar em educar meus filhos e garantir um lar para eles. Além de parecer difícil, também era injusto ter de pagar por mim mesma. Para mim, era impossível me considerar uma propriedade. Além do mais, eu trabalhara muitos anos sem ganhar nada e, ao longo desse tempo, fora obrigada a depender da minha avó para muitos confortos de alimentação e vestuário. Meus filhos certamente pertenciam a mim, mas, ainda que o dr. Flint não tenha tido nenhuma despesa para sustentá-los, ele acabou recebendo uma grande soma de dinheiro por eles. Eu sabia que a lei iria decidir que eu era propriedade dele e provavelmente também daria à sua filha direito de reivindicar meus filhos como seus, mas considerava tais leis como regulamentos de ladrões, aos quais não era obrigada a respeitar.

A Lei do Escravo Fugido ainda não havia sido aprovada na época. Os juízes de Massachusetts ainda não tinham passado por baixo das correntes para entrarem em seus supostos tribunais de Justiça.[15] Sabia que meu antigo senhor era bastante temeroso em relação a Massachusetts. Eu confiava no amor daquele estado pela liberdade e me sentia segura em seu solo. Hoje tenho consciência de que honrei a antiga Commonwealth[16] além de seus desertos.

XXXIX.
A confissão

Durante dois anos, minha filha e eu nos sustentamos com conforto em Boston. No final desse período, meu irmão William se ofereceu para enviar Ellen a um internato. Foi necessário muito esforço para que eu consentisse em me separar dela, porque eram poucos meus laços próximos, e era a sua presença que fazia minha casinha de dois cômodos se parecer mais com um lar. Mas meu raciocínio prevaleceu sobre meus sentimentos egoístas. Fiz os preparativos para sua partida. Durante os dois anos que moramos juntas, eu com frequência decidia lhe dizer algo sobre o pai, mas nunca conseguira juntar coragem. Tinha um medo crescente de que o amor da minha filha diminuísse. Sabia que ela devia ter curiosidade a respeito do assunto, mas nunca fez nenhuma pergunta. Sempre tomava muito cuidado para não dizer nada que me lembrasse dos meus problemas. Agora que ia se afastar de mim, pensei que, se eu morresse antes de sua volta, ela poderia escutar a história de alguém que não compreendesse as circunstâncias paliativas, e se ela nada soubesse sobre o assunto, sua natureza sensível poderia sofrer um choque brutal.

Quando nos recolhemos para a noite, ela disse: "Mãe, é muito difícil deixar você sozinha. Quase sinto muito por estar indo embora, apesar de querer me aprimorar. Mas você vai me escrever sempre, não vai, mãe?".

Não a abracei. Não respondi. De modo calmo e solene, porque o momento exigia muito esforço, disse: "Escute, Ellen;

tenho algo a dizer a você". Relatei meus sofrimentos do passado na escravidão e contei como tinham me esmagado. Quando ia contar como haviam me levado a um grande pecado, ela me abraçou apertado e exclamou: "Ah, mãe, não faça isso! Por favor, não me conte mais".

Eu disse: "Mas, menina, quero que você saiba do seu pai".

"Eu sei tudo sobre ele, mãe", ela respondeu. "Não sou nada para o meu pai, e ele não é nada para mim. Todo o meu amor é para você. Estive com ele cinco meses em Washington, e ele nunca se preocupou comigo. Nunca falou comigo como falava com sua pequena Fanny. Sempre soube que ele era meu pai, porque a babá de Fanny me contou, mas ela disse que eu nunca devia contar para ninguém, e nunca contei. Costumava desejar que ele me tomasse nos braços e me beijasse, como fazia com Fanny; ou que às vezes sorrisse para mim, como fazia com ela. Achei que, se ele fosse meu pai, devia me amar. Eu era pequena, não sabia das coisas. Mas agora nunca mais volto a pensar no meu pai. Todo o meu amor é para você." Ela me abraçou mais forte enquanto falava, e agradeci a Deus que aquela informação que eu tanto temera compartilhar não diminuiu o afeto da minha filha. Não fazia a menor ideia de que ela conhecia aquela parte da minha história. Se fizesse, teria conversado com ela muito antes, porque meus sentimentos, confinados com frequência, ansiavam por se derramar sobre alguém em quem eu pudesse confiar. Mas amei ainda mais a querida menina pela delicadeza que manifestou para com sua mãe desafortunada.

Na manhã seguinte, ela e o tio partiram em sua viagem ao vilarejo em Nova York onde ela seria enviada à escola. Parecia que toda a luz do sol tinha ido embora. Meu quartinho ficou pavorosamente solitário. Fiquei agradecida quando chegou a mensagem de uma dama que costumava requisitar meus serviços, pedindo que eu fosse à sua casa para costurar para sua família por várias semanas. Quando voltei, encontrei uma carta do meu irmão William. Ele estava pensando em abrir uma sala de leitura antiescravidão em Rochester, que também venderia alguns livros e material de escrita, e queria que eu me juntasse a ele. Tentamos, mas não obtivemos sucesso. Lá encontramos calorosos amigos contrários à escravidão, mas o sentimento não era abrangente o bastante para tornar sólido um estabelecimento como aquele. Passei quase um ano com a família de Isaac e Amy Post,[17] crentes praticantes da doutrina cristã da irmandade humana. Eles medem o valor de um homem por seu caráter, não por sua cor da pele. A lembrança desses amigos amados e honrados vai permanecer comigo até minha última hora.

XL.
A Lei do Escravo Fugido

Meu irmão, decepcionado com seu projeto, resolveu ir para a Califórnia, e concordamos que Benjamin devia ir com ele. Ellen gostava da escola e era uma das favoritas de lá. Não conheciam sua história, e ela não contou, não queria se aproveitar da solidariedade das pessoas. Mas quando descobriram por acaso que a sua mãe era uma escrava fugida, fizeram de tudo para aumentar suas vantagens e diminuir seus gastos.

Eu estava sozinha de novo. Precisava ganhar dinheiro e preferi que fosse entre aqueles que me conheciam. Quando voltei de Rochester, fui até a casa do sr. Bruce para ver Mary, o bebezinho querido que tinha derretido meu coração sem alegria, que se congelava de desconfiança por todos os meus semelhantes. Era uma menininha alta agora, eu a amava como sempre. O sr. Bruce havia casado de novo e recebi a proposta de voltar a trabalhar para ele, como babá de uma nova criança. Havia apenas um senão, que era o sentimento de insegurança em Nova York, agora muito maior por causa da aprovação da Lei do Escravo Fugido.[18] De qualquer modo, resolvi tentar a experiência. Mais uma vez tive sorte com minha empregadora. A nova sra. Bruce era uma americana criada sob influências aristocráticas e ainda vivendo nesse meio; se tinha algum preconceito de cor, nunca percebi; e pelo sistema da escravidão ela nutria o mais arraigado desgosto. Nenhuma falácia de sulistas poderia cegá-la com aquela monstruosidade. Era uma pessoa de princípios excelentes e coração nobre. Daquela hora até o presente, ela tem sido uma verdadeira amiga solidária. Que ela e os seus sejam abençoados!

Mais ou menos na época em que voltei a trabalhar para a família Bruce, ocorreu um acontecimento de importância desastrosa para as pessoas negras. O escravo Hamlin, o primeiro fugido a ser afetado pela nova lei, foi entregue pelos cães de caça do Norte para os cães de caça do Sul. Foi o início de um reino de terror à população negra. A cidade grande seguia em frente com seu turbilhão de animação sem reparar nos "anais curtos e simples dos infelizes".[19] Mas enquanto as pessoas elegantes escutavam a voz emocionante de Jenny Lind[20] no Metropolitan Hall, as vozes emocionantes das pobres pessoas negras que eram caçadas se erguiam, na agonia da súplica ao Senhor, vindas da igreja de Sion.[21] Muitas famílias que moravam na cidade havia vinte anos agora fugiam. Muitas lavadeiras que, com trabalho duro, tinham construído para si um lar confortável, foram obrigadas a sacrificar seus móveis, despedir-se apressadas de amigos e buscar a sorte entre desconhecidos no Canadá. Muitas esposas descobriram um segredo até então desconhecido — que o marido era fugido e precisava abandoná-las para garantir a própria segurança. Pior ainda, vários maridos descobriram que a esposa tinha fugido da escravidão anos antes e, como "filhos que seguem a condição da mãe", os filhos desse amor estavam sujeitos a ser apreendidos e levados à escravidão. Por todo lugar, nesses lares humildes, havia consternação e angústia. Mas os legisladores da "raça dominante" não se importavam com o sangue que jorrava dos corações pisoteados.

Quando meu irmão William passou sua última noite comigo antes de ir para a Califórnia, conversamos o tempo todo sobre a aflição que a aprovação dessa lei imoral causava aos oprimidos, e eu nunca o vira manifestar tal amargor de espírito, hostilidade tão severa em relação a nossos opressores. Ele próprio não estava sujeito à lei, pois não havia fugido de um Estado Escravagista, já que fora levado aos Estados Livres por seu senhor. Mas eu sim, bem como centenas de pessoas inteligentes e criativas a nosso redor. Raramente me aventurava a sair, e quando era necessário atender a algum pedido da sra. Bruce ou de alguma outra pessoa da família, sempre que possível procurava circular por becos e passagens. Que desgraça para uma cidade que se classificava como livre, que habitantes inocentes de qualquer ofensa e buscando desempenhar suas obrigações com consciência fossem condenados a viver com esse medo incessante e não ter nenhum abrigo para onde se voltar em busca de proteção! Esse estado de coisas, é claro, deu origem a vários comitês de vigilância improvisados. Cada pessoa negra e cada amigo da raça perseguida ficavam com os olhos bem abertos. Toda noite eu examinava os jornais com atenção para ver quais sulistas tinham se hospedado nos hotéis. Fazia isso por meu próprio bem, pensando também que minha jovem senhora e seu marido podiam se comprometer; também queria dar informações a outros, se necessário, porque muitos "corriam de uma parte para outra", e decidi que "o conhecimento deveria se multiplicar".

Isso trouxe à tona algumas das minhas lembranças do Sul, que relato aqui de modo breve. Conhecia de longe um escravo chamado Luke que pertencia a um homem rico das redondezas. Quando o senhor morreu, deixou um filho e uma filha como herdeiros de sua ampla fortuna. Na divisão dos escravos, Luke foi incluído no quinhão do filho. O rapaz se tornou presa dos vícios derivados da "instituição patriarcal" e, quando foi para o Norte para completar sua educação, levou os vícios consigo. Voltou para casa desprovido do uso das pernas por libertinagem excessiva. Luke foi encarregado de atender a seu senhor acamado, cujos hábitos despóticos se ampliaram muito devido à exasperação com sua própria inutilidade. Ele mantinha um chicote a seu lado e, por ocorrências da mais triviais, ordenava a seu atendente que tirasse a camisa e se ajoelhasse ao lado do sofá enquanto ele o açoitava até lhe exaurir as forças. Em alguns dias, o atendente não tinha permissão para vestir nada além de uma camisa, para estar pronto para ser açoitado. Mal se passava um dia sem que ele recebesse mais ou menos golpes. Se oferecesse a menor resistência, chamavam o delegado da cidade para executar o castigo, e Luke aprendeu por experiência própria que devia temer muito mais o braço do delegado do que o braço de seu senhor. O braço de seu tirano foi se tornando mais fraco e finalmente ficou paralisado; então os serviços do delegado passaram a ser requisitados com frequência. Depender inteiramente dos cuidados de Luke e ser cuidado como um bebê, em vez de inspirar qualquer gratidão ou compaixão, só aumentava sua irritabilidade e crueldade. Ali deitado em seu leito, mera ruína degradada de masculinidade, ele enfiou na cabeça as aberrações mais bizarras do despotismo, e se Luke hesitasse em se submeter a suas ordens, o delegado era chamado imediatamente. Algumas dessas aberrações eram de natureza imunda demais para ser repetidas. Quando fugi da casa da escravidão, deixei o pobre Luke ainda acorrentado ao lado do leito desse miserável cruel e repugnante.

Um dia me pediram para fazer um serviço na rua para a sra. Bruce. Seguia apressada pelos becos, como sempre, quando vi um rosto familiar se aproximando. Quando ele chegou mais perto, reconheci Luke. Sempre me alegrava ver ou saber de alguém que tinha fugido do poço negro; fiquei particularmente contente de vê-lo em solo do Norte, apesar de não mais chamá-lo de solo *livre*. Lembrava muito bem do sentimento de desolação que era estar sozinho entre desconhecidos e fui até ele para cumprimentá-lo de maneira cordial. A princípio ele não me reconheceu, mas quando mencionei meu nome, ele se lembrou bem de mim. Falei sobre a Lei do

Escravo Fugido e perguntei se ele não sabia que Nova York era uma cidade de sequestradores.

Ele respondeu: "O risco não é tão ruim para mim quanto para você. Porque eu fugi do especulador, e você fugiu do sinhô. Os especuladores não gastam dinheiro atrás de um escravo fugido se não tiverem a certeza de que vão pôr a mão nele. E posso dizer que dei conta disso muito bem. Passei muito perrengue para permitir que peguem este preto".

Ele então me falou sobre o conselho que havia recebido e os planos que fizera. Perguntei se tinha dinheiro para chegar ao Canadá. "Tenho sim, acredite", ele respondeu. "Dei um jeito. Trabalhava todos os meus dias para aqueles brancos desgraçados e como pagamento só recebia chutes e algemas. Então achei que o preto aqui tinha direito a um dinheiro suficiente para levá-lo aos Estados Livres. O sinhô Henry viveu até todo mundo desejar a morte dele e, quando morreu, eu sabia que o diabo ia ficar com ele e também que ele não queria que o morto levasse o dinheiro consigo. Então peguei algumas das notas dele e enfiei no bolso de sua calça velha. E quando ele foi enterrado, este negro pediu para ficar com a calça velha, e eles me deram." Rindo baixinho, de um modo divertido, ele completou: "Sabe, eu não *roubei*, *deram* para mim. Vou lhe dizer, foi muito difícil esconder do especulador, mas ele não encontrou o dinheiro".

Esse é um exemplo claro de como o senso moral é educado pela escravidão. Quando os ganhos de um homem lhe são tirados, ano após ano, e as leis sancionam e protegem o roubo, como se pode esperar que ele tenha mais apreço pela honestidade do que tem o homem que o rouba? Eu me tornei um tanto esclarecida, mas confesso que concordo com Luke, tão infeliz, ignorante e explorado, quando ele julga ter *direito* a esse dinheiro como parte de seu salário não pago. Ele foi para o Canadá depois disso, e nunca mais tive notícias dele.

Durante todo aquele inverno, vivi em estado de ansiedade. Quando levava as crianças para passear e tomar ar, observava com atenção o rosto de todos com quem cruzava. Temia a chegada do verão, quando as cobras e os senhores de escravos saem da toca. Eu era, de fato, uma escrava em Nova York, tão sujeita às leis da escravidão quanto tinha sido num Estado Escravagista. Bela incongruência para um estado que se quer livre!

A primavera voltou, e recebi do Sul o aviso de que o dr. Flint, sabendo que eu havia regressado a meu antigo lar, estava tomando providências para que viessem me pegar. Depois soube que minha aparência e a dos filhos da sra. Bruce lhe haviam sido descritas por alguns dos lacaios do Norte que os senhores de escravos empregavam para seus objetivos desprezíveis, para depois caçoar da avareza e da servidão ordinária deles.

No mesmo instante informei à sra. Bruce do perigo e ela tomou prontas medidas para garantir minha segurança. Minha posição de babá não podia ser substituída imediatamente, e essa dama generosa e solidária propôs que eu levasse o bebê para longe. Foi um conforto ter a criança comigo, pois o coração reluta em ser separado de todos os objetos que ama. Mas quão poucas mães teriam consentido em fazer com que um de seus próprios filhos pequenos se tornasse fugitivo pelo bem de uma pobre babá caçada, sobre quem os legisladores do país tinham soltado os cães de caça! Quando mencionei o sacrifício que ela estava fazendo ao se privar do seu bebê querido, ela respondeu: "É melhor que você esteja com o bebê, Linda, porque se seguirem seu rastro, eles serão obrigados a me devolver a criança, e então, se houver alguma possibilidade de te salvar, você será salva".

Essa dama tinha um parente muito rico, um cavalheiro em muitos aspectos benevolente, mas aristocrático e favorável à escravidão. Ele discutiu com ela por abrigar uma escrava fugida, disse que ela estava desrespeitando a lei do país e perguntou se estava ciente da pena. Ela respondeu: "Estou muito ciente da pena. Prisão e multa de mil dólares. Que vergonha do meu país que *seja* assim! Estou pronta para pagar a pena. Prefiro ir para a prisão estadual a ver qualquer pobre vítima ser arrancada da *minha* casa para ser levada de volta à escravidão".

Que coração nobre! Que coração corajoso! Choro enquanto escrevo sobre ela. Que o Deus dos impotentes a abençoe por sua solidariedade ao meu povo perseguido!

Mandaram-me para a Nova Inglaterra, onde fui abrigada pela esposa de um senador a quem sempre guardarei na memória com gratidão. Esse cavalheiro honrável não teria votado a favor da Lei do Escravo Fugido, da mesma maneira que o senador em *A cabana do Pai Tomás*; ao contrário, ele fez forte oposição a ela, mas devia obedecê-la, e por isso temia que eu permanecesse muitas horas em sua casa. Então me mandaram para o interior, onde permaneci por um mês com o bebê. Quando se supôs que os emissários do dr. Flint tivessem perdido minha pista e desistido da busca, voltei a Nova York.

XLI.
Livre, afinal

A sra. Bruce e todos os membros de sua família foram extremamente bondosos. Era grata por suas bênçãos à minha sina, mas nem sempre conseguia me mostrar alegre. Não que fizesse mal a alguém, ao contrário, fazia todo o bem que conseguia na medida do possível, mas nunca podia sair à rua para fruir o ar de Deus sem sentir trepidações no coração. Era difícil, e eu não me conformava que fosse esse o estado correto das coisas em qualquer país civilizado.

De vez em quando recebia notícias da minha boa avó idosa, que não sabia escrever mas contratava outros para escrever em nome dela. A seguir, um trecho de uma de suas últimas cartas:

> Querida filha, não posso ter esperança de voltar a vê-la na terra, mas rezo a Deus que nos reúna no alto, onde a dor não vai mais acometer este meu corpo fraco, onde o pesar e a separação dos meus filhos não existirão mais. Deus prometeu essas coisas se formos fiéis até o fim. Minha idade e a saúde frágil agora me impedem de ir à igreja, mas Deus está comigo aqui em casa. Agradeça a seu irmão por sua bondade. Mande muito amor e diga para se lembrar do Criador no tempo de sua juventude, para que ele se esforce em me encontrar no reino do Pai. Mande amor para Ellen e Benjamin. Não o negligencie. Diga a ele, por mim, que seja um bom garoto. Esforce-se, minha menina, para

treiná-los para os filhos de Deus. Que Ele a proteja e a sustente é a oração de sua velha mãe cheia de amor.

Essas cartas tanto me alegravam quanto me entristeciam. Sempre ficava contente de receber notícias da velha amiga boa e fiel da minha juventude infeliz, mas suas mensagens de amor faziam meu coração ansiar por vê-la antes que ela morresse, e eu me enlutava por saber que era impossível. Alguns meses depois de voltar da minha estadia na Nova Inglaterra, recebi uma carta dela, em que escreveu: "O dr. Flint morreu. Deixou a família aflita. Pobre velho! Espero que faça as pazes com Deus".

Lembrei como ele defraudou minha avó dos ganhos árduos que ela havia emprestado a ele, como tentou ludibriá-la a respeito da liberdade que sua senhora lhe prometera e como perseguiu os filhos dela, e pensei comigo que, se ela era capaz de perdoá-lo inteiramente, era uma cristã melhor que eu. Não posso dizer, com sinceridade, que a notícia da morte de meu antigo senhor tenha amainado meus sentimentos em relação a ele. Há injustiças que nem a cova enterra. O homem era odioso para mim enquanto vivo, e sua memória é odiosa agora.

Sua partida deste mundo não diminuiu meu perigo. Ele ameaçara minha avó dizendo que seus herdeiros iriam me manter na escravidão depois que ele se fosse, que eu nunca seria livre enquanto um de seus filhos estivesse vivo. Já em relação à sra. Flint, eu a vira em aflições mais profundas do que suponho tenha sido a morte do marido, pois ela havia enterrado vários filhos; no entanto, nunca percebi nenhum sinal de ternura em seu coração. O médico morrera em circunstâncias críticas e tinha pouco a deixar aos herdeiros, com exceção da tal propriedade que era incapaz de agarrar. Eu sabia muito bem o que esperar da família Flint; e meus medos foram confirmados por uma carta do Sul me aconselhando a ficar vigilante porque a sra. Flint tinha declarado abertamente que sua filha não podia se dar ao luxo de perder uma escrava valiosa como eu.

Fiquei de olho nos jornais conferindo quem chegava, mas, numa noite de sábado, por estar muito ocupada, esqueci de examinar o *Evening Express* como sempre fazia. No dia seguinte desci à sala para pegar o jornal bem cedo e encontrei o menino prestes a acender o fogo com ele. Peguei de sua mão e examinei a lista de chegadas. Leitores, se vocês nunca foram escravos, não podem imaginar a sensação aguda de sofrimento ao ler o nome do sr. e da sra. Dodge num hotel na rua Courtland. Era um hotel de terceira classe, e essa circunstância me convenceu da veracidade do que escutara, que estavam necessitados de fundos e precisavam do meu valor, da maneira como *eles* me valorizavam, que era por dólares e centavos. Corri até a sra. Bruce com o jornal na mão. O coração e a mão dela estavam sempre abertos para todos os aflitos, e ela sempre era solidária e calorosa comigo. Era impossível saber quão perto o inimigo estava. Ele podia ter passado e repassado pela casa enquanto estávamos dormindo. Podia estar esperando para me atacar se me aventurasse porta afora. Nunca tinha visto o marido da minha jovem senhora e, portanto, não poderia distingui-lo de qualquer outro desconhecido. Uma carruagem foi chamada às pressas e, bem protegida, acompanhei a sra. Bruce, mais uma vez levando o bebê comigo para o exílio. Depois de várias curvas e cruzamentos e retornos, a carruagem parou na casa de uma das amigas da sra. Bruce, onde fui recebida com gentileza. A sra. Bruce voltou imediatamente para instruir os empregados sobre o que dizer se alguém viesse perguntar por mim.

Tive sorte de que o jornal vespertino não tenha sido queimado antes de eu ter a oportunidade de examinar a lista de chegadas. Logo depois que a sra. Bruce voltou à casa, várias pessoas apareceram: uma perguntou por mim, outra quis saber da minha filha Ellen, outra disse que tinha uma carta da minha avó, a ser entregue pessoalmente.

Os empregados disseram: "Ela *morava* aqui, mas foi embora".
"Há quanto tempo?"
"Não sei, senhor."
"Sabe para onde ela foi?"
"Não sei, senhor." E fechavam a porta.

Este sr. Dodge, que dizia que eu era propriedade dele, originalmente era um mascate ianque no Sul, que então se tornou mercador e, finalmente, senhor de escravos. Conseguiu ser apresentado à chamada nata da sociedade e casou com a srta. Emily Flint. Ocorreu uma briga entre ele e o irmão dela, e ele levou uma surra do cunhado. A família se dividiu, e ele propôs que se mudassem para a Virgínia. Como o dr. Flint não deixou propriedades, os meios do sr. Dodge se tornaram restritos, com a agravante de ter esposa e filhos que dependiam dele para o sustento. Sob essas circunstâncias, era muito natural que ele fizesse um esforço para me enfiar no bolso.

Eu tinha um amigo negro, um homem do lugar onde eu nasci, em quem eu depositava a maior confiança. Mandei chamá-lo e lhe disse que o sr. e a sra. Dodge tinham chegado a Nova York. Propus que ele fosse encontrá-los para perguntar sobre seus amigos no Sul, bem conhecidos da família do dr. Flint. Ele achou que não seria impróprio fazer isso e consentiu. Foi até o hotel e bateu na porta do sr. Dodge, que a abriu em pessoa, perguntando, enfezado: "O que o trouxe aqui? Como soube que eu estava na cidade?".

"Sua chegada foi publicada nos jornais vespertinos, senhor, e eu vim aqui para perguntar à sra. Dodge sobre meus amigos do Sul. Não pensei que pudesse ser alguma ofensa."

"Onde está aquela moça preta que pertence à minha esposa?"

"Que moça, senhor?"

"Você sabe muito bem. Estou falando de Linda, aquela que fugiu da fazenda do dr. Flint há alguns anos. Ouso dizer que você a viu e sabe onde ela está."

"Sim, senhor, vi Linda e sei onde ela está. Está fora do seu alcance, senhor."

"Diga onde ela está, ou então a traga até mim e eu darei a ela a chance de comprar sua liberdade."

"Acho que não iria adiantar de nada, senhor. Ouvi dizer que ela iria até o fim do mundo para não pagar por sua liberdade a qualquer homem ou mulher, pois acha que tem direito a isso. Além do mais, mesmo se quisesse, ela não poderia fazer isso, uma vez que gastou seus vencimentos para educar os filhos."

O sr. Dodge ficou muito irritado e os dois trocaram algumas palavras exaltadas. Meu amigo receou ir até onde eu estava, mas, no decorrer do dia, me mandou um recado. Suponho que o casal não tivesse vindo do Sul no inverno para uma viagem de lazer, e agora a natureza de seu propósito estava bastante clara.

A sra. Bruce me pediu para deixar a cidade na manhã seguinte. Disse que estavam vigiando sua casa e era possível que obtivessem alguma pista a meu respeito. Me recusei a aceitar seu pedido. Ela suplicou com ternura sincera que devia ter me comovido, mas eu estava amargurada e desolada. Cansada de voar do pilar para o poste. Havia sido perseguida durante metade da minha vida e essa perseguição parecia nunca terminar. Lá estava eu, naquela cidade grande, inocente de qualquer crime, mas ainda assim sem ousar adorar Deus em qualquer igreja. Ouvi os sinos tocando para o serviço da tarde e, com sarcasmo insolente, eu disse: "Será que os pastores vão seguir seu texto, 'anunciar liberdade aos cativos e libertação das trevas aos prisioneiros'? Ou vão pregar a partir do texto 'faça aos outros o que gostaria que fizessem a você'?". Poloneses e húngaros oprimidos eram capazes de encontrar refúgio seguro naquela cidade, John Mitchell[22] tinha liberdade para proclamar na prefeitura seu desejo por "uma fazenda bem provida de escravos", mas lá estava eu, uma americana oprimida que não ousava dar as caras. Deus perdoe os pensamentos obscuros e amargos a que me entreguei naquele dia de Sabá! A escritura diz: "A opressão deixa até um homem sábio louco", e eu nem era sábia.

Tinham me informado de que o sr. Dodge havia dito que sua esposa nunca assinara a concessão de direitos sobre meus filhos e que, se ele pudesse me pegar, ficaria também com os dois. Foi isso, mais do que qualquer outra coisa, que suscitou uma tempestade em minha alma. Benjamin estava com seu tio William na Califórnia, mas minha filhinha inocente tinha vindo passar as férias comigo. Pensei no que eu havia sofrido na idade dela na escravidão e me transformei numa tigresa quando um caçador tenta lhe tirar os filhotes.

Querida sra. Bruce! Parece que vejo a expressão em seu rosto quando ela me deu as costas, decepcionada com meu humor obstinado. Ciente de que seus protestos não surtiam efeito, ela mandou Ellen me fazer companhia. Quando bateram as dez da noite e Ellen não tinha voltado, essa amiga zelosa e incansável ficou ansiosa. Veio até nós numa carruagem, trazendo um baú bem fornido para a viagem — acreditando que àquela altura eu escutaria a razão. E eu cedi, como devia ter feito antes.

No dia seguinte, mais uma vez o bebê e eu partimos em direção à Nova Inglaterra, sob uma forte tempestade de neve. Recebi cartas da Cidade da Iniquidade endereçadas a mim sob pseudônimo. Depois de poucos dias, chegou uma mensagem da sra. Bruce me informando que meu novo senhor ainda estava à minha procura e que a intenção dela era pôr um fim a essa perseguição comprando minha liberdade. Me senti grata pela bondade da oferta, mas a ideia não me foi tão agradável quanto se supunha. Quanto mais minha mente tinha se esclarecido, mais difícil era me considerar artigo de propriedade; pagar dinheiro àqueles que haviam me oprimido com tanta angústia parecia tirar do meu sofrimento a glória do triunfo. Escrevi à sra. Bruce agradecendo, mas disse que ser vendida de um proprietário a outro parecia muito com a escravidão, que uma obrigação assim tão grande não poderia ser cancelada com facilidade e que eu preferia me juntar a meu irmão na Califórnia.

Sem meu conhecimento, a sra. Bruce contratou um cavalheiro em Nova York para fazer negociações com o sr. Dodge. Ele propôs pagar trezentos dólares à vista se o sr. Dodge me vendesse e depois abrisse mão de qualquer reivindicação sobre meus filhos para sempre. Aquele que se proclama meu senhor disse que desprezava oferta tão ínfima por tão valiosa servente. O cavalheiro respondeu: "Faça o que quiser, senhor. Se rejeitar esta oferta, nunca obterá nada, porque a mulher tem amigos que vão levá-la, ela e as crianças, para fora do país".

O sr. Dodge concluiu que "meio pão era melhor do que pão nenhum" e concordou com os termos oferecidos. Na entrega seguinte do correio, recebi esta breve carta da sra. Bruce: "É com satisfação que conto que o dinheiro por sua liberdade foi pago ao sr. Dodge. Venha para casa amanhã. Anseio por ver você e meu doce bebê".

Meu cérebro girou ao ler essas linhas. Um cavalheiro próximo a mim disse: "É verdade, eu vi o recibo de venda". "O recibo de venda!" Essas palavras me atingiram feito um golpe. Então eu estava *vendida*, finalmente! Um ser humano sendo *vendido* na cidade livre de Nova York! O recibo de venda está registrado, e futuras gerações vão aprender com ele que mulheres eram artigo de tráfico em Nova York no final do século XIX da religião cristã. No futuro, isso pode se revelar um documento útil a antiquários que buscam medir o progresso da civilização nos Estados Unidos. Sei muito bem qual é o valor daquele pedaço de papel, mas, por mais que ame a liberdade, não gosto de examinar aquele recibo. Tenho profunda gratidão pela amiga generosa que o obteve, mas desprezo o descrente que exigiu pagamento por aquilo que nunca lhe pertenceu, nem a ele nem aos seus, de maneira legítima.

Se havia feito objeção a ter minha liberdade comprada, devo confessar que, quando isso aconteceu, senti que uma carga pesada me fora tirada dos ombros. Quando voltei para casa de trem, já não tinha medo de mostrar o rosto e olhar as pessoas que passavam. Teria ficado contente se encontrasse Daniel Dodge pessoalmente, para que ele me visse e me conhecesse, para que pudesse se aborrecer com as circunstâncias que o levaram a me vender por trezentos dólares.

Quando cheguei em casa, os braços da minha benfeitora me enlaçaram, e nossas lágrimas se misturaram. Assim que ela conseguiu falar, disse: "Ah, Linda, estou *tão* feliz por tudo ter terminado! Você me escreveu como se achasse que seria transferida de um proprietário a outro. Mas não comprei você por seus serviços. Teria feito a mesma coisa se você fosse partir para a Califórnia amanhã. Pelo menos poderia ter a satisfação de saber que você me deixou como uma mulher livre".

Meu coração transbordava. Lembrei como meu pobre pai tinha tentado me comprar quando eu era criancinha e como ele ficara decepcionado. Esperava que agora seu espírito estivesse se regozijando por mim. Lembrei como anos depois minha boa e velha avó tinha oferecido seus vencimentos para me comprar, e com que frequência os planos dela haviam sido frustrados. Como aquele coração idoso, fiel e cheio de amor iria pular de alegria se pudesse olhar para mim e meus filhos agora que éramos livres! Meus parentes se frustraram em todos os seus esforços, mas Deus me providenciara, entre desconhecidos, uma amiga que me concedeu a benesse preciosa e desejada havia tanto tempo. Amiga! É uma palavra comum, com frequência usada sem cuidado. Como outras coisas boas e bonitas, pode ser maculada pelo manuseio descuidado, mas quando falo da sra. Bruce como minha amiga, a palavra é sagrada.

Minha avó viveu para se regozijar com minha liberdade; não muito tempo depois, porém, chegou uma carta com um selo negro. Ela havia ido para onde "os ímpios já não se agitam, e os cansados permanecem em repouso".

O tempo passou e recebi um jornal do Sul com uma nota de obituário do tio Phillip. Que eu soubesse, era a primeira vez que tal honra era conferida a uma pessoa negra. Foi escrita por um dos amigos dele e dizia: "Agora que a morte o deitou, chamam-no de bom homem e cidadão útil, mas o que são elogios ao homem negro quando o mundo o desbotou de sua visão? Não é necessário o elogio do homem para obter descanso no reino de Deus". Então chamaram um homem negro de *cidadão*! Palavras estranhas a serem proferidas naquela região!

Leitores, minha história termina com liberdade; não da maneira costumeira, com felizes para sempre. Meus filhos e eu agora somos livres. Somos tão livres do jugo dos senhores de escravos quanto são os brancos do Norte, e embora isso não queira dizer muita coisa, segundo minhas ideias é uma enorme melhoria na *minha* condição. O sonho da minha vida está por se realizar. Ainda não estou com meus filhos numa casa própria, continuo sonhando com um lar que seja meu, mesmo que bem humilde. Desejo isso pelo bem dos meus filhos, muito mais do que por mim. Mas Deus quis que eu permanecesse com minha amiga sra. Bruce. Amor, obrigação, gratidão, também me prendem ao lado dela. É um privilégio servir a quem tem pena das pessoas oprimidas e forneceu a inestimável benesse da liberdade a mim e aos meus filhos.

Foi doloroso, em muitos aspectos, recordar os anos terríveis que passei no cativeiro. Se pudesse, eu os esqueceria com prazer. No entanto, a retrospectiva não vem totalmente sem alívio, porque com aquelas memórias sombrias chegam lembranças ternas da minha boa avó idosa, como luz, nuvens felpudas flutuando sobre um mar escuro e agitado.

Apêndice

A declaração a seguir é de Amy Post, da Society of Friends [Sociedade dos Amigos] no estado de Nova York, muito conhecida e altamente respeitada por amigos dos pobres e oprimidos. Como já se disse em páginas anteriores, a autora deste volume passou algum tempo sob seu teto acolhedor.

L. M. C.

A autora deste livro é uma amiga que tenho em alta estima. Se seus leitores a conhecessem como eu a conheço, não poderiam deixar de se interessar profundamente por sua história. Ela foi uma adorada hóspede de nossa família durante quase todo o ano de 1849. Ela nos foi apresentada por seu irmão afetuoso e zeloso, que anteriormente tinha nos relatado alguns dos acontecimentos quase inacreditáveis na vida da irmã. Eu imediatamente me interessei por Linda, já que sua aparência era simpática e sua conduta indicava notável delicadeza de sentimentos e pureza de pensamentos.

À medida que nos conhecemos melhor, ela de vez em quando me contava alguns dos acontecimentos relacionados a suas experiências amargas como escrava. A despeito de uma ânsia natural pela solidariedade humana, ela passou por um batismo de sofrimento, ainda quando relatava a mim suas provações, em conversas particulares e confidenciais. O peso dessas memórias é grande sobre o seu espírito — naturalmente virtuoso e refinado. Várias vezes implorei que consentisse na publicação de sua narrativa, porque achava que isso impeliria as pessoas a se empenhar com mais afinco em libertar os milhões que ainda permanecem naquela condição esmagadora da alma, tão insuportável para ela. Mas seu espírito sensível não queria saber de divulgação. Ela disse: "Você sabe que uma mulher pode sussurrar suas injustiças cruéis no ouvido de uma cara amiga com muito mais facilidade do que registrá-las para o mundo ler". Até quando conversava comigo, ela chorava tanto e parecia sofrer tal agonia que considerei sua história sagrada demais para ser arrancada por perguntas inquisitivas, e permiti que ela se sentisse livre para contar o quanto quisesse, muito ou pouco. Ainda assim, deixei bem claro que era sua obrigação publicar sua experiência em nome do bem que podia fazer; finalmente, ela assumiu a tarefa.

Por ter sido escrava durante uma parte tão grande da vida, ela não teve educação formal, é obrigada a ganhar a vida com o próprio trabalho braçal e trabalhou sem descanso para fornecer educação aos filhos; muitas vezes, foi obrigada a deixar empregos para fugir dos caçadores de homens e mulheres de nossa terra, mas ela seguiu em frente apesar de todos esses obstáculos e os superou. Depois que o trabalho braçal do dia terminava, ela traçava em segredo e com muito cansaço, com a ajuda de uma lamparina no meio da noite, um relato verdadeiro da sua vida cheia de acontecimentos.

Este estado de Nova York é um lugar vergonhoso para o refúgio dos oprimidos, mas aqui, em meio a ansiedade, agitação e desespero, a liberdade de Linda e de seus filhos finalmente foi garantida, graças aos esforços de uma amiga generosa. Ela ficou agradecida pelo benefício, mas a ideia de ter sido *comprada* sempre foi uma humilhação para um espírito que nunca pôde se reconhecer como mercadoria. Ela então escreveu para nós, logo depois do acontecimento: "Agradeço por suas expressões tão bondosas em relação à minha liberdade, mas a liberdade que eu tinha antes de o dinheiro ser pago me era mais cara. Deus me deu *aquela* liberdade, mas o homem pôs a imagem de Deus na balança com a parca soma de trezentos dólares. Servi pela minha liberdade com tanta lealdade quanto Jacó serviu a Raquel. No final, ele tinha amplas posses, mas eu fui roubada da minha vitória; fui obrigada a abrir mão da minha coroa, a me livrar de um tirano".

Sua história, da maneira como foi escrita por ela mesma, não pode deixar de interessar ao leitor. É uma ilustração triste da condição deste país, que se gaba de sua civilização e ao mesmo tempo sanciona leis e costumes que fazem as experiências do presente mais estranhas do que quaisquer ficções do passado.

Amy Post
Rochester, NY, 30 de outubro de 1859

A declaração a seguir é de um homem que hoje é um cidadão negro de Boston, um homem de muito respeito.

L. M. C.

Esta narrativa contém alguns incidentes tão extraordinários que, sem dúvida, muitas pessoas que por acaso puserem os olhos sobre o texto estarão prontas a acreditar que foram altamente alterados para servir a um motivo específico. Mas, independentemente de como seja considerado pelos incrédulos, eu sei que está cheio de verdades vivas. Conheço a autora muito bem desde a infância. As circunstâncias relatadas na sua história me são perfeitamente familiares. Sabia da maneira como o senhor dela a tratava, do aprisionamento de seus filhos, de sua venda e resgate, dos sete anos que passou escondida e de sua fuga subsequente para o Norte. Hoje moro em Boston e sou testemunha viva da verdade desta narrativa interessante.

George W. Lowther

Posfácio

Jarid Arraes

A voz deste livro é uma voz consciente e cheia de rebelião. Uma voz que se espalha e que nos mostra, de novo e de novo e outra vez, que jamais aceitaria as regras da escravidão. Jamais gastaria sequer uma moeda para comprar algo que era sua condição existencial: a liberdade. Ouvir uma voz como a de Harriet — que chamarei de Linda enquanto falo do livro — é permitir desejos. O desejo de escutar uma convocação e o desejo de conhecer. É com uma convocação que começamos a leitura. Um versículo bíblico que é assertivo em responsabilizar.

"Vocês, mulheres tão sossegadas, levantem-se e escutem-me!"
(Isaías 32,9)

Aqui, há uma interessante junção de vozes. A de Linda, que em todo o livro destaca o verdadeiro sossego das mulheres brancas que vivem suas vidas livres da escravidão, mas também a voz do próprio Deus, canalizada pelo profeta Isaías, advertindo as mulheres de Jerusalém. Um chamado para o arrependimento. Um alerta que diz: nas páginas seguintes, vocês terão a oportunidade de enxergar os horrores da escravidão e do racismo, terrores dos quais vocês se beneficiam, torturando e matando. Mas lhes dou uma chance: levantem-se.

A relação de Linda com a religião é complexa. A busca pela dignidade, cheia de palavras em tom de conforto divino, é como um cacho de frutas amargas. Tanta fé nunca se paga. A fé dos que vieram antes, dos que estão ao lado, das mães que choram pelos filhos que lhes são roubados; até mesmo a fé de Linda. Na verdade, seus atos religiosos estão sempre na balança. Ela duvida dos planos perfeitos.

O racismo era justificado pelas engrenagens da religião. Ao mesmo tempo, contra os negros, os brancos descarregavam suas cruzes e impediam que celebrassem a fé cristã dentro dos templos. Fé que, ironicamente, desde o início da escravidão, havia sido imposta. Para uma mulher como Linda, seria impossível viver dentro de tamanha contradição, se não num movimento contraditório: aproximando-se de Deus, amando a Deus, mas com a desconfiança de quem teme uma figura pálida.

De fato, a Igreja era a própria conveniência autoconstruída. Não poupava versículos para manter os escravizados dentro das normas. "Escravos, obedeçam a seus senhores" retirado da própria Bíblia. Quem questionaria? Linda, em suas indagações, cobrou a Igreja e os missionários que ajudavam outros países em necessidade enquanto em sua própria casa estimulavam o tráfico humano e a exploração extrema da escravidão.

Mas, ah, essas pequenas frutas fora de tempo. Dentro da boca dos negros escravizados, as frutas se remexiam em orações submissas em busca de conforto. Espaçados momentos de sutura com uma linha de esperança ou uma linha de "pelo menos alguém me ama, alguém muito maior".

Viver de "pelo menos" não é algo difícil de ser encontrado neste livro. Linda se compara com outros negros e diz que sua vida era menos ruim. Não passava a mesma fome, não vestia os trapos que simbolizavam a escravidão nem era açoitada e torturada fisicamente. No entanto, só depois da publicação de *Incidentes na vida de uma menina escrava* ela revelou que era estuprada pelo homem branco que a mantinha escravizada. O médico ameaçava vender seus filhos e, com essa arma apontada contra as têmporas de Linda, praticava seus atos de violação. O nome real do homem era James Norcom.

Em sua narrativa, Linda é uma lâmina ágil. Repete seus cortes afirmando que ser uma mulher negra escravizada era o pior de todos os quadros sociais. A menina mal crescia e já tinha tanto para temer. Punida pelas muitas violências que sofria, era acusada de atiçar o fogo que lhe derretia a carne. Essa sentença até hoje é paga.

Quem sente o cheiro de suor e carniça desse ambiente sabe que a coragem de Linda é inegável; porém, seu ímpeto desafiador também mora na abordagem desses temas afogadores. Ainda hoje discutimos sobre assédio e estupro como se pedíssemos desculpas, ainda hoje precisamos de câmeras, testemunhas, gritos, muitos "nãos", choros, marcas de luta, roupas rasgadas, ameaças prévias e um passado imaculado para que, quem sabe, considerem a violência real. Linda, no entanto, com toda sua habilidade de escrever nuances, faz compreensível o jogo lodoso do estupro praticado contra as mulheres negras escravizadas. O "não" sempre esteve presente na vida dessas mulheres. Diziam "não" para a liberdade roubada; "não" para dormir no chão frio, duro, cheio de ratos; "não" para a impossibilidade de escolher com quem se casar. "Não" para ter os filhos roubados e vendidos. Nem mesmo o silêncio da mordaça de ferro emudeceu a negação visceral que era matéria de cada corpo.

Vale atenção, ainda assim, para a comparação entre mulheres negras e brancas. Ela vai além do início do texto. Linda explica como as mulheres brancas eram traídas, também submetidas à misoginia. A questão é que, para Linda, as que tinham a possibilidade de casar, de ter filhos que não seriam roubados e vendidos, de ter uma casa, e até mesmo, veja só, de fazer o papel de esposa, estavam em posição infinitamente melhor do que uma mulher negra escravizada. Como forçar comparações que possam trazer qualquer nivelamento? Se, quando traídas pelos homens brancos que estupravam as mulheres negras, as mulheres brancas torturavam e matavam as negras? Se as mulheres brancas do Norte do país, supostamente mais civilizado, não eram capazes de se levantar e falar por outras mulheres? Ou, como a abolicionista negra Sojourner Truth indagou: não eram as negras também mulheres?

Linda diz que "apenas por meio da experiência é possível perceber a profundeza", mas o Brasil consegue segurar um espelho para que Linda veja tantas vidas como as que testemunhou. E, de modo parecido, também podemos experimentar. Se não pelo gosto que contrai os músculos da face, pelo desejo de buscar conhecer.

É no desejo de conhecer, de saber, que encontramos as ambiguidades raciais desta obra. Para muitos brasileiros, elas podem soar confusas. Consigo ouvir as perguntas: como pode alguém possuir a "tez branca", tão branca, a ponto de ser confundido com um branco, mas ter toda a questão da cor jogada para o lado a partir do momento em que descobrem quem são ou foram seus parentes? Como alguém "fica sabendo" que outra pessoa é negra, feito um segredo revelado?

No Brasil, a aparência e as características da pessoa a tornam um alvo maior ou menor do racismo. Nos Estados , isso também é verdade, mas a regra da "uma gota de sangue" é coisa enraizada. Sua genealogia fala alto. Para quem levanta muros, ainda mais.

Há um romance que mostra esse assunto com muita sensibilidade; ainda sem tradução para o português, *Passing*, da autora norte-americana Nella Larsen, retrata mulheres negras de pele bastante clara que se esforçam para "passar por brancas" nos círculos sociais em que vivem. O sofrimento que isso implica, e que envolve esconder membros da família, amigos de pele mais escura e seus próprios passados, tudo para ter uma vida livre de racismo, economicamente confortável e simplesmente normal dentro de uma sociedade segregada é, ao mesmo tempo, profundamente triste e novo para quem nunca se deparou com essa perspectiva. Já que, no Brasil, quem "passa por branco" é em geral considerado branco mesmo, ainda que a avó tenha sido negra. Ter a pele clara, o cabelo liso, entre outras características, pode proteger o indivíduo da discriminação racial. O racismo impõe não o "sangue puro", mas a tal da "boa aparência", a cara de quem não é suspeito para a polícia, as feições de quem não seria convidado a pegar o elevador de serviço.

Na verdade, a maioria dos brasileiros, mesmo aqueles que até sabem que têm uma avó negra ou indígena, não se interessa ou não se esforça para conhecer realmente sua genealogia. E eu sinto muito, mas tenho péssimas notícias: mesmo que a gente se esprema de tanto esforço, essa árvore de pessoas que ajudaram na construção do nosso nariz, na quantidade de melanina que temos ou em quanto nosso cabelo encrespa pode estar para sempre perdida. Os sobrenomes das pessoas negras que foram sequestradas e escravizadas no Brasil foram mudados — essa foi uma das primeiras violências que sofreram, o roubo da identidade —, e carregando os sobrenomes dos "senhores", foram jogados numa sopa batida no liquidificador. A gente no presente? Bem, a gente até teve uma avó negra.

Entendo que *Incidentes na vida de uma menina escrava* não é capaz de explicar a complexidade do quadro da miscigenação nos Estados Unidos, assim como meus poucos parágrafos também jamais poderiam trazer uma análise aprofundada de algo tão delicado quanto arrasador. É por isso que insisto no desejo de conhecer, por isso que amo livros que despertam em nós a necessidade de expandir a leitura para outras fontes, outros livros e outras telas. Recomendo livros de intelectuais como Kabengele Munanga, autor de *Rediscutindo a mestiçagem no Brasil*, entre outras obras, além de leituras sobre a história da miscigenação e eugenia no Brasil.

Uma das maiores contribuições de Linda está na possibilidade que nos oferece de, por meio de sua história, transitarmos entre similaridades e diferenças. Essa é uma característica instigante e excelente para se encontrar num livro.

Assim como seus aspectos híbridos. Entre biografia, romance e manifesto, por vezes nos surpreendemos com momentos em que a autora fala diretamente conosco; outras vezes, temos citações de poemas ou músicas; há ainda um tom de chamado político, de convocatória. Muita coisa estava em jogo, Linda sempre soube disso. Acima de tudo quando decidiu que escreveria e publicaria este livro.

Incidentes na vida de uma menina escrava pergunta: como você se sentiria se tivesse nascido escravizado? Se a geração anterior à sua também tivesse sido escravizada? Consegue sentir a textura desse impacto emocional? É capaz de entender por que, mesmo comendo e tendo o que vestir, Linda jamais poderia se sentir em paz?

Aquela Linda mais jovem que considerava uma de "suas senhoras" quase uma mãe jamais poderia ser quase uma filha para ela. Uma criança branca nunca moveria uma fivela de seu sapatinho de couro para fazer qualquer trabalho. Não seria chamada de "pequena aia", não teria sua liberdade prometida para dali a alguns anos. Uma pessoa negra jamais poderia ser "quase como uma" dos que exploravam seu trabalho, assim como alguns brancos alegavam — e ainda alegam. E, com o tempo, Linda descola suas pálpebras e se torna menos recolhedora de migalhas.

Também por isso não é difícil afirmar que esta autobiografia tem a coesão de um romance. Linda se desenvolve como uma personagem de forma muito costurada. Torna-se tão convicta de suas ideias, rejeita de tal modo as enganações dos escravocratas e omissos, que até mesmo conseguir sua liberdade por meio de uma apoiadora que a compra não é realmente o ideal. A liberdade deveria vir de outra forma: pela justiça. Um ser humano jamais deveria ser comprado.

O recibo de venda está registrado, e futuras gerações vão aprender com ele que mulheres [negras] eram artigo de tráfico em Nova York no final do século XIX da religião cristã.

E que ninguém julgue exagero. Os extremos horrores da escravidão são descritos sem eufemismos. Eles também aconteceram no Brasil, e não somente em outro continente.

Lembro bem de uma vez em que um rapaz lia uma obra de ficção que se passava no período da escravidão e, nas redes sociais, comentou que as coisas que aconteciam contra os negros já estavam se tornando repetitivas, pois eram cada vez mais cruéis, e isso poderia ser interpretado como falta de criatividade de quem escreveu. Penso que a história real de Linda responde à inquietação do leitor. E mais, contra a escravidão e as pessoas que a apoiavam, Linda diz, e eu concordo: não se pode empregar termos intermediários.

Há fatos que jamais podem ser conciliados. Este grandioso livro é um documento poético que nos lista muitas razões para tal. Linda, ou Harriet Ann Jacobs daqui para a frente, quase não foi creditada por ele. O livro caiu no ostracismo e, por muito tempo, seu nome foi apagado. Mesmo depois de descoberta como autora da obra, Harriet permaneceu borrada. Uma clássica injustiça do racismo machista, herança da escravidão, que, pense bem, não acabou há tanto tempo assim.

Harriet Ann Jacobs conquistou um pouco mais de notoriedade porque os movimentos feministas e negros fizeram esse resgate. Seria ingênuo esperar que o cânone literário e as grandes supostas autoridades da literatura a colocassem em lugar de igualdade com os autores celebrados, tão reconhecidos e estudados, assim logo de primeiro chute na porta. A casa inteira precisa tremer antes que algo aconteça.

Assim como Toni Morrison, primeira mulher negra a ganhar o prêmio Nobel de literatura, Harriet escrevia quando não estava trabalhando, em seu pouco tempo, que não era livre, era o tempo de descanso sacrificado. Harriet não tinha "um teto todo seu", o único teto entranhado em seu corpo foi aquele onde se escondeu por sete anos, entre ratos, umidade, tomando chuva e sofrendo sequelas pela falta de movimentos.

Harriet, assim como tantas outras mulheres negras na história do mundo, defendeu sua liberdade e sua voz. Escolheu escrever sua história. Foi mais inteligente do que o Estado escravagista. Marcou a história e hoje conhecemos os fatos pela perspectiva de quem lutou.

Admiro muitas características nesta obra. Contudo, o que mais me energiza é a sinceridade política de Harriet. Após se ver livre do homem e da família que lhe perseguiam, não levantou as mãos para os céus e disse que a vida estava salva. Falou a realidade que tantos ainda falham em compreender: não houve um final feliz para sempre.

O fim da escravidão não foi o fim do racismo. Não foi o fim da pobreza, de tantas outras formas de exploração e exclusão nem do pensamento supremacista. Mesmo hoje, há pessoas em situações análogas à escravidão. Ainda temos quartinhos de empregada, as "domésticas" que são "como da família". As escritoras negras borradas, não publicadas e não lidas. E para os que se desconfortam nas cadeiras, pensando "quantas vezes ainda temos que falar sobre isso", minha resposta é: todas elas.

Mas como tudo começa nos desejos, eu desejo que o clássico de Harriet seja impulso. Um sopro rebelde, como ela, para que todos os senhores sejam abolidos. E que todas as histórias transformadoras sejam contadas.

Levantemos!

Notas

1. Com o Congresso controlado por políticos favoráveis à escravidão, de 1793 a 1850, foram aprovadas leis para garantir ao proprietário o direito de caçar escravos fugitivos em estados onde a escravidão tinha sido abolida.
2. Demarcação dos estados da Pensilvânia, Maryland, Delaware e West Virginia que separa informalmente os estados do Norte e do Sul dos Estados Unidos.
3. Em 1831, negros do condado de Southampton, Virginia, liderados pelo escravo Nat Turner, atacaram as fazendas, matando os moradores brancos e libertando os escravos. A revolta espalhou medo pelo Sul, com boatos de outros ataques.
4. Canção popular de 1823, adaptada da ópera *Clari* pelo dramaturgo John Howard Payne (1791-1852) e com melodia de Henry Rowley Bishop.
5. Festejo de Natal dos escravos trazido da Jamaica, onde surgiu. Com música e dança, era rara confraternização entre escravos e senhores, contando a história, verdadeira, de John Canoe, rei europeu que defendeu o povo Akan dos colonizadores até ser escravizado.
6. Os Whigs foram importantes rivais do Partido Democrata, elegendo quatro presidentes. Mas o partido se desintegrou com o violento debate interno sobre a escravidão, com a maioria dos ex-Whigs ajudando a fundar o Partido Republicano, em 1856.
7. Conceder alforria, a forma mais comum de tornar um escravo liberto. No contexto da história americana, significava libertar alguém da escravidão.
8. Mesmo que fosse livre no Norte, se tivesse sido dada a alguém, qualquer pessoa negra poderia se tornar escrava em um estado do Sul, onde ainda havia escravidão.
9. Levy: Um níquel de prata, cunhado nas colônias espanholas nas Américas e nas Filipinas, era usado até a década de 1850 em pequenos pagamentos. Equivalia a 12 cents.
10. Entre 1833 e 1870, a Anti Slavery Society [Sociedade Antiescravatura] lutou contra a escravidão, tendo entre os líderes Frederick Douglass (1818-95), escravo fugido, escritor e importante orador em favor do abolicionismo.
11. Por volta de 1830, novas leis aprovadas nos estados iniciaram a segregação e mesmo os negros livres eram obrigados a viajar, quase sempre de maneira

desconfortável, separados dos brancos em um vagão de trem ou outro compartimento. Jim Crow era um personagem racista que ridicularizava os negros, criado e interpretado pelo ator Thomas D. Rice (1808-60). Foi imensamente popular, influenciando no final do século as Leis de Jim Crow, que instituíram a segregação nos estados do Sul.

12. O hábito do chá das 5, entre fatias e bolos e pães, surgiu na Inglaterra nos anos 1840 e foi logo copiado nos Estados Unidos. Nos ambientes das classes mais altas, um pequeno sino soava para anunciar que o chá estava servido.

13. Na pequena cidade no condado de New London, Connecticut, os vapores atracavam e os passageiros de Nova York seguiam de trem para Boston e vice-versa. Era a ligação mais rápida entre as duas cidades.

14. Amelia Matilda Murray (1795-1884), foi botânica e dama de honra da rainha Vitória, visitou Cuba e a América do Norte em 1854, publicando mais tarde um relato de que os escravos viviam em condições melhores do que os pobres na Europa.

15. Era cena comum o tribunal cercado por correntes e protegido por milicianos contra os protestos de abolicionistas durante o julgamento de escravos fugidos.

16. Os estados de Kentucky, Massachusetts, Pensilvânia e Virgínia que, na época (até 1776), eram colônias britânicas em parte ou na totalidade.

17. Isaac (1798-1872) e Amy Post (1802-89) foram um famoso casal de abolicionistas e defensores dos direitos das mulheres. Amiga da autora, Amy a encorajou a escrever as memórias, reunidas neste livro.

18. Lei do Escravo Fugido de 1850 — Essa última versão da lei foi a mais rigorosa, punindo as autoridades que não ajudassem a recapturar os escravos fugitivos. No período narrado pela autora, quase 2 mil negros deixaram Nova York, caçados ou fugidos.

19. "The short and simple annals of the poor", verso final do poema "Elegy", de Thomas Gray (1716-71).

20. A cantora de ópera sueca Jenny Lind (1820-77) se apresentou com estrondoso sucesso nos teatros em 1850, promovida pelo showman P.T. Barnum nos moldes das celebridades modernas.

21. Na Igreja Episcopal Metodista Africana de Sion, aberta em 1821, ex-escravos, escravos e abolicionistas faziam parte da congregação e também pregavam. Era conhecida como Igreja da Liberdade, com atuação no Movimento Abolicionista.

22. Em um infame editorial no jornal *Southern Citizen*, em 1861, John Mitchell (1815-75), jornalista e influente defensor da escravidão durante a Guerra Civil, registrou que gostaria de ter "uma boa plantação bem abastecida com negros saudáveis no Alabama".

HARRIET ANN JACOBS nasceu em 1813, na Carolina do Norte, nos EUA. Sua autobiografia, primeiro publicado em forma de série em jornal e depois neste livro, foi um dos primeiros documentos a relatar a luta pela liberdade das mulheres escravizadas. Faleceu em 1897, em Washington, D.C.

JARID ARRAES nasceu em 1991, em Juazeiro do Norte. É escritora, cordelista, poeta e autora dos livros *Redemoinho em dia quente*, *Um buraco com meu nome*, *As lendas de Dandara* e *Heroínas negras brasileiras em 15 cordéis*, além de ter publicado mais de setenta cordéis. Curadora do selo literário Ferina, atualmente vive em São Paulo, onde criou o Clube da Escrita Para Mulheres.

ANA BAN nasceu em 1972, em São Paulo. Formada em jornalismo, trabalhou no jornal *Folha de S.Paulo* e na revista *Marie Claire*, entre outras publicações. Dedicando-se à tradução desde 2001, tem cerca de 150 livros e HQs traduzidos do inglês e do francês publicados no Brasil. Com mestrado em editoração obtido pela Universidade Pace, nos Estados Unidos, em 2015, hoje vive em Nova York.

© Todavia, 2019
© *posfácio*, Jarid Arraes

Todos os direitos desta edição reservados à Todavia.

Grafia atualizada segundo o Acordo Ortográfico da Língua Portuguesa de 1990, que entrou em vigor no Brasil em 2009.

capa
Oga Mendonça
notas
Alexandre Rodrigues
preparação
Silvia Massimini Felix
Maria Emilia Bender
revisão
Jane Pessoa
Tomoe Moroizumi

1ª reimpressão, 2023

Dados Internacionais de Catalogação na Publicação (CIP)

Brent, Linda (1813-1897)
 Incidentes na vida de uma menina escrava / Linda Brent ; ed. original L. Maria Child ; posfácio Jarid Arraes ; tradução Ana Ban. — 1. ed. — São Paulo : Todavia, 2019.

 Título original: Incidents in the life of a slave girl: Written by herself
 ISBN 978-65-80309-67-2

 1. Autobiografia. 2. Desigualdade social – Estados Unidos. 3. Escravidão. I. Jacobs, Harriet Ann. II. Child, L. Maria. III. Arraes, Jarid. IV. Ban, Ana. V. Título.

CDD 306.362.092

Índice para catálogo sistemático:
1. Ciências sociais : Grupos sociais : Escravizados 306.362.092

Bruna Heller — Bibliotecária — CRB 10/2348

---

todavia
Rua Luís Anhaia, 44
05433.020 São Paulo SP
T. 55 11. 3094 0500
www.todavialivros.com.br

fonte
Register*
papel
Pólen natural 80 g/m²
impressão
Geográfica